中國傳統　經典與解釋

Classici et commentarii

U0663067

經典與解釋

中國傳統　經典與解釋

　　入其國，其教可知也⋯⋯其為人也：溫柔敦厚而不愚，則深於《詩》者也；疏通知遠而不誣，則深於《書》者也；廣博易良而不奢，則深於《樂》者也；絜靜精微而不賊，則深於《易》者也；恭儉莊敬而不煩，則深於《禮》者也；屬辭比事而不亂，則深於《春秋》者也。

　　　　　——《禮記·經解》

中國傳統 經典與解釋

Classici et commentarii

陳柱集

李爲學 潘林●主編

墨學十論

陳柱●著　張峰●校注

華東師範大學出版社

華東師範大學出版社六點分社　策劃

出版説明

　　陳柱(1890-1944)，字柱尊，號守玄，廣西北流人。師從著名學者唐文治先生，先後任暨南大學、交通大學、中央大學等學校教授。作為民國時期的國學巨擘，陳柱先生為學不主一家，不專一體。所著經史子集之屬，遠有所稽，近有所考，明源流本末，辨義理辭章，且多能與現代思想相發明，闡發宏深，實開國學之新境界。"予自治學之年，好治子部……鼎革以後，子學朋興，六藝之言，漸如土苴，余性好矯俗，乃轉而治經"——依其自言，庶幾可見其治學路徑。陳柱"出筆迅速，記憶力和分析能力又強"，且"闡發宏深，切中時勢，城砭末俗，激勵人心，入著述之林，足為吾道光"(唐文治語)。

　　陳柱先生一生撰述宏富，自1916年後的二十餘年間，計成書"百餘種，蓋千餘萬言"。其中以《子二十六論》、《公羊家哲學》、《老子集訓》、《文心雕龍增注》、《墨學十論》、《中國散文史》等書最為精闢。由於時值戰亂等各種原因，陳柱著述生前刊布流通者不過數十種。其餘以講義、家藏刻印等形式所存文稿，大多湮默無聞，實為學界之憾。現經多方鉤沉，將陳柱生前所刊著述並其家屬所藏文獻，一併編次付梓，依篇幅大小並題旨編成若干卷(同類篇章以篇幅最大者具名，涵括相關短制)，以期陳柱學述重光於世。

"陳柱集"編輯構想原由中山大學中文系李榮明教授設計，並查索和複製了不少文獻。因李榮明教授有別的研究項目而擱置，"陳柱集"轉由重慶大學人文社會科學高等研究院古典學研究中心承接校注的組織工作，繼續查索和複製文獻，並得到陳柱先生女兒陈蒲英女士的熱情幫助。對李榮明教授所做的前期工作，以及陈蒲英女士的熱情幫助，謹此致以衷心的感謝。

由於"經典與解釋"系列叢書具有普及古典學術的性質，我們對書中出現的當今普通文科生感到陌生的字詞、人物、地名、事件以及典章制度作了簡明注釋，即便這些在文史專業學生眼裡是常識。

古典文明研究工作坊
中國典籍編注部己組
2014 年 2 月

目　　錄

校注説明

　　關於《墨學十論》的著作緣起，陳柱先生曾在《墨學十論序》中云："丙寅（1926）春，遂為無錫國學館諸生講《墨子》。以《定本閒詁》為課本，輔以《補正》，擇要講論焉。秋，上海大夏大學復以講《墨子》見委，余亦既授之如前法矣。復懼兩校生徒，徒沈溺於章句，而不能通其條貫，明其得失也。故再為之分題講論，凡共十篇，名曰《墨學十論》。"這本書是陳柱先生論墨的代表作，也是民國時期墨學研究比較重要的著作，尤其書中"歷代墨學述評"部分，為我們展現了歷代墨學研究的得失，文獻價值較高。

　　《墨學十論》版本大體有如下幾種。初由上海商務印書館於民國十七年（1928）出版，民國十九年（1930）上海商務印書館又出版了王雲五主編的萬有文庫本。後者對民國十七年版本的標點和引文等錯誤均有個別改動，但於原書錯誤相比，改動只是九牛一毛。民國二十三年（1934）上海商務印書館又出版了《墨學十論》國難後第一版本。新中國成立後大陸及臺港澳刊行的版本基本都以民國十七年版本為底本，如嚴靈峰編輯《無求備齋墨子集成》本（第 33 冊，成文出版社，1977 年）、任繼愈主編

《墨子大全》本(第二編第 37 冊,北京圖書館出版社,2003 年)、林慶彰主編《民國時期哲學思想叢書》本(第一編,文聽閣圖書有限公司,2010 年)、廣西師範大學出版社單行本(2010 年)。前三種是影印本,最後一種是簡體橫排本。這些本子均有弊端:影印本一仍民國十七年本之舊,文字錯誤未動,而且有的字句印刷也不清楚;簡體本錯誤更甚。

　　另外,陳柱先生關於墨學的著作尚有《〈墨子刊誤〉刊誤》,最初以上下卷的形式發表在《國學月刊》(上卷在 1926 年第 2 期,下卷在 1927 年第 4 期)。民國十七年(1928)上海中華書局出版經過陳柱先生校勘的《墨子刊誤》,版心下題"中華書局聚珍仿宋版印",並將《〈墨子刊誤〉刊誤》附後。《無求備齋墨子集成》(第 33 冊)和《墨子大全》(第一編第 14 冊)均依照中華書局 1928 年版影印。因為《〈墨子刊誤〉刊誤》一書字數不多,此次出版將之附在《墨學十論》後,並將陳柱先生的"重刊《墨子刊誤》序"附上,以窺著作《〈墨子刊誤〉刊誤》緣起。

　　本書校注預設讀者對象為大學本科生,現將校注方面需要交代的分條說明如下。

　　1. 版本。《墨學十論》以民國十七年上海商務印書館本為底本,《〈墨子刊誤〉刊誤》以民國十七年上海中華書局本為底本,均繁體橫排。

　　2. 段落。原書引文段落過長者按照文義進行分段。

　　3. 標點。《墨學十論》的標點除非有明顯錯誤才進行改動(改動者不出注),一般遵從原書標點。如"歷代墨學述評"部分"孫詒讓《與梁啓超書》稱其學云",原書"與梁啓超書"未加書名號,校注徑加。《〈墨子刊誤〉刊誤》原書只有點斷句,現在讀者看到的標點均為校注者所加。

　　4. 人名。正文中涉及的人名除老子、孔子、荀子、韓非子等常見人名和幾個難以覈實的民國人物外，一般均出注。

5. 文字。原書異體字、通假字等均保留，並隨文注釋"通某"或"同某"。陳柱先生行文有錯誤的，不徑改，頁下出注說明。引文有錯誤的（包括引文中的衍字、奪字、倒字等），在不影響文義的情況下，一般不作改動，在頁下注釋中標明"某書某作某"。

因陳柱先生當時引文所據版本無法知曉，我們據之覈對的文獻版本及出處如下：

簡朝亮：《尚書集注述疏》，《續修四庫全書本·經部·書類》，第52冊。

王先謙：《荀子集解》，《續修四庫全書·子部·儒家類》，第932冊。

汪繼培，輯校：《尸子》，《續修四庫全書·子部·雜家類》，第1121冊。

汪中：《述學》，《續修四庫全書·集部·別集類》，第1465冊。

陳澧：《東塾讀書記》，《續修四庫全書·子部·雜家類》，第1160冊。

陳仁錫：《墨子奇賞》（明天啓六年三經齋刻本），《墨子大全》第一編第8冊，北京圖書館出版社，2012年。

畢沅注：《墨子》（清乾隆四十九年畢氏靈巖山館刻本），戴望校並跋，譚儀校，《墨子大全》第一編第11冊。

蘇時學：《墨子刊誤》（民國十七年中華書局聚珍仿宋印本），《墨子大全》第一編第14冊。

孫詒讓：《墨子閒詁定本》（清宣統二年刻本），《墨子大全》第一編第17、18冊。

曹耀湘：《墨子箋》（清光緒三十二年湖南官書局排印本），《墨子大全》第一編第19冊。

尹桐陽：《墨子新釋》（民國八年起聖齋叢書排印本），《墨子大全》第二編第22冊，北京圖書館出版社，2003年。

梁啓超：《子墨子學說》（民國二十五年排印本），《墨子大全》第二編第26冊。

梁啓超：《墨子學案》(民國十年排印本)，《墨子大全》第二編第26 冊。

梁啓超：《墨經校釋》(民國十二年排印本)，《墨子大全》第二編第26 冊。

伍非百：《墨辨論文集》(民國十二年排印本)，《墨子大全》第二編第27 冊。

劉昶：《續墨子閒詁》(民國十四年掃葉山房石印本)，《墨子大全》第二編第34 冊。

章行嚴：《名墨訾應論》，《東方雜誌》第二十卷第二十一號(1923年)。

阮元，校刻：《十三經注疏》，中華書局，1980 年。

江瑔：《讀子巵言》，泰順書局，1971 年。

高誘注：《呂氏春秋》，《諸子集成》第 6 冊，上海書店出版社，1986 年。

王先慎：《韓非子集解》，《諸子集成》第 5 冊。

李善注：《文選》，上海古籍出版社，1986 年。

段玉裁：《說文解字注》，上海古籍出版社，1981 年影印經韻樓本。

章太炎：《國故論衡》，陳平原導讀，上海古籍出版社，2003 年。

6. 其他情況。本書括號內的文字和頁下注釋均為校注者所加。原書引文出處不明顯的，第一次出現時出注說明。

本書校注工作看似簡單，但頭緒紛拏，錯誤在所難免，懇請讀者批評指正。

重慶大學中央高校基本科研業務費資助

（項目號：CQDXWL-2013-Z007）

墨學十論

自　　序

　　余自乙丑春，為孫仲容先生《定本墨子閒詁》作《補正》。丙寅春，遂為無錫國學館諸生講《墨子》。以《定本閒詁》為課本，輔以《補正》，擇要講論焉。秋，上海大夏大學復以講《墨子》見委，余亦既授之如前法矣。復懼兩校生徒，徒沈溺於章句，而不能通其條貫，明其得失也。故再為之分題講論，凡共十篇，名曰《墨學十論》。既畢業，乃為之序其首曰：烏虖！淮南王其知之矣，其《泰族篇》曰：“神農之初作琴也，以歸神。及其淫也，反其天心。王念孫云：‘此文本作神農之初作琴也，以歸神杜淫，反其天心。及其衰也，流而不反，淫而好色，至於亡國。’桂按，王說改字太多，今不從。夔之初作樂也，皆合六律，以通八風。及其衰也，以沈湎淫康，至於滅亡。蒼頡之初作書也，以辯治百官，領理萬民。及其衰也，為姦刻偽書，以解有罪，以殺不辜。湯之初作囿也，以奉宗廟鮮犒之具；簡士卒，習射御，以戒不虞。及其衰也，馳騁獵射，以奪民時，以罷民力。”節錄原文。原作“罷民之力”，今從王念孫校正。然則由淮南之說觀之，天下事殆未有為之而無流弊者矣。然此皆順人之性，因時之宜而為之者，其流弊猶不能免。況乎意有所矯，詞有所激者，又烏能無弊乎？諸子之學，皆意有所矯，詞有所激者也。孔子曰：“周監於二代，郁郁乎文哉！”蓋自有文周之禮樂,其末也繁文褥禮,姦詐巧飾之弊生。孔子則欲順而導之,教之於正者也,故曰:"文王既沒,文不在茲乎?"又曰:"吾從周。"老子則不然,欲矯其弊而去之者也,故曰:"大道廢,有仁義;智慧出,有詐偽。"又曰:"服文綵,帶利劍,厭飲食,財貨有餘,是謂盜竽。"其詞蓋稍激矣。然猶不能勝天子之文弊也。於是墨子上覽儒者之弊,下承老子之激,作為《非儒》《非樂》《節葬》《尚同》以矯之。其立名益偏,詞益激矣。然猶未能勝天下也。弊之又極,一激而為韓非。再激而為李斯。於是《非儒》之甚,激而為秦之焚書坑儒。《尚同》之甚,激而為秦之愚黔首,滅諸侯。然而《非樂》《節用》之甚,不能激使秦之去其阿房也。《節葬》之甚,不能激使秦之損其驪山也。《非攻》之甚,不能激使秦之去其侵略也。《兼愛》之甚,而不能激使秦之減其殺戮也。何也?凡矯枉者必過於正,過正之甚,勢不至於折不止。諸子者,皆矯枉之過於正者也。矯之過正,則不免流於激,而不知其弊即已伏於所矯所激之中矣。何也?人情莫不易於責人,而難於責己。矯之激之之甚。則求諸己者未行,而責於人者已先為天下禍矣。此墨子之《非儒》《尚同》。所以能收效於秦。而《非樂》、《非攻》、《兼愛》、《節用》、《節葬》之說,所以無救於秦與六國也。秦既滅六國,於是乎周末文弊之害除,而儒墨亦同歸於盡矣。此矯枉過正而至於折之效也。然未幾而秦亦與之俱亡。至漢而儒術復盛,百家既衰,而隨時抑揚,違離道本,以譁世取寵之惑儒,又充滿天下矣。吾獨且奈何哉!此今之學者,所以提倡墨學,蓋欲以矯之之意與?然吾願其勿為之太甚,勿過於正而流於激也,故今之所論,絕不敢有溢美溢惡之言。是則區區防弊之微意,願與學者共勉之者也。有心觀世變者幸毋忽諸!

中華民國十有五年,十一月,北流陳柱柱尊序於上海大夏大學

凡　例

一：本書依俞樾《羣經平議》例，《墨子》正文，高一格寫。

一：本書略仿《羣經平議》例，凡訂正舊註或疏明之者，時節錄舊註原文於前，然後列案語於後。

一：凡所補正，均加"柱按"二字，以別於舊註。

一：舊注所引姓名，除首次外，餘皆渻儞姓，有同姓者不省依原例也。補正所引，則概儞姓名，以省記憶。

一：本書卷數，悉依孫氏《閒詁》。惟卷十《經》與《經說》，卷帙繁多；則仿段玉裁《說文註》於第十一篇上分為一二之例，於《經》上及《經說》上為十之上，《經》下及《經說》下為十之下。

一：《閒詁經篇》，止以旁行之文附於篇末，篇中章句一仍舊觀，未易肄誦；其失已于序文言之矣。茲特依旁行為註，既復《墨經》之舊，且便學者之觀。

一：《閒詁》《經》與《說》分，未便觀覽。茲特移《說》就《經》，以便學者；變亂之辜，所不敢辭。然移傳就經，古來正多其例。

一：《經》上下《經說》上下《大取》《小取》，自苦其難讀，本書解釋特詳，幾於無句不釋，閱者無譏其宂焉。

一：自《備城門》以下，諸篇多言守城之事，事關器具，尤難訓詁。惟桐城吳汝綸，湘潭王闓運，常寧尹桐陽，多所闡發，最足以匡孫氏之不逮，故本書採錄尤多。

一：本書於諸家之說，凡足以為參考之資者，均多采入，時或特加辯正；其不加辯正者，亦未必即以為是，惟學者慎思焉。至於所錄諸本文字異同亦然。

一：《閒詁》所引自經子諸部，以王念孫《墨子雜志》，張惠言《墨子經說解》，蘇時學《墨子刊誤》等，均據原書細校；其餘如《羣書治要》《北堂書鈔》之類，凡孫氏所漏，亦力為搜補。

一：校補《閒詁》，余與瑞安李笠，實不謀而合。李書刊布較早，余書寫錄始於十四年春，而李書刊布在十四年二月本書亦略為補采；其以嘉靖本較墨子及以聚珍本《閒詁》較定本，均與余同；然或有為柱所扁略，而於李書得之者，亦必書明李說，以明不敢攘美。

一：《墨子閒詁》，有初印聚珍本，有木版定本，有商務印書館景定本。聚珍本與定本，其內容之不同，孫氏已自言之矣。即其文字，亦時有或異。大氐定本譌挩，比聚珍本為多，至於景印本，又比定本加誤。如《七患篇》此皆具不備之罪也。"具"字以形似譌作"其"。由此觀之，凡景本書籍，亦有不可盡信者矣。本書以定本為主，既以聚珍本正定本，然其聚珍本及景本有誤者，亦兼訂正。

墨子之大略

　　《太史公書》(即《史記》)不為墨子立傳，只於《孟荀列傳》之末，附之曰："蓋墨翟宋之大夫，善守禦，為節用。或曰：並孔子時。或曰：在其後。"寥寥二十四字而已。以學術上如此重要之一人，而所述乃僅如此而已。故近世學者，深為失望。或譏史公之疏略無識。或以為《史記》之脫簡。余以為後說是也。此二十四字，接上文云云，實未免太過唐突。無論如何之古文法，決不如是。嘗憶《史記·老子韓非列傳》有云：

　　老子乃箸(同"著")書上下篇，言道德之意，五千餘言而去，莫知其所終。或曰："老萊子，亦楚人也，箸書十五篇，言道家之用，與孔子同時云。"蓋老子百有六十餘歲，或言二百餘歲，以其修道而養壽也。自孔子死後百二十九年，而史記周太史(官名)儋(dān)見秦獻公(前384-前362年在位)，曰："始秦與周合，合而離，離五百歲而復合，合七十歲而霸王者出焉。"或曰："儋即老子。"或曰："非也。"世莫知其然否。老子隱君子也。

　　此段文字之"或"字，"蓋"字，其用法正與《孟荀列傳》相同。此等"蓋"字"或"字，均與上文有關接。而《孟荀傳》末此二十四字，獨絕無所承。以文法例之，知其脫簡無疑也。

　　自來皆以墨子姓墨名翟，孫詒讓①《墨子傳略》（見《墨子閒詁》附《墨子後語》卷上）亦云："墨子名翟，姓墨氏。"近人治墨學者梁啓超②、胡適③之徒，亦均無異議，惟廉江江瑔④（quán）著《讀子卮言（卮，zhī，卮言，对自己著作的謙稱）》論墨子非姓墨。其言甚辨。

　　　　古以孔墨，楊墨⑤並稱。自漢以後，皆以墨子姓墨名翟。數千載無異詞。竊則以為不然。蓋墨子者，非以墨為姓者也。今請詳其說以明之。

　　　　古者諸子派別，共分九流。墨子居其一。凡傳某學者皆曰某家，故傳墨子之學者亦曰墨家。然所謂家者，言學派之授受，非一姓之子孫。故周秦以前，凡言某家之學，不能繫之以姓。至漢代學者，始以某姓為某家。如《漢志》（班固《漢書‧藝文志》）謂《易》有施（施仇）、孟（孟喜）、梁丘（梁丘賀）

①　孫詒讓（1848－1908）：字促容，號籀廎，浙江瑞安人。同治舉人，曾任刑部主事。著有《周禮正義》、《墨子閒詁》、《古籀拾遺》等。
②　梁啓超（1873－1929）：字卓如，號任公，別號滄江，又號飲冰室主人，廣東新會人。先後創辦《時務報》、《清議報》、《新民叢報》等，著作編為《飲冰室合集》。
③　胡適（1891－1962）：原名嗣糜（mén），讀書時改名洪騂，後改名適，字適之。安徽績溪人。一生經歷甚豐，著有《中國哲學史大綱》（上卷）、《胡適文存》、《嘗試集》等。晚年沉醉於《水經注》疑案，下力甚大。安徽教育出版社出版過季羨林任主編的《胡適全集》。
④　江瑔（1888－1917）：字玉泉，號山淵，石城（今廣東廉江）人。畢業於日本明治大學，先後任中國民國國會眾議院議員及中國同盟會粵支部廉江分部部長。著有《讀子卮言》、《經學講義》、《山淵閣詩草》、《芙蓉淚》（小說）等。
⑤　即楊朱和墨翟。《莊子‧胠篋 qiè》："削曾史之行，鉗楊墨之口。"成玄英疏："楊朱、墨翟秉性宏辯。"

三家;《春秋》有公(公羊高,齊人)、穀(穀梁喜,一説穀梁赤,魯人)、左(左丘明,魯太史)、鄒、夾①,五家之類。古人皆無之也。凡古人繫姓而稱,必曰某子,或曰某氏。而稱家則不能繫姓。若墨既為姓,而復稱曰墨家。則孔子可稱孔家,莊子可稱莊家乎? 此不合於古人稱謂之例。其證一也。

九家之名,詳於《漢志》。《漢志》本於劉②《略》(劉歆《七略》)。劉氏亦必有所本,而司馬談③亦有《六家要旨》之論,則其名由來舊矣。然所謂九家者,墨家而外,若儒,若道,若名,若法,若陰陽,若縱橫,若雜,若農,莫不各舉其學術之宗旨,以名其家,聞其名即知其為何學。即九家外之小說家亦然。並無以姓稱者。若墨為姓,是以姓稱其學。何獨異於諸家乎? 此不合於九家稱名之例。其證二也。

墨子之學,出於史佚④,史角。史角無書。史佚書有二篇。《漢志》列於墨家之首,且謂尹佚為周臣,在成康(成王、康王)時。則由史佚歷數百歲而後至墨子。未有墨子之前,已有墨家之學。墨子生於古人之後,乃諱其淵源所從出,以己之姓而名其學,為諸家之所無。此不合學派相傳之理。其證三也。

---

① 《藝文志》云:"《左氏傳》三十卷,《公羊傳》十一卷,《穀梁傳》十一卷,《鄒氏傳》十一卷,《夾氏傳》十一卷。"
② 劉歆(? -23):字子駿,建平元年(前6)改名秀,字穎叔,劉向第三子。漢成帝時以通《詩》《書》,能屬文,召為黃門郎。河平(前28-前25)中,受詔與父向領校秘書,講六藝傳記,諸子、詩賦、數術、方技,無所不究。哀帝時,復領《五經》,繼父前業,總群書而成《七略》,又著《三統曆譜》等。
③ 司馬談(約前190-前110):西漢史學家,夏陽(今陝西韓城南)人,官太史令。生前擬撰寫史書,未成,因囑其子司馬遷繼承其業,終於完成《太史公書》(即《史記》)。著有《論六家要指》。
④ 史是職官,食采於尹,因以為氏,即下文尹佚,《漢書·古今人表》有史佚,王利器、王貞珉《漢書古今人表疏證》以為周文武時太史。

　　周秦時之姓氏，複雜奇辟，往往非後世所經見。然考以
《世本》①諸書，亦各有所自來。墨之為姓，墨子一人外，更
無所見。唯古有墨胎氏，為孤竹國君。伯夷叔齊(見《史記·
伯夷列傳》)即其後。然夷齊後即無聞。斷非墨子之所自出。
且墨子之前後，亦絕無墨姓其人。此其證四也。

　　又《漢志》所錄墨家者流，僅有六家。末為墨子，首創
史佚。此外四人，曰我子、曰隨巢子，皆不著姓？曰田俅
(qiú)子、曰胡非子②，疑亦非姓。與他家之黔婁子③，將鉅
子④，諸人之稱同。班⑤(班固)注於此四人，亦不詳其姓名。
顏師古⑥亦不及之。當必皆為姓名外之別號，自無可疑。
墨家諸人，無一稱姓。則墨子之墨，斷非姓明矣。竊疑墨家
之學，內則薄葬，外則兼愛，無親疏之分，無人我之辨，示大

---

① 《世本》為先秦重要史籍，司馬遷的《史記》曾採摭它的資料，兩漢學者如劉向、
　班固亦多稱引。《漢書·藝文志》"春秋"部分著錄《世本》十五篇，原書已佚。
　中華書局出版過清人輯本八種，稱之為《世本八種》。
② "我子"以下四人，《藝文志》只在隨巢子、胡非子下言"墨翟弟子"。清錢大昕《三
　史拾遺》並言為墨子弟子。清梁玉繩《古今人表考》對四者姓氏及籍貫有考證，
　可參。
③ 黔婁，戰國齊隱士，有名的道學家。齊威王請為卿，被拒，作有《黔婁子》四篇，
　見《漢書·藝文志》道家類。
④ 《漢語大詞典》"將鉅"條認為是復姓。《漢書·藝文志》陰陽家類有《將鉅子》
　五篇。
⑤ 班固(32-92)：字孟堅，扶風安陵(今陝西咸陽)人。續父班彪所撰《史記後傳》
　未竟之業，被誣私修國史，下獄。弟班超上書力辯，獲釋。明帝重其學，除蘭臺
　令史，奉詔續成父書。潛心二十餘年，寫成《漢書》(一部分未完，由妹班昭續
　寫)。和帝永元四年(92)，因竇憲案死獄中。善辭賦，著有《兩都賦》、《幽通
　賦》，明人張溥輯有《班蘭臺集》。
⑥ 顏師古(581-645)：名籀，字師古，以字行(一云字籀)，祖籍琅琊(今山東臨沂)。
　祖顏之推，自高齊入周，遷家於京兆萬年(今陝西西安)。唐李淵入關，授朝散
　大夫，累遷中書舍人。太宗即位，官中書侍郎，奉命考訂《五經》文字，貞觀十九
　年(645)從征遼東，途中病卒。為《漢書》作注，影響很大。著《匡謬正俗》、《顏
　氏字樣》等。

同於天下。與《禮運》所謂"不獨親其親,不獨子其子"之義同。以宗族姓氏,為畛域之所由生,故去姓而稱號,以充其兼愛上同之量,又與釋氏(釋迦牟尼)之法同。此孟子所以斥為無父①,此亦墨氏之學,所以獨異於諸家,而高於千古也。自注:墨氏兼愛衹不別親疏,非不愛父,即親中亦不衹父一人。孟子獨斥為無父者,蓋以因其兼愛而並革其父之姓氏,而忘己所從出也。惜此理千古無人道及。《孟子》一書,所載當世之人,皆詳其姓氏;而於墨者夷之②,衹冠以墨者二字,而不言其何姓。《論衡·福虛篇》,言墨家之徒纏子,纏亦非姓③。是皆可為墨家不稱姓之證。此其證五也。

　　《墨子》原書,多稱子墨子。夫稱曰子者,皆為尊美之詞,不繫於別號,即繫於姓。然皆稱曰某子,斷無以子加於姓之上者。若子思子之類,上子思二字,合為孔伋之字,下子字乃尊稱之詞耳。唐宋以後,去古日遠,名稱亦滴(lí),始有以子字加於姓字之上,秦漢以前則絕無之。自注:惟《荀子》書引宋鈃④語或稱子宋子,顯為後人所亂。《列子》書亦稱子列子,然見於《莊子》者俱無。今稱曰子墨子。適與子思子之稱同。若云墨為姓。則孔子亦可稱子孔子。莊子亦可稱子莊子乎。此其證六也。

――――――――――

① 《孟子·滕文公下》:"楊氏為我,是無君也。墨氏兼愛,是無父也。無父無君,是禽獸也。"

② 《孟子·滕文公上》:"墨者夷之,因徐辟(孟子弟子)而求見孟子。"宋孫奭疏:"夷之,治墨家之道者姓名也。"楊伯峻《孟子譯注》:"墨者,就是信奉墨子學說的人;夷之已無可考。"

③ 纏子,墨家弟子。南宋鄭樵《通志·氏族略》:"纏氏,《藝文志》纏子著書"。《廣韻·二仙》:"纏,又姓。《漢書·藝文志》有纏子,著書。"孫詒讓《墨子閒詁》:"《漢志》無纏子,此誤。"江瑔說法與《通志》、《廣韻》不同。

④ 宋鈃(jiān),亦作宋牼(kēng)、宋榮、宋榮子。戰國宋人,齊宣王(?-301)時人,與孟子(約前372-前289)同時,《漢書·藝文志》著錄《宋子》十八篇,列於小說家,亡。

　　孟子多拒墨之詞。其稱之也，或曰墨子，或曰墨氏，或單稱之曰墨。韓非子《顯學篇》，亦曰："有相里氏之墨，有相夫氏之墨，有鄧陵氏之墨。"（墨家分離為三派）皆單以墨稱。然人有姓亦有名。姓所同而名所獨。故古者稱人，必舉其名；寧去姓而稱名，無去名而稱姓。是以古籍所載，有單稱名而不知姓者；而斷無單稱姓而不著名之理。今孟韓皆稱曰墨。則墨豈得為姓乎？況韓子所謂相里氏之墨云云，若墨為姓，尤不能作是稱。韓子此篇，上文云"子張氏之儒"云云；下文則曰儒分為八，墨分為三，取捨相反不同，而皆自謂真孔墨。下曰孔，而上曰儒；蓋言孔子一人可稱孔，言孔子之學不可稱孔也。以相里氏之墨例之，則何不云子張氏之孔，而云子張氏之儒乎？此其證七也。

　　凡為墨子之學，可稱曰墨者，如孟子所謂墨者夷之，莊子韓非子《史記》自序，亦皆有墨者之稱。然墨者之義，指學墨子之人言之。學墨子之人非必姓墨，何以繫其師之姓？孔子之門弟子三千，未聞稱曰孔者也。墨家之①墨者，當與儒家之稱儒者同。此其證八也。删節原文。

　　此其說誠可謂至辨矣。然古人稱謂，殊不能一律。孔子姓孔號孔子，莊子姓莊號莊子，若以此例之，老子亦當姓老邪？不然，則以老子例之，孔子，莊子，又當非姓孔姓莊邪？漢初有三家詩，一曰魯詩（魯人申培所傳），二曰齊詩（齊人轅固［生］所傳），三曰韓詩（燕人韓嬰所傳）。若以魯齊例之，則韓亦當為國名邪？以韓例之，魯齊又當為姓邪？此可以見古人之稱謂，不能盡以例求也。惟江氏（江瑔）以墨子之墨為道術之稱，似頗相合。其言云：

---

① 《讀子卮言》"之"下有"稱"字，當據增。

　　考墨字從黑，為會意兼形聲字。故古人即訓墨為黑。自注：《廣雅·釋器》（三國魏張揖撰）："墨，黑也。"《孟子》云："面深墨。"（《滕文公上》）又訓晦。《釋名·釋書契》（漢劉熙撰）："墨，晦也。"引伸之為瘠墨，為繩墨自注：《荀子》書屢言瘠墨。是則所謂墨者，蓋垢面囚首，面首黎黑之義也。《莊子·天下篇》云："墨子稱道禹行曰：不能如此，非禹之道也，不足為墨"，又稱"禹親自操作①，而九雜（九雜，匯合）天下之川，腓（féi，腿肚子）無胈（bá，人體大腿上的細毛），脛無毛，沐甚風（大風），櫛（zhì，梳髮）甚雨（暴雨）"。《列子》稱"禹身體偏枯（半身不遂），手足胼胝（pián zhī，手掌腳底因長期勞作而生的繭子）"。（《列子·楊朱》）呂不韋②稱"禹憂其黔首（秦代對百姓的稱呼），顏色黎黑，竅藏不通，步不相過（渾身不適，步履維艱）"（《呂氏春秋·求人》）。是禹之為人，盡儉苦之極軌，故墨子學之。故孟子稱為摩頂放踵（謂摩禿頭頂，走破腳跟。形容捨己為人，不辭辛勞。《孟子·盡心上》："墨子兼愛，摩頂放踵利天下，為之"）；莊子稱為其道大觳（què，儉薄。《莊子·天下》："其生也勤，其死也薄，其道大觳"）；後世亦言墨突（煙囪）不得黔③：此其學適合於墨字之義。故以墨名其家，而人亦咸以墨子稱之。考墨書《貴義篇》云："子墨子北之齊！遇日者，日者曰：帝以今日殺黑龍於北方，而先生之色黑，不可以北。"凡

---

① 《讀子卮言》"作"作"橐耜 tuó sì"，當據改。橐，盛土器，耜，鍬。

② 呂不韋（？－前235）：戰國末衛國濮陽（今河南濮陽西南）人，原為陽翟（今河南禹縣）大商人，至趙都邯鄲經商，遇見入質於趙的秦公子異人（后改名子楚，即秦莊襄王），視為奇貨。子楚即位，為相，封文信侯。秦王政（秦始皇）立，繼任國相，尊為仲父。秦王政十年（前237）被免職，十二年，飲鴆而死。曾令賓客編《呂氏春秋》。

③ 班固《答賓戲》（見《昭明文選》卷四十五）："孔席不暖，墨突不黔。"李善注："暖，溫也，言坐不暖席也。《文子》曰：墨子無黔突，孔子無暖席，非以貪祿慕位，欲起天下之利，除萬民之害也。"韓愈《爭臣論》："禹過家門不入，孔席不暇暖，而墨突不得黔。"

人形容枯槁者，其顏色必黑，茲所謂色黑者，蓋因勞苦過甚，顏色因而黎黑，亦莊子所謂枯槁也。其以墨為宗恉，與儒道名法陰陽縱橫雜農諸家同。故與八家並列而稱曰墨家。（《讀子卮言》）

然則古來稱墨翟，所謂翟者何也！江氏亦為之說曰：

自秦漢以來，咸以翟為墨子名。然古以墨翟連稱，彼以墨為姓，斯以翟為名，亦為以意揣測之詞，未必於古有所据。竊疑翟為墨子之姓。考古有翟國，在宋鄭之北。其子孫以國為氏，故春秋以後有翟姓。疑墨子即其後。翟國與宋相近，故墨子亦為宋人。又考孔德璋①《北山移文》，稱墨子為翟子，似亦以翟為姓。而《瑯環記》（元代尹世珍著）載墨子則直云姓翟名烏。古人名字紛歧，事所常有。若姓氏則為一定，不可或更。況以昭著千古之墨子，豈敢竄（cuàn）易其姓氏哉？惟所得證據僅此。此外則更無所見。是翟果為姓與否，亦未敢遽（jù，倉猝）決之。然古書稱墨翟，以其學加於姓或名之上者，此在古人亦常有之。如老彭②，蒙莊③，談天

---

① 孔德璋（447—501）：原名孔稚珪，《南史》避唐高宗小名諱，省作孔珪，字德璋，南朝齊會稽山陰（今浙江紹興）人。南朝宋時舉秀才，任尚書殿中郎，後為齊高帝蕭道成記室參軍，武帝時官至御史中丞，東昏侯永元元年（499）任都官尚書，遷太子詹事。好文嗜酒，不樂世事。著有駢文《北山移文》，明人張溥輯有《孔詹事集》一卷。

② 以下四者江瑔以為"以其學加於姓或名之上"。老彭，《論語·述而》："述而不作，信而好古，竊比於我老彭。"魏何晏注引包咸曰："老彭，殷賢大夫。"宋邢昺疏云："即《莊子》所謂彭祖。"又引王弼云："老是老聃，彭是彭祖。"《上海博物館藏戰國楚竹書（四）》有《彭祖》一篇，可參。

③ 即莊子，因其為宋國蒙人，又作過蒙漆園吏，故稱。

衍①,雕龍奭②,是也。

斯以翟為姓,則大謬不然。江氏前既云墨子去姓,去氏,示大同於天下,故為墨家學者咸不稱姓。今又云翟為墨子姓,墨子不敢竄易姓氏,何其前後矛盾至此? 至謂《北山移文》稱墨子為翟子,遂疑孔德璋以墨子為姓翟;然則下文稱楊子為朱公,則亦可謂孔德璋以楊朱非姓楊而為姓朱邪? 且《墨子·貴義篇》載墨子之言云:"翟聞之,同歸之物,信有誤者。"《魯問篇》亦自稱曰:"翟之未得見之時也,子欲得宋,自翟之得見之後,予子宋而不義,子弗為;是我予子宋也。子務為義,翟又將與子天下。"夫墨子自稱曰翟,則翟顯為墨子之名可知。若云是姓,則孔子自稱丘也幸,亦可作孔也幸;丘之禱久矣,亦可作孔之禱久矣。有是理邪? 吾以謂墨是其道,翟是其名;去姓著道,以著其尚同;久之,則人遂以墨為姓,故稱墨子。其稱子墨子云者,猶子列子,子禽子一例。猶云此子乃墨子、此子乃莊子、此子乃禽子云爾。豈能遂斥為不通邪? 又《公羊傳》有子沈子,子公羊子之稱,何休《解詁》③云:"沈子稱子冠氏上者,著其為師也。"則著子字於姓字上,其來亦古矣。不可謂唐以後始有此稱也。

然則墨子何國人邪? 有据古有翟國,宋與翟近,及《史記》有"蓋墨翟宋之大夫"一語,遂疑為宋人者;有据墨子與魯陽文君之關係,魯陽為楚邑,遂疑墨子為楚人者;有据公輸般將以楚

① 亦即鄒(騶)衍(約前 305-前 240):戰國齊人,稍晚於孟子,陰陽家代表人物。好談天文,因其語言"閎大不經"(《史記·孟子荀卿列傳》),時人稱"談天衍"。
② 亦即鄒(騶)奭,戰國時齊人,推鄒衍之說,其文飾若雕鏤龍文,齊人稱之為"雕龍奭"。《漢書·藝文志》陰陽家類著錄《鄒奭子》十二篇,已佚。
③ 全稱為《春秋公羊經傳解詁》。何休(129-182):字邵公,任城樊縣(在今山東兗州西南)人,東漢時期今文經學家。除《春秋公羊經傳解詁》外,還注《孝經》、《論語》,作《公羊墨守》、《左氏膏肓》等。

攻宋,墨子起自魯,遂疑為魯人者。梁啓超頗主魯人之說,以謂墨子若宋人,則《公輸篇》不應有歸而過宋一語;若為楚人,《貴義篇》不應有南遊於楚之語云云。其說頗為得實。至於墨子仕宋之說,梁氏亦非之。以謂《墨子》書中絕無仕宋痕迹,且引《貴義篇》"道不行不受其賞,義不聽不處其朝"之說,以謂宋必不能行其道,故當必不肯仕宋。其說尤為近是。蓋墨子乃古來之大實行家,其言行必不相背也。夫未嘗仕宋,以平民而救宋;本非宋人,以異國之人而救宋國;不分人之祿,而苦身以救人;不私利其國,而兼愛人國。此墨子之所以為墨子與? 若其生卒時代,則汪中①,孫詒讓言之頗詳。汪氏之言云:

> 今按,《荊柱》《魯問》二篇,墨子於魯陽文子多所陳說。《楚語》,"惠王(前488-前432在位)以梁與魯陽文子"。韋昭②注:文子,平王(前528-前516在位)之孫,司馬子期之子。其言實出《世本》。故《貴義篇》,"墨子南遊於楚,見獻惠王,獻惠王以老辭"。獻惠王之為惠王,猶頃襄王之為襄王。由是言之,墨子實與楚惠王同時。其仕宋當頃公昭公之世。其年於孔子差後。或猶及見孔子矣。《藝文志》以為在孔子後者,是也。《非攻中篇》言"智伯以好戰亡"。事在春秋後二十七年。又言蔡亡。則為楚惠王四十二年(前

---

① 汪中(1744-1794):字容甫,江都(今屬江蘇揚州)人,乾隆二十八年(1763)補諸生,四十二年(1777)拔貢生,未赴朝考。清代哲學家、文學家、史學家,曾應湖廣總督畢沅之聘,作《黃鶴樓銘》,有《述學》內外篇、《廣陵通典》、《汪容甫駢文箋注》、《汪容甫遺詩》等。

② 韋昭(204-273):字弘嗣,三國東吳吳郡雲陽(今江蘇丹陽)人,《三國志》卷六十五《吳書》稱為韋曜(避晉文帝司馬昭諱)。曾奉孫和命撰《博弈論》。孫亮即位,為太史令,與華覈(hé)等撰《吳書》。孫休即位,為中書令、博士祭酒。孫皓時封高陵亭侯,後得罪孫皓,被殺。注《國語》、《論語》、《孝經》等,撰《官職訓》、《辯釋名》等。

447)。墨子並當時及見其事。《非攻下篇》,言"今天下好戰之國,齊晉楚越",又言"唐叔①,呂尚②邦絕晉,今與楚越四分天下"。《節葬下篇》言"諸侯力征,尚③有楚越之王,北有齊晉之君"。明在句踐稱伯之後,秦獻公未得志之前,全晉之時,三家未分,齊未為陳氏也。《檀弓下》,"季康子之母死,公輸般請以機封"。此事不得其年,季康子之卒在哀公二十七年(前468)。楚惠王以哀公七年即位。般固逮事惠王。《公輸篇》"楚人與越人舟戰於江,公輸子自魯南遊楚,作鉤強(即鉤拒,退者以物鉤之,進者以物拒之,孫詒讓說)以備越"。亦吳亡後,楚與越為鄰國事。惠王在位五十七年,本書既載其以老辭墨子,則墨子亦壽考人與?(《述學·墨子序》)

而孫詒讓則云:

> 史遷④云:"墨翟或曰並孔子時或曰在其後。"自注:《史記·孟荀傳》。劉向⑤云:"在七十子之後。"《史記索隱》引《別錄》。班固云:"在孔子後。"《漢書·藝文志》蓋本劉歆《七略》。

---

① 《史記·晉世家》:"唐叔虞者,周武王子而成王弟。"
② 《史記·齊太公世家》:"太公望呂尚者,東海上人。"呂是父姓。又叫姜尚,姜是母姓,即所說的姜太公。
③ 《述學》"尚"作"南",當據改。
④ 史遷,敬稱,如《漢書·敘傳下》:"烏呼史遷,薰胥以刑!"即司馬遷(前145或前135-約前68):字子長,夏陽(今陝西韓城南)人,西漢史學家、文學家。初任郎中,元封三年(前108)繼父任太史令。太初元年(前104)與唐都等人制訂《太初曆》。天漢三年(前98),入獄,受腐刑。出獄后任中書令,於征和二年(前91)完成我國第一部紀傳體通史,時稱《太史公書》,三國後通稱《史記》。
⑤ 劉向(約前77-前6):本名更生,字子政,後改名向,沛(今江蘇沛縣)人,西漢經學家、目錄學家、文學家。官至光祿大夫、中壘校尉。著有《別錄》(為我國目錄學之祖)、《說苑》《新序》《五經通義》(已佚),還有《九嘆》《清雨華山賦》等辭賦三十三篇。

張衡①云:"當子思時。"《後漢書》本傳注引《衡集(《張衡集》)·
論圖緯虛妄疏》云:"公輸班與墨翟並當子思時,出仲尼後。"眾說舛
牾,無可質定。近代治《墨子》書者,畢沅②以為六國時人,
至周末猶存,既失之太後;汪中沿宋鮑彪③之說,鮑說見《戰國
策·宋策》注。謂仕宋當景公世,又失之太前,宋景公卒於魯哀
公二十六年(前469),見《左傳》。《史記·六國年表》書景公卒於貞
王十八年(前451),即魯悼公十七年,遂減昭公之年,以益景公,與左
氏不合,不可從也。据本書及《新序》,墨子嘗見田齊太公和④,有問
答語。田和元年上距宋景公卒年,凡八十三年,即令墨子之仕,適當
景公卒年,年才弱冠,亦必逾百歲前後方能相及,其可信乎? 殆皆
不考之過。竊以今五十三篇之書推校之。墨子前及與公輸
般魯陽文子相問答;見《貴義》《魯問》《公輸》諸篇。而後及見
太公和,見《魯問篇》,田和為諸侯,在安王(周安王)十六年(前
386)。與齊康公興樂;見《非樂上篇》,康公卒於安王二十三年。
楚吳起⑤之死,見《親士篇》,在安王二十一年。上距孔子之卒,
敬王四十一年(前479)。幾及百年。則墨子之後孔子,蓋信。

---

① 張衡(78-139):字平子,南陽西鄂(今河南南陽北)人,東漢科學家、文學家,通
五經,貫六藝。先後任郎中、侍中、河間(河北獻縣東南)相等。創製世界最早
以水力轉動之渾天儀,並於順帝陽嘉元年(132)製造測定地震之候風地動儀,著
有《東京賦》《西京賦》《周官訓詁》等。

② 畢沅(1730-1797):字纕,一字秋帆,自號靈岩山人,鎮洋(今江蘇太倉)人。乾
隆進士。曾任翰林院修纂,官至湖廣總督。著有《傳經表》《老子道德經考
異》《說文解字舊音》《續資治通鑑》《靈岩山人詩文集》等,對《墨子》《山海
經》《呂氏春秋》進行過校注。

③ 鮑彪:字文虎,南宋處州龍泉(今浙江麗水附近)人,一作縉雲人,第進士,歷常
州州學教授、太常博士,累官尚書司封員外郎。有《戰國策》注、《書解》。

④ 即和(? -前384):一作和子,戰國齊國人,據《史記·田敬仲完世家》:"康公
之十九年(前386),田和立為齊侯,列於周室,紀元年","立二年,和卒"。

⑤ 吳起(? -前381):戰國時衛國人,善用兵。初仕魯,後入魏,遭大臣陷害,逃奔
楚。楚悼王慕其才,任為相,悼王死,起為宗室大臣殺害。其人可參《史記·孫
子吳起列傳》。

審覈前後,約略計之,墨子當與子思並時而生,年尚在其後。子思生於魯哀公二年(前493),周敬王二十七年也。下及事魯穆公年已八十餘,不能至安王也。《史記・孔子世家》謂子思年止六十二,則不得及穆公,近代譜諜書或謂子思百餘歲者,並不足據。當生於周定王(周貞定王,前468-前441在位)之初年,而卒於安王(前401-前376在位)之季,蓋八九十歲,亦壽考矣。(《墨子閒詁》附《墨子後語》卷上之《墨子年表》)

汪孫二說,先後不同。近人胡適深是汪氏之言;而梁啓超頗韙(wěi,是,贊美)孫氏之說。胡氏云:

墨子大概生周敬王二十年與三十年之間;自注:西曆紀元前五〇〇年至四九〇年。死在周威烈王元年與十年之間。西曆紀元前五五一年①。到吳起死時,墨子已死差不多四十年。(《中國哲學史大綱(卷上)》)

而梁氏則云:

孫氏作《墨子年表》,大段不謬。但其據《親士篇》言吳起之死,則謂墨子至安王二十一年自注:西紀前二②八一。猶存。此亦不確。胡適③決其不及見吳起之死,諒矣。然胡氏謂墨子生年約當孔子卒前二④年,其卒年約在吳起卒前

---

① 此處引文有脫誤,不可解,《中國哲學史大綱》本作:"死在周威烈王元年與十年之間(自注:西曆紀元前四二五至四一六年)。墨子生時約當孔子五十歲六十歲之間(自注:孔子生西曆紀元前五五一年)。"
② 《墨子年代考》"二"作"三",當據改。
③ 《墨子年代考》"胡適"下有"謂墨子"三字,當據增。
④ 《墨子年代考》"二"下有"十"字,當據增。

四十年,則又失之太前。以吾所考證如下:

　　墨子生於周定王初年,自注:元年至十年之間,西紀前四六
八至四五九。約當孔子卒後十餘年。孔子卒於前四七九(梁氏
自注)。

　　墨子卒於周安王中葉,十二年至二十年之間,西紀前三九〇
至三八二(梁氏自注,下注同)。約當孟子生前十餘年。孟子生
於前三七二。(《墨子學案·墨子年代考》)

今案:梁氏以墨子所曾交接之人為根據,而參伍其年代,似
比胡氏為碻(同"確")。然梁氏以孫氏謂墨子至安王二十一年猶
存之說為不碻。而定為十二年至二十年間。則所差止一年耳。
蓋深信胡氏據《呂氏春秋》謂墨子決不及見吳起之死之說,而為
之訂正也。《呂氏春秋·上德篇》云:

　　墨者鉅子(先秦時墨家對墨學大師的稱呼)孟勝,善荊之陽
城君(為楚國陽城君所善)。陽城君令守於國,毀璜(半璧形玉)
以為符,約曰:"符合聽之。"荊王薨,羣臣攻吳起,兵(戰鬥)
於喪所。陽城君與(參與)焉。荊罪之。陽城君走(逃跑)。
荊收其國。孟勝曰:"受人之國,與之有符;今不見符而力
不能禁,不能死,不可。"其弟子徐弱諫孟勝曰:"死而有益
陽城君,死之可矣;無益也,而絕墨者於世①。"孟勝曰:"不
然,吾於陽城君也,非師,則友也;非友,則臣也;不死,自今
以來,求嚴師,必不於墨者矣;求賢友,必不於墨者矣;求良
臣,必不於墨者矣。死之,所以行墨者之義而繼其業者也。
我將屬(同"囑",託也)鉅子於田襄子。田襄子,賢者也。何

---

① 高誘注《呂氏春秋》"世"下有"不可"二字,當據增。

患墨者之絕世也。"柱按:陳澧①云:"墨氏所謂鉅子猶沙門傳衣者
也。《呂氏春秋‧去私篇》又有墨者鉅子腹,高誘②注皆云鉅姓,畢氏
(畢沅)已駁正之。"(陳澧文見《東塾讀書記》)

胡氏據此以謂吳起死時,墨子久已成一種之宗教;墨者鉅子
傳授之法,已有定制;墨子已有新立之領袖;孟勝弟子勸勝不死,
而曰"絕墨者於世不可",倘墨子尚未死,安能為此說。其說甚
為有見。而孫氏以為墨子可及吳起之死,則除據《親士篇》以
外,更無可為據者。其說云:

> 案《魯問篇》,墨子及見田齊太公和。和受命為諸侯,
> 當楚悼王十六年(前386),距起之死僅五年耳。況《非樂上
> 篇》說"齊康公興樂萬",康公之薨,復在起死後二年;然則
> 此書雖多後人增益,而吳起之死,非墨子所不及見,明矣。
> (見《墨子閒詁‧親士》"吳起之裂,其事也"下注)

孫氏此說,固可以駁正蘇時學③,汪中,胡適諸人,謂墨子之
卒年過於太前之說。然而不可以證墨子必可以見吳起之死,蓋
太公和之受命為諸侯,當楚悼王十六年,距起之死五年。安知墨
子不在此五年之前而死?康公之薨,後起二年,墨子雖說康公興
樂萬,然焉知其事不在起死前之一歲?故梁氏據胡說以訂正孫
說,則孫說乃可以無憾矣。

---

① 陳澧(1810-1882):字蘭甫,號東塾,廣東番禺(今廣州)人。道光舉人。曾任河
　源縣訓導。通天文、地理、樂律、音韻、算術等,也善詩詞、駢散文。著有《聲律通
　考》、《切韻考》、《漢書水道圖說》、《東塾集》等。
② 高誘:東漢涿郡(今河北涿縣)人。少時受學於盧植。建安十年(205)任司空掾,旋任
　東郡濮陽(今河南濮陽南)令。注《戰國策》、《淮南子》、《呂氏春秋》等。
③ 蘇時學(1814-1873):字皺元,號琴舫,又號爻山,今廣西藤縣藤城鎮人。道光
　舉人。著有《墨子刊誤》、《爻山筆話》、《寶墨樓詩冊》等。

墨學之大略

墨子之書，篇數多寡，古今已有不同。畢沅云：

　　《墨子》七十①篇，見《漢書·藝文志》。隋以來為十五卷，目一卷，見《隋書·經籍志》(唐魏徵等撰)。宋亡九篇，為六十一篇，見《中興館閣書目》(南宋陳騤編撰)。實六十三篇。後又亡十篇，為五十三篇，即今本也。本存《道藏》(明正統《道藏》本)中，缺宋諱字，知即宋本。(《墨子注敘》)

今將今本十五卷目錄列後：

---

①　畢沅注《墨子》"十"下有"一"字。

六　　節用上　節用中　節葬下

七　　天志上　天志中　天志下

八　　明鬼下　非樂上

九　　非命上　非命中　非命下　非儒下

十　　經上　　經下　　經說上　經說下

十一　大取　　小取　　耕柱

十二　貴義　　公孟

十三　魯問　　公輸

十四　備城門　備高臨　備梯　　備水　　備突　備穴　備蛾傳

十五　迎敵祠　旗幟　　號令　　雜守

此十五卷,胡適於《哲學史大綱》卷上,分為五組。其言云:

　　第一組,自《親士》至《三辯》,凡七篇,皆後人假造。前三篇全無墨家口氣。後四篇,乃根據墨家之餘論而作者。

　　第二組,《尚賢》三篇,《尚同》三篇,《兼愛》三篇,《非攻》三篇,《節用》兩篇,《節葬》一篇,《天志》三篇,《明鬼》一篇,《非樂》一篇,《非命》三篇,《非儒》一篇,凡二十四篇,大抵皆墨者演墨子之學說而作。其中有許多後人所加入。《非樂》《非儒》兩篇,更可疑。

　　第三組,《經》上下,《經說》上下,《大取》,《小取》,既非墨子之書,亦非墨者記墨子學說之書。殆即莊子《天下篇》所謂別墨(《莊子·天下》:“俱誦《墨經》,而倍譎(倍,同“背”;譎,jué,異也)不同,相謂別墨。”)所為。此六篇之學問,決不是墨子時代所能發生。況其中所言與惠施,公孫龍①最為接

————————————

① 惠施:即惠子,姓惠,名施,相傳為宋人,與莊子同時(戰國中期);公孫（转下页）

近。惠施,公孫龍之學說,幾全在此六篇内。故我以為此六篇乃惠施公孫龍時代之別墨所作。

第四組,《耕柱》,《貴義》,《公孟》,《魯問》,《公輸》,此五篇乃後人將墨子一生言行輯聚而成。與儒家之《論語》相同。其中許多材料,比第二組更為重要。

第五組,自《備城門》以下至《雜守》,凡十一篇,所記墨家守城備敵之法。

梁啓超因其方法,而於所著《墨子學案》為之分類如下:

第一類　卷一 {
甲 { 親士 / 修身 / 所染 } 此三篇非墨家言,純出偽託。
乙 { 法儀 / 七患 / 辭過 / 三辯 } 此四篇,是墨家記墨學之概要,甚能提綱挈領,當先讀。
}

第二類 {
（卷二）尚賢上中下
（卷三）尚同上中下
（卷四）兼愛上中下
（卷五）非攻上中下
（卷六）{ 節用上中 / 節葬下 }
（卷七）天志上中下
（卷八）{ 明鬼下 / 非樂上 }
（卷九）{ 非命上中下 / 非儒下 }
}

此十題,二十三篇,是墨學大綱目,墨子書之中堅。篇中皆有子墨子字,可以證明是門弟子所記。非墨子自著,每題各有三篇,文義大同小異。蓋墨子分為三派,各記所聞。

此篇無"子墨子曰",不是記墨子之言。

（接上頁注①）龍:姓公孫,名龍,字子秉,學術界推定其生卒年為前320-前250年,趙人。比惠施稍晚。《漢書·藝文志》記錄《惠子》一篇,亡;《公孫龍子》十四篇,宋時亡八篇,今存六篇。皆列於名家。關於二者的生平思想可參看楊俊光:《惠施公孫龍評傳》,南京大學出版社,1992年。

第三類 { （卷十）{ 經上下　經說上下 } （卷十一）{ 大取　小取 } }　此六篇，魯勝名為墨辯。大半是將論理學。《經》上下當是墨子自著。《經說》上下當是述墨子口說，但有後學增補。《大取》《小取》是後學所著。

第四類 { （卷十一）耕柱　（卷十二）{ 貴義　公孟 } （卷十三）{ 魯問　公輸 } }　此五篇，是記墨子言論行事，體裁頗近《論語》。

第五類 { 卷十四 { 備城門　備高臨　備梯　備水　備突　備穴　備蛾傳 } 卷十五 { 迎敵祠　旗幟　號令　雜守 } }　此十一篇，是專言守禦之兵法，可緩讀。

　　梁胡所分，大同小異；獨於《經》上下、《經說》上下、《大取》、《小取》六篇，一以為墨子所自著，或弟子所記；一以為別墨所作，絕與墨子無關。斯為大異之點耳。其以《修身》《親士》《當染》諸篇，為後人偽託，亦本孫詒讓。孫氏《墨子閒詁自序》云：

《修身》《親士》諸篇，誼正而文靡，校之他篇殊不類；《當染》篇又頗涉晚周事，非墨子所得聞；疑皆後人以儒言緣飾之，非其本書也。

其說《親士》《修身》二篇，為偽託，與畢沅適相反。畢云：

　　《親士篇》與《修身篇》無稱"子墨子云"，疑翟所自著也。

以余論之，兩說所據之理，均似未能充足。畢氏以無"子墨子云"，便謂為墨子之自著，則《墨子》書中如此等普通之言論，反為墨子之自著；而他篇如《尚同》《兼愛》《非攻》等重要主義，反無墨子之文；未免不近情理。至孫、梁、胡以辭怡近儒，又疑為偽託，夫親士修身，諸子之言治者多不能外；墨子之偶同儒家，何足為異？且諸氏謂辭怡不近墨子，自吾觀之，其足以表墨學特別之精神者正甚眾。如《親士篇》云：

　　吾聞之曰："非無安居也，我無安心也；非無足財也，我無足心也。"是故君子自難而易彼；眾人自易而難彼。君子進不敗其志，內究其情。雖雜庸民，終無怨心，彼有以自信者也。

此文畢沅解之云：

　　"非無安居也，我無安心也；非無足財也，我無足心也。"言不肯苟安，如好利之不知足。"君子自難而易彼。"言自處於難，即躬自厚而薄責於人之義。"雖雜庸民，終無怨心。"言遺佚不怨。

夫以畢氏所釋，則宜乎其近儒也。然以余觀之："非無安居也，我無安心也；非無足財也，我無足心也。"謂我非無安居，但為天下有不安之故，吾心亦不安，故我亦無安居也；我非無足財，但為天下有不足之故，吾心亦不足，故我亦無足財也。此荀子所謂"墨子之言昭昭然為天下憂不足也"（《荀子·富國》）。"君子自難而易彼，眾人自易而難彼。"謂君子以艱難自任，而以安樂與人。"雖雜庸民，終無怨心，彼有以自信者也。""信""伸"古今字。謂雖處平民之位，亦無怨心，何也？在社會努力，終能自伸，不必為官也。然則此正墨突不黔之義。其表示墨學之精神為何如也？又如《修身篇》云：

　　藏於心者無以竭愛；動於身者無以竭恭；出於口者無以竭馴；暢之四支，接之肌膚，華髮隳顛，而猶弗舍者，其惟聖人乎？

此文"馴"字，注者均多作雅馴解，竊以"馴""訓"古通，無以竭者惟恐不能竭之謂。"藏於心者無以竭愛"，謂藏於心者惟恐無以竭其無窮之愛。"動於身者無以竭恭"，謂動於身者惟恐無以竭其無窮之敬。"出於口者無以竭馴"，謂出於口者惟恐無以竭其無窮之教也。是以暢之四支，華髮隳顛，行猶弗懈，此其大意也。然則其表示墨學之精神為何如乎？又云：

　　志不疆者智不達；言不信者行不果；據財不能與人者不足與友。

此則墨學兼愛果毅之精神為何如邪？孰謂《親士》《修身》二篇非墨家言，無墨家語氣乎？然遂謂其盡出自墨子手，則又不爾也。蓋墨子之說，而墨學者論述之也。至於《所染》一篇，頗有墨子後事，疑必墨子以後之述作。然此文亦見《呂氏春秋》，名為《當染篇》。《淮南·說林訓》亦有"墨子見練絲而泣"之說。則墨子見染絲一事，當非虛構。而《呂氏春秋》為古代之類書，又必為呂氏錄墨子之文，而非墨子書襲自呂氏，又可知也。吾意墨子本固有此等之言，或此等之文，而後之學者展轉傳述，各有增加。汪中云："墨子蓋嘗見染絲者而嘆之，為墨之學者增成其說耳。"正如《春秋》筆削於孔子，而左氏補孔子卒後事也。《法儀》《七患》《辭過》《三辯》諸篇亦大略如此。

自《尚賢上篇》至《非儒下篇》共二十三篇，梁氏謂此為墨子學大綱，墨書中堅。斯言固然。其謂每題各有三篇，文義大同小異，即"墨分為三"之說。其言殆本於俞樾①。俞氏《墨子閒詁序》云：

　　墨子死而墨分為三：有相里氏之墨；有相夫氏之墨；有鄧陵氏之墨。今觀《尚賢》，《尚同》，《兼愛》，《非攻》，《節用》，《節葬》，《天志》，《明鬼》，《非樂》，《非命》，皆分上中下三篇，字句小異，而大致②無殊。意者此乃相里相夫鄧陵三家相傳之本不同，後人合以成書，故一篇而有三乎？墨氏弟子，網羅放矢，參考異同，具有條理；較之儒分為八③，至

①　俞樾(1821-1907)：字蔭甫，號曲園，浙江德清人。道光進士。官翰林院編修、河南學政。治經、子、小學，宗法王念孫父子。著有《群經平議》《諸子平議》《古書疑義舉例》《右台仙館筆記》等，所撰各書收在《春在堂叢書》、《第一樓叢書》中。

②　俞樾《墨子閒詁序》"致"作"旨"，當據改。

③　《韓非子·顯學》："自孔子之死也，有子張之儒，有子思之儒，有顏氏之儒，有孟氏之儒，有漆雕氏之儒，有仲良(盧文弨《羣書拾補·韓非子校正》曰：良張本作梁)氏之儒，有孫氏之儒，有樂正氏之儒。"

今遂無可考者,轉似過之。

此其說實可謂似是而非。何也?墨子此等雖有三篇,然不過文字之大同小異而已,其旨固無大殊異者也。韓非所謂"儒分為八,墨離為三"。其異同之故,今雖不可得知;然今詩有四家,《春秋》有三傳;其歧異當不至如儒之八,如墨之三也。然四家之《詩》,與三家之《春秋》,尚有絕殊相反之處。而今之《墨子》凡有三篇者,乃獨無絕殊相反之語。何邪?則所謂墨離為三,與《墨子》書之上中下三篇絕無關係,可斷言也。余意《墨子》隨地演說,弟子各有紀錄,言有時而詳略,記有時而繁簡,是以各有三篇。當時演說,或不止三次,所記亦不止三篇。然古人以三為成數,《論語》"其心三月不違仁"(《雍也》),《說文》"手之列多不過三"(見《手部》"又"字條),是也。故編輯《墨子》書者,僅存三編,以備參考,其或以此乎。

《經》上下兩篇當為墨子所自著。故諸篇不稱經,而獨此稱經。若為別墨之書,入於《墨子》書內,墨子弟子不應仍以經稱之。棄本師而崇外道,墨者之徒必不爾也。孟勝之死,而弟子患無鉅子。則墨教之傳,蓋甚有統系,安有不經其師說,而妄經他人者乎?斯則梁氏之言,比胡氏為允,明矣。然胡氏之說,蓋本於孫詒讓;而梁氏之說,則略本於畢沅。畢於《經上篇》注云:

此蓋翟自著,故號曰經。中亦無子墨子曰云云。

而孫氏則於《經篇》上注云:

以下四篇,皆名家言;又有算術及光學重學之說,精妙簡奧,未易宣究;其堅白異同之辯,則與公孫龍書及莊子

《天下篇》所述惠施之言相出入。莊子又云："相里勤(即前文韓非說的相里氏,姓相里,名勤,成玄英疏說)之弟子,五侯(人名)之徒,南方之墨者,苦獲、己齒、鄧陵子(即韓非說的鄧陵氏)之屬,俱誦《墨經》,而倍譎不同,相謂別墨;以堅白異同之辯相訾(觭,jī。成玄英疏:"獨唱曰,對辯曰偶。")不仵之詞相應。"莊子所言,即指此經。

蓋孫氏亦以《經》及《經說》四篇為別墨之著作也。然既曰別墨。別墨之義暫用俗解,詳末篇。是仍不離墨宗,又安知不原出於墨子? 焉能謂其盡無墨子之著作乎? 近有章士釗①著《名墨訾應論》,其大略云:

墨惠兩家,凡所同論之事,其義莫不相反。且細繹兩家之辭意,似惠子諸義先立,而墨家攻之。公輸般九設攻城之機變,而墨子九拒之者然。以如此互相冰炭之兩宗,併為一宗,謂此是一②二。夫亦可謂不思之甚矣。

由右之說,惠施之不為正墨,蓋無疑義。然則如魯勝言以惠施為別墨何如? 以墨③子之說考之:設非在墨家垣牆之外,其於墨子之本恉,將不僢馳(僢,chuǎn,僢馳,背道而馳)若是之遠也。謂為別墨,亦無有是處。

雖然,名墨相對,其關係究有可言,惠施與墨家俱有事於名。特施為警者(警,jiào,警者,謂以詭辯之術互相詰難者),

① 章士釗(1881-1973):字行嚴,筆名黃中黃、爛柯山人、孤桐等,湖南善化(今長沙)人。近代民主革命家、教育家、學者。著有《甲寅雜誌存稿》、《長沙章氏叢稿》、《邏輯指要》、《柳文指要》等。上海文匯出版社出版過《章士釗全集》。
② 《名墨訾應論》"一"下有"是"字,當據增。
③ 《名墨訾應論》"墨"作"惠",當據改。

而墨為非謷,其中鴻溝甚大。

　　此則以《墨經》決非為惠施之徒所作,且施龍輩亦不得為別墨也。然則章氏究以為何人所作乎? 其言曰:

　　　　墨子自著之《辯經》①久已亡絕。《辯經》中巍然自立之定義,使其層累成為一科,不合與人角智之性者,必較今存之六篇(指《經》上下,《經說》上下,《大取》,《小取》)為多且詳。以施龍之出,後於墨子;墨子固不得如預言者流,知某時將有謷者某某,求勝於彼而先設駁義若干條以為之備也。其後墨者傳《經》,節節遇有名家者流,相與詰難,因釋經以拒之;而後起諸問,《經》中焉能備載;其徒勢不能不以各所崇信,詮解師說。詮解不同,而派別以起。今之六篇,殆墨子之弟子所撰述。惟其為相里勤五侯之徒乎? 抑南方之墨者,苦獲,己齒,鄧陵子之屬乎? 俱無可考。要之,此與其徒俱誦之《墨經》迥乎不同。而為其徒之一派,半述半創,以抗禦名家之謷者如施龍輩焉。則愚所自信為千慮一得,無可置疑者也。

　　章說亦似持之有故,言之成理,然則姑就章說而論:今之《墨經》,雖盡非墨子自著之舊;而亦從墨子原著增損而來,故相沿而稱為《經》。亦不得謂其與墨子無關,盡無墨子之文也。

　　名理之學,自孔子倡為正名之說。而戰國諸子,皆大受景(同"影")響。墨子尤為精詳。自漢以後,斯學遂少。今欲略明

---

① 《晉書·隱逸傳》載晉魯勝作《墨辯注·敘》曰:"墨子著書,作《辯經》以立名本,惠施、公孫龍祖述其學,以正別名顯於世。"可惜《墨辯注》也已經亡佚了。

古代絕學,則《經》及《經說》、大小《取》等六篇,為讀《墨子》者
最要之著作,斯固然矣。然吾以為《親士》以下,《非命》以上,
《耕柱》以下,《公輸》以上,屬於德者也;《經》及《經說》等六篇,
屬於知者也;《備城門》以下,屬於術者也。知者,所以推行其
德;術者,乃所以維持其德也。無其知,則道德之根本學說不能
成立,何以推行? 無其術,則我雖非攻而人將攻我,何以自存?
故在墨學之中,斯三者實皆並重而無輕重之可分者。然而今人
所研究,則獨在於《經說》等為多,斯固學人好奇之性,亦以見今
人之重知力而輕道德也。至論墨學之綱要,則友人胡韞玉①之
說頗為得之。其說云:

> 墨子志在救世。世之相爭鬭也,其故有二。一則以物
> 力不足供所求,於是以飲食之微,致有攘奪之事。一則國家
> 界限太明,於是以細末之故,致有兵戈之舉。墨子有見於
> 此。一以節用救之。一以兼愛救之。其節用也,故非禮,非
> 樂,短喪。其兼愛也,故尚同,法天。
>
> 節用,兼愛,為墨子學說之中堅。余嘗讀《墨子》全書,
> 而繹其義,確然知墨子志切救世,而有其術也。人生不能無
> 欲,欲而不給於求也則爭。儒家之制欲,以法禁已然,以禮
> 防未然。墨子則務清其源。戰爭生於攘奪,攘奪生於不足,
> 不足生於奢侈。使天下之人還醇返樸,即無不足之虞;亦即
> 無戰爭之患。所以務為節儉。宮室衣服飲食舟車,取足於

---

① 胡韞玉(1878-1947):原名有忭(biàn),學名韞玉,字仲明,號樸安,安徽涇縣
人。近代著名文字學家。1905年,參加中國同盟會,後又加入南社。曾任上海
大學教授、《民國日報》社長、上海通志館館長、著作有《文字學 ABC》、《中國文
字學史》、《中國訓詁學史》、《中華全國風俗志》、《墨子學說》、《墨子經說淺
釋》等。

用而止。不僅宮室衣服飲食舟車已也。禮樂亦為具文,所以非禮樂而節葬,故曰:"國家貧,則語之以節用節葬;國家喜音沈湎,則語之以非樂非命。"(《魯問》)然而墨子之節儉,并非過於自苦,如莊子之言①。但不為奢侈靡麗之觀而已。其為宮室也,高足以辟潤濕;邊足以圉風寒;上足以待霜雪;牆足以別男女。其為衣服也,冬足以輕且煖;夏足以輕且清。其為飲食也,足以增氣充虛,強體適腹。其為舟車也,足以任重致遠。居處衣服飲食交通皆為人生必要之具。故墨子皆取足適用。故不為峻宇雕牆(《尚書·五子之歌》:"內作色荒,外作禽荒,甘酒嗜音,峻宇雕牆,有一於此,未或不亡。"),而亦不為穴居野處(《周易·繫辭下》:"上古穴居而野處,後世聖人易之以宮室。");不為錦繡靡曼(錦繡輕麗。《墨子·辭過》:"暴奪民衣食之財,以為錦繡文采靡曼之衣。"),而亦不為衣皮帶茭(衣皮帶茭 jiāo:穿獸皮,以草繩為帶。《墨子·辭過》:"古之民未知為衣服時,衣皮帶茭。");不為食前方丈(比喻菜肴滿桌。《孟子·盡心下》:"食前方丈,侍妾數百人,我得志,弗為也。"趙岐注:"極五味之饌食,列於前方一丈。"),而亦不為素食分處(野果草木之實為食,分散居住。《墨子·辭過》:"古之民未知為飲食時,素食而分處。");不為文采刻鏤(錦繡雕刻。《墨子·辭過》:"刻鏤文采,不知喜也。"),而亦不為不移不至(《墨子·辭過》:"古之民未知為舟車時,重任不移,遠道不至。")。

墨子之節用,豈可厚非哉?雖然,節用,果足以救世乎?墨子於物質上,既以節用救之;更於精神上,以兼愛救之。故曰:"聖人以治天下為事者也,不可不察亂之所自起。"(《墨子·兼愛上》)亂何自起?起不相愛。交相惡則交相責。

---

① 如《莊子·天下》"墨子獨生不歌,死不服,桐棺三寸而無槨,以為法式"等。

交相責則戰爭之事起矣。交相愛則交相讓。交相讓則戰爭
之事弭矣。戰爭起於交相責。弭於交相愛。兼愛者天下之
大利也。是以墨子倡之。故曰:"視人之國如其國;視人之
家如其家;視人之身如其身。"(《墨子‧兼愛中》)又曰:"飢寒
疾病死亡,人之事,皆我之事也。"

　墨子日以兼愛召天下,天下卒莫能從之。墨子以為由
於不知尚同。於是更為尚同之說。人與人,家與家,邑與
邑,相爭相鬭,羣共非之。國與國相爭相鬭,無有非之者。
知有小同不知有大同也。辟如入人園圃,而竊其桃李,父不
以為子,兄不以為弟,謂之曰賊人;入人之國,而竊其土地,
父兄榮之,宗族寵之,謂之曰仁人。此不知尚同故也。尚同
之本在於法天。天之於人,兼愛兼利,無所偏倚。故父母君
師皆不足法。惟天乃足法。天者萬民之父母,同之極也。

　墨子學說之條貫如是。而其推行之方法:一主有鬼之
論。以為鬼神能操賞罰之柄。人為善,鬼必賞之;人為惡,
鬼必罰之。天下之亂由於人之不畏鬼。故明鬼以已亂。一
主尚賢之論。治國之要,在於兼王。兼王者,合眾人之賢以
為賢。賢者之於人國家,能使危者安,亡者存。故曰:"國
有賢良之士眾,則國家之治厚;賢良之士寡,則國家之治
薄。"(《墨子‧尚賢上》)兼者治厚,兼愈多則治愈厚。兼王之
極致,在位皆賢。不義不富,不義不貴,不義不親,不義不
近。而富者,貴者,親者,近者,亦退而自謀。天下遂無有不
善之人矣,天下之人盡歸於善,唐虞三代(唐堯、虞舜、夏商周)
之隆可坐而致也。

　統觀墨子之說。洵足以治淫僻昏亂之國家。惟刻苦自
厲,使人難行,異乎儒家之近於人情。故其學不昌也。近人
情者人樂其道而從之者眾,雖不能似,可以偽為;過於情者,

人苦其道而不從。此後世之所以多偽儒，無偽墨也。然而以此愈見墨學之卓矣。(《墨子學說》)

此說發揮墨學之精神，可謂善矣。然其所謂"小同大同"之說，在墨子謂之"知類"(《公輸》)，而非尚同之義也。墨子之"尚同"，謂人民不下比而上同乎其上，家人上同於家長，里人上同於里長，由是而天下之人上同於天子，天子上同於天，是尚同之義也。且吾以為墨子唯一之主義在乎兼愛。而所以行此兼愛之主義，則有其道焉。兼愛者兼愛天下之人也。然天下之人甚眾，又非一己所能畢事也。必使天下之人交相愛而不相害，是故非攻。攻戰之事，起於義與利之爭；一人一義，一國一義，則是非相爭而攻戰以起；欲爭其爭莫若尚同一義，是故尚同。同莫大於天，故尚同以天為準，故明天志。利之爭起於不足，不足生於奢侈；欲救奢侈之弊，莫若節儉，故貴節用。葬與樂，皆當時之甚奢侈者也，故非樂節葬。儒者之末流，淫於禮樂，實與節用相違，是故非儒。執有命之說者使人不從事，則不能生財而徒耗財，亦與節用之恉相戾，是故非命。非命則人或將因而不信天志，則在朝之君將無所敬，而在野之民亦失其所畏，是故明鬼。然徒善不足以為政，必在乎得其人，是故尚賢。然善必有諸己然後求諸人，惡必無諸己而後非諸人；未有己不自愛而能愛人者也，未有己不自善而能善人者也；故貴修身，此墨子欲推行其兼愛之主義而立說以教人者也。然我立說以教人，而世亦必有立說以破我者，則論理不可以不明也。故有《經》與《經說》等諸篇；所以使吾說為不刊之定論，而推行吾之主義者也。然而天下之人，未必盡聽吾言，而不攻戰也。則守禦之法不可以不尋究。是故有《備城門》《備高臨》諸篇。此墨學之大略，亦即《墨子》書諸篇之條貫也。

墨子之經學 —名墨子之六藝學

墨子《貴義篇》稱墨子南遊使衛（出使衛國）。關中載書甚多。畢沅云："關中猶云扃（jiōng）中，關扃音相近。"孫詒讓云："古乘車，箱椅間以木為闌，中可庪（guǐ）物，謂扃亦謂之關。"弦唐子見而怪之。墨子曰：昔者"周公旦朝讀書百篇，夕見漆十士。漆借為七故周公旦佐相天子，其修至今。翟上無君上之事，下無爾①耕農之難，吾安敢廢此"。而《莊子·天下篇》亦稱"墨子好學而博"。則墨子之博學可知。昔班孟堅（班固，字孟堅）作《藝文志》，先述《六藝》（易、書、詩、禮、樂、春秋），後述十家（儒、道、陰陽、法、名、墨、縱橫、雜、農、小說）。蓋謂諸子皆《六經》之支與流裔也。是故，今之《六經》，雖出於儒家；而昔之《六藝》，實諸子與儒家之所同，非儒家之所得私也。故墨子雖非儒，而未嘗不誦《六藝》。古之《六藝》，即今之《六經》所自出也。然《六藝》經孔子刪述，已去其泰半（大半）矣。《六經》又經秦火之厄，亡者又益眾。故吾人今日欲稍知秦火以前之《六經》，與夫孔子刪訂《六藝》以前之大略，非求之諸子，其道末由。而墨子之稱引，則尤為宏博者也。

─────────

① 《閒詁》無"爾"字，當據改。

其為吾人所亟當研究，不亦宜乎？然而今之談墨學者夥（huǒ，多）矣。而獨尠（同"鮮"）聞有討論及此者，蓋經學之為世不重也久矣。吾以為此不獨有補於治經，且可以知墨子之學之所由來也。故聚而論之。《六藝》當墨子之時，本無所謂經。而今題之曰墨子之經學者，蓋亦從世俗之稱，令治經者之注意云爾。大雅君子，幸無尤焉。

一　易

周秦諸子，稱引《六藝》者，以《詩》《書》為最多。而《易》則獨少。墨子亦然，殆無明引《周易》之文。然觀其語法與意義，有可以知其為必從《周易》推演而出者。茲略舉如下：

> 《修身篇》，暢之四支，接之肌膚，華髮隳顛，而猶弗舍者，其惟聖人乎！

此文雖不盡用《易》義。然"暢之四支"句，與《易·坤·文言》"美在其中而暢於四支"同。"其惟聖人乎"，與《乾·文言》"知進退存亡而不失其正者，其惟聖人乎"句法同。《史記·孟荀列傳》，言"墨子或曰並孔子時；或曰在其後"。然則"暢於四支"，及"其惟聖人乎"等語，或本春秋時習見之格言，故孔墨皆用之與？或墨子此篇，成於後人之綴緝，故引用《文言》之語與？抑如世之論者，以《文言》為出於七十子後，而為編《文言》者引用墨子之文與？斯則未敢臆定。與不得已，則前一說最為近是耳。

> 《貴義篇》，翟聞之：同歸之物，信有誤者。

按此文孫詒讓釋之云：“《易·繫辭》云：‘天下同歸而殊塗。’孔《疏》云：‘言天下萬事終則同歸於一。’蓋謂理雖同歸，而言則不能無誤。”然則墨子此語，蓋與《易·繫辭》同。繇（通“由”）上兩說觀之，疑孔子之《十翼》①，本多古易舊說，孔子述而不作，《十翼》之作，蓋亦多整理舊文而時加己見而已。

二　書

《藝文志》云：“《書》之所起遠矣。至孔子纂焉。上斷於堯，下訖於秦，凡百篇，而為之序，言其作意。秦焚書禁學，濟南伏生獨壁藏之。漢興，亡失，求得二十九篇。”又云：“武帝末，魯恭王壞孔子宅，欲以廣其宮，而得《古文尚書》。孔安國②者，孔子後也，以考二十九篇，得多十六篇。”則《尚書》經秦火之後，其失傳者多矣。《尚書緯》③云：“孔子求得黃帝元孫帝魁之書，迄於秦穆（前659–前621年在位）凡三千二百四十篇，以百二篇為《尚書》；十八篇為《中候》。”④此《緯書》之言，雖不足信，然黃帝以來文字日滋，人事日繁，年代久遠，則書策之多，傅會之眾，孔子

---

① 《史記·孔子世家》：“孔子晚而喜《易》，序《彖》、《繫》、《象》、《說卦》、《文言》。讀《易》，韋編三絕。”張守節《正義》曰：“夫子作《十翼》，謂《上彖》、《下彖》、《上象》、《下象》、《上繫》、《下繫》、《文言》、《序卦》、《說卦》、《雜卦》也。”

② 孔安國：西漢魯（今山東曲阜）人，孔子後裔。武帝時，任博士，後爲諫大夫，官至臨淮太守。武帝末，魯共王壞孔府舊宅，於壁中得《古文尚書》、《論語》、《孝經》等，皆戰國古文，當時人都不識，孔安國以今文讀之，並為之作《傳》，即《尚書孔氏傳》。又作《古文孝經孔氏傳》。

③ 《尚書緯》是《七緯》（《後漢書·樊英傳》：“《河》《洛》《七緯》。”根據李賢注，《七緯》包括《易緯》《書緯》《詩緯》《禮緯》《樂緯》《孝經緯》《春秋緯》）一種，有《帝命驗》、《璇機鈐》、《尚書中候》等篇。原書已佚，清趙在翰有輯本。

④ 趙在翰《尚書緯·璇機鈐》：“孔子求《書》，得黃帝元孫帝魁之書，迄於秦穆公，凡三千二百四十篇。斷遠取近，定可以為世法者，百二十篇。以百一篇為《尚書》，十八篇為《中候》。”

刪取之嚴,乃必然之事。古之書,蓋決不止孔子所刪存之百篇,敢斷言也。百篇之目,今尚可考。而《墨子》書所引,則有《豎年》《相年》之類,非百篇之所有者。非墨子之書,安足以知百篇以外之篇名哉?且《書》自秦火亡後,非墨子之書,則亡《書》之可考者,不亦更少矣乎?墨子之書,引《書》尤眾,亦足以見墨子之學,本於《尚書》者尤深。《尚書》言治多原於天;而墨子之言政,實本於《天志》。此其尤大彰明者也。茲略舉墨子之引《書》者如下:

《七患篇》,《夏書》曰:禹七年水。《殷書》曰:湯五年旱。

畢沅云:"管子《權數》云:'管子曰:湯七年旱;禹五年水。'與此文互異。"孫詒讓云:"《呂氏春秋‧順民篇》,'昔者湯克夏而正(正,治)天下。天下大旱,五年不收。湯乃以身禱(禱,求)於桑林(高誘注:桑山之林,能興雲作雨)'。與此書所言正合。王充《論衡‧感虛篇》亦云:'書傳言湯遭七年旱。或言五年。'是古書本有二說也。"今按:此亦《尚書》之佚文。其篇名不傳,或在《百篇》以內,或在《百篇》以外,今無由考矣。

《七患篇》,《周書》曰,國無三年之食者,國非其國也,家無三年之食者,子非其子也。

畢沅云:"《周書》云:《夏箴》曰:'小人無兼年之食,遇天饑,妻子非其有也;大夫無兼年之食,遇天饑,臣妾輿馬非其有也;國家無兼年之食,遇天饑,百姓非其有也。'墨子蓋夏教,故義略同。"孫詒讓云:"畢據《周書‧文傳篇》文。此文亦本《夏

箴》，而與《文傳》小異。考《穀梁》莊二十八年傳云：‘國無三年
之畜，曰，國非其國也。’與此文略同。疑先秦所傳《夏箴》文本
如是也。又《御覽》五百八十八引胡廣①《百官箴敘》云：‘墨子
著書，稱《夏箴》之辭。’蓋即指此。若然，此書當亦稱《夏箴》，與
《周書》同。而今本挩(同“脫”)之。”按孫說是也。此即當本於
《周書·文傳篇》之文，而略節省之者。一作兼，一作三者，蓋傳
本之異。且兼三(兼：見母談部，三：心母侵部)聲近而誤也。

《尚賢中篇》，傳曰：求聖君哲人，以裨輔而身。

此與《尚賢下篇》所引略同。

《尚賢下篇》，於先王之書，《豎年》②之言然，曰：晞夫！
聖武知人，以屏輔而身。

蘇時學云：“《伊訓》云：‘敷求哲人，俾輔於爾後嗣。’與此略
同。”又云：“晞當從口作唏。唏夫歎詞。”(《墨子刊誤》)孫詒讓
云：“晞夫聖武知人，以屏輔爾身。文義較詳備。上篇約述之。
俾輔不當言聖君，君蓋亦武之譌。”按此偽《尚書·伊訓》③所本。
墨子上篇雖不稱書，然以下篇稱先王之書考之，蓋亦《尚書》之

---

① 胡廣(91-172)：字伯始，東漢南郡華容(今湖北監利北)人。少孤，二十七歲舉
孝廉，官至太傅，封安樂鄉侯。著有《百官箴》及詩賦等七十篇，多已散佚。
② 畢云：“豎，距字假音。”《尚賢中》：“先王之書，《距年》之言也。”《尚同中》：“是
以先王之書，《相年》之道曰。”畢云：“相年當爲距年。”
③ 《尚書》自漢代開始，即有今文和古文《尚書》之別，西晉永嘉之亂(311)後，今古
文《尚書》相繼亡佚。東晉梅頤(zé)獻《孔傳古文尚書》，共58篇，33篇大致與
今文《尚書》合，其餘25篇清人閻若璩《尚書古文疏證》等已證其偽，清華大學
藏戰國竹簡《說命》等的發表為此提供了佐證。

文。《豎年》之篇，蓋孔子所刪百篇以外者。

《尚賢中篇》，《湯誓》曰，聿求元聖，與之戮力同心以治天下。

簡朝亮[1]云："蓋《湯誓》之佚文，今竄為《湯誥》爾。"(《尚書集注述疏》)按今《湯誓》無此文，足見孔子未刪之《書》，《湯誓》不止一篇。

《尚賢中篇》，傅說(yuè)被褐帶索，庸築乎傅巖(在傅巖當傭人築城)。武丁(前1250-前1192在位)得之，舉以為三公(天子之相)，與接天下之政，治天下之民。

此與《尚賢下篇》亦略同。

《尚賢下篇》，昔者傅說居北海之洲，衣葛帶索，庸築於傅巖之城。武丁得而舉之，立為三公，使之接天下之政，而治天下之民。

此雖不稱《書》說，然與《書敘》云"高宗夢得說，使百工營求諸野，得諸傅巖"之說，頗足相發。簡朝亮云："此孟子所謂傅說舉於版築之間也(見《孟子·告子下》)。《書疏》引《尸子》云，'傅巖在北海之州'。與《墨子》同。"按此亦古《尚書》說也。

---

[1] 簡朝亮(1851-1933)：字季紀、季己，號竹居，室名讀書堂、讀書草堂、松桂堂等，學者稱簡岸先生。廣東順德人。光緒末，禮部奏聘為禮學館顧問官，辭不就。著有《朱九江先生年譜》、《尚書集注述疏》、《論語集注補正述疏》、《孝經集注述疏》等。

《尚賢中篇》，若昔者伯鯀，帝之元子，廢帝之德庸，既乃刑之於羽之郊，乃熱照無有及也。

此亦不稱《書》說，然與《尚書·堯典》所謂方命圮族(圮，pǐ。圮族，違命毀族)，及殛(jí，誅)鯀於羽山之說，足以相發；當亦古《尚書》說也。

《尚賢中篇》，先王之書，《呂刑》道之，曰：皇帝(帝堯)清問下民，有辭(責備，主語為"下民")有苗(古族名，亦稱三苗，《史記·五帝本紀》有載)，曰：羣后之肆(通"逮"，與也)在下(諸侯以及士民)。明明不常(明顯有德之人不按常規任用)。鰥寡不蓋。德威維威。德明維明。乃名(命令)三后(即下文的伯夷、禹、稷)，恤功於民。伯夷降典(制定法典)，哲(制也)民維刑。禹平水土，主名山川。稷(周祖，見《史記·周本紀》《詩·大雅·生民》)隆(通"降"，傳授)播種，農(勉也)殖(種植)嘉穀。三后成功，維假(通"嘏"，gǔ，大也)於民。

此蓋《尚書·呂刑》之文。《呂刑》原文如下：

羣后之逮在下。明明棐(通"匪")常。鰥寡無蓋。皇帝清問下民。鰥寡有辭于苗。德威惟威。德明惟明。乃命三后，恤功于民。伯夷降典，折民惟刑。禹平水土，主名山川。稷降播種，農殖嘉穀。三后成功，惟殷於民。

簡朝亮云："墨子所引者，其文上下與今本不同。'逮'作'肆'。此《墨子》文殘而譌爾。'棐常'作'不常'。'無蓋'作'不蓋'。此異文也。'有辭'上無'鰥寡'字。'于苗'作'有

苗'。'惟'作'維',亦異文也。其'羣后'上有'曰'字,非《書》
辭也。'曰'者,引《書》之辭,蒙《墨子》上文'道之曰'而言。蓋
墨子約舉上下經文,段氏①玉裁以為'掑摭不同'（說見《古文尚書
撰異》)是也。《說文》云:'肆,陳也。'高誘《淮南子》注云:'蓋,
蔽也。''主名'者,山川有名,而未有主名,禹則域某山某川以為
一州主也。'折'《墨子》引作'哲',《漢志》作'悊',班氏謂制禮
以止刑,蓋'悊'與'折'義同。《周官·太宰》云:'三農生九
穀。'鄭司農②云:'三農,平地、山、澤也。'《左傳》杜注:'殖,生
長也。'《釋詁》云:'嘉,美也。'《墨子》引'殷'作'假'。江氏聲
云:'假,至也,其功至於民也。'"按簡氏以《墨子》之"肆"為譌
文,非是。孫詒讓云:"'肆'正字作'隸',與'逮'聲類同,古通
用。此'肆'即'逮'之叚借。"按孫說是也,"降"《墨子》引作
"隆","降""隆"古通王引之說,"農"當從孫星衍③說,據《廣雅》
訓作勉(見《尚書今古文注疏》)。

　　　《尚賢下篇》,於先王之書,《呂刑》之書然。王曰:於
　　　(wū,嘆詞),來,有國有土,告女訟刑。在今而安百姓。女何
　　　擇言人(你不選擇人才,還有什麼值得選擇的?);何敬不刑? 何

---

① 段玉裁(1735–1815):字若膺,號懋堂(或作茂堂),江蘇金壇人。乾隆舉人,曾
　任貴州玉屏知縣。著有《說文解字注》、《六書音均表》、《古文尚書撰異》、《經韻
　樓集》等。

② 鄭司農(? -114):名眾,字仲師,東漢河南開封人。曾任大司農,世稱鄭司農。
　明帝時為給事中,后拜中郎將。從父鄭興受《左氏春秋》。著作已佚,清馬國翰
　《玉函山房輯佚書》輯有《周禮鄭司農(眾)解詁》六卷、《春秋牒例章句》一卷。

③ 孫星衍(1753–1818):小名喜,字伯淵、淵如,號季逑,陽湖(在今江蘇常州)人。
　清朝考證學家,在書法方面也有造詣。乾隆進士,授翰林院編修,后升郎中。曾
　輯刊《平津館叢書》、《岱南閣叢書》,著有《尚書今古文注疏》、《周易集解》、《史
　記天官書考證》、《魏三體石經殘字考》等。

度(duó)不及?

此亦《尚書·呂刑》之文。

　　王曰:吁! 來,有邦有土,告爾詳刑。在今爾安百姓。何擇非人? 何敬非刑? 何度非及?

　　簡朝亮云:"《墨子》引'邦'作'國','爾'作'女','爾安'作'而安','何擇'上有'女'字,皆文異而義同也。'詳'作'訟','非'作'言',作'不',此《墨子》文殘而譌爾。蓋《墨子》多殘,以孟子闢之,其書幾廢也。或曰:'言'者'吉'之譌也。柱案:此段玉裁說。非也。吉人而曰何擇,可乎?"段玉裁云:"訟刑,公刑也。"王引之云:"'言'當為'否'。篆書'否'作'𣎴','言'字作'𧥳',二形相近。隸書'否'字或作'音','言'字或作'音',亦相似。故'否'誤為'言'。'否'與'不'古字通。"按段、王說,是也。'非','不','否',古均通用。

　　《尚同中篇》,先王之書,《呂刑》之道。曰:苗民否用練,折則刑,惟作五殺之刑,曰法。

此亦《呂刑》之文。《尚書》原文如下:

　　苗民弗用靈,制以刑,惟作五虐之刑,曰,法。

　　簡朝亮云:"《墨子》'弗'作'否'、'靈'作'練'。'制'作'折'、'虐'作'殺',皆異文也。《禮·緇衣》引之'弗'作'匪'、'靈'作'命',孫氏星衍云:'制,折,匪,否,聲之近也。'段氏玉裁云：'靈'，'練'，雙聲，以《墨子》上下文觀之，'練'亦訓善也。
《緇衣》作'命'者，古'靈'，'令'，皆訓善。'命'者'令'之譌也
（以上段說），此言淫刑之始，以為贖罪之地也。'苗'謂三苗。
'民'人也。古以為上下通稱，此統其君而言也。"按《墨子》引
此，前云："若有苗之以五刑然。昔者聖王制為五刑，以治天下。
逮至有苗之制五刑，以亂天下。則此豈刑不善哉？用刑則不善
也。"而於其後則繼之云："則此言善用刑者以治民；不善用刑者
以為五殺。則此豈刑不善哉？用刑則不善。"則《尚書》此節，為
言苗之不善用刑，以虐殺人民。其意甚顯。"制以刑"，《墨子》
引作"制五刑"，孫詒讓云："即下五殺之刑。"然則，或釋《書》
"制以刑"，為制亂民以刑，以謂承上文而言，其說不待辨而其謬
顯然矣。

　　《尚同中》篇，先王之書，《術令》之道曰：惟口出好
　興戎。

　　此偽《尚書·大禹謨》所襲之文也。孫詒讓云："術令當是
說命之叚字。《禮記·緇衣》云：'《兌命》曰：惟口起羞。惟甲胄
起兵。惟衣裳在笥。惟干戈省厥躬。'[1]鄭[2]（鄭玄）注云：'兌當
為說，謂殷高宗之臣傅說也，作書以命高宗，《尚書》篇名也。羞
猶辱也，惟口起辱，當慎言語也。'按此文與彼引《兌命》辭義相
類。術說，令命音並相近，必一書也。晉人作《偽古文書》，不

_____

[1]　孔穎達《正義》："惟口出令不善，以起羞辱；惟甲胄伐非其罪，以起戎兵；言不可
　　輕教令，易用兵也。惟衣裳在篋笥，不可加非其人，觀其能足稱職，然後賜之。
　　惟干戈在府庫，不可任非其才，省其身堪將帥，然後授之。"

[2]　鄭玄（127-200）：字康成，東漢末北海高密（今山東高密）人，著名經學家，遍注
　　羣經，精通曆算。著《箴膏肓》、《六藝論》等，均佚，為《毛詩》、《三禮》、《周易》、
　　《尚書》、《論語》做過注。《後漢書》卷三十五有傳。

悟,乃以竄入《大禹謨》,疏繆殊甚。近儒辯《古文書》者,亦皆不知其為《說命》佚文,故表出之。"劉師培①云:"孫說是也。古籍'兌'、'隊'通用。《左傳》襄十②三年,'夜入且于之隧'。《禮記·檀弓下》,鄭注引之云:'隧或為兌',隧術亦通用,如本書《耕柱篇》,'不遂'即'不述';《備城門篇》,'衝術'即'衝隧',是也。'說'假為'隧',因假為'術'矣。"(《墨子拾補》)按孫、劉說是也。

> 《尚同中》篇,先王之書,《相年》之道,曰:夫建國設都,乃作后王君公,否(王引之云:否,非也)用泰(驕泰)也。輕大夫師長,否用佚也。維辯使用③天均。

畢沅云:《相年》當為《拒年》。李笠④云:"《距年》又作《相年》《豎年》者,蓋距或作拒,因譌為相。豎則距之音誤耳。"(《定本墨子閒詁校補》)吳汝綸⑤云:"《術令》《相年》,蓋皆百篇之《書》篇名也。"(《點勘墨子讀本》)按《術令》即《說命》,固為百篇之

---

① 劉師培(1884-1919):字申叔,號左盦,江蘇儀徵人。1904年參加光復會,1907年加入中國同盟會。曾任《民報》編輯。1917年任北大教授,1919年初,創辦《國故月刊》。著有《群經大義相通論》、《尚書源流考》、《楚辭考異》、《墨子拾補》等。好友南桂馨1934年起將其著作蒐集整理,題為《劉申叔先生遺書》,計74種。

② 《墨子拾補》"十"作"廿",當據改。

③ 《閒詁》"用"作"治",應據改。

④ 李笠(1894-1962):曾名作孚、樂臣,字雁晴,浙江瑞安人。歷任國立廣東大學、廈門大學、武漢大學等校教授,畢生致力於語言文字、目錄學、史學等研究和教學工作,著有《史記訂補》、《中國目錄學綱要》、《漢語詞彙發展史》、《校勘學》、《定本墨子閒詁校補》,等等。

⑤ 吳汝綸(1840-1903):字摯甫,一作摯父、至父,安徽桐城高甸(今屬樅陽)人。清末文學家,桐城派後期主要作家之一。同治進士,授內閣中書,後任京師大學堂總教習。曾赴日本考察。著有《易說》、《書說》、《點勘墨子讀本》、《考定墨子經下篇》、《桐城吳先生文集》等,黃山書社出版過《吳汝綸全集》。

《書》名；而《相年》《距年》，則不在百篇之目，當為孔子刪前之
書之篇名無疑。李笠云：“《墨子》在秦火以前，又與儒家背馳。
故其引用古籍，時有溢出儒言之外。”其說是也。下篇（《尚同
下》）云：“古者建國設都，乃立后王君公，奉以卿士師長，此非欲
用說也，唯辯而使助治天明也。”下篇雖不明言書說，然文義與
此篇所引略同。王闓運①刊本，以“輕”為“輔”之誤，“輔”下增
“以”字（《墨子注》）。以下篇“奉以”二字例之，王校是也。“維
辯使治天均”，孫詒讓云：“辯辨字通。辯，分也謂分授以職，使
治天均。”按孫說是也。但“維辯使治天均”，不成句。下篇作
“唯辯而使助天明也”。此文“辯”下當有“而”字。“均”篆作
“坿”，“明”篆作“朙”（《說文》“朙”古文）。“均”疑亦“明”字形似
之譌。“維辯使治天明”，猶云分而使之治天明也。天明猶天事
也。《大戴記·虞戴德》，天事曰明。又，猶天工也。《皋陶謨》
曰：“天工人其代之”，“分而使治天明”，謂命官分職，而使代天
工也。

　　《尚同下篇》，於先王之書也，《太誓》之言然，曰：小子
見姦巧乃聞。不言也，發罪鈞。

　　此今偽《大誓》所襲之文也。蘇時學云：“發當為厥。今《泰
誓》云，厥罪鈞。”江聲②云：“發謂發覺也。鈞均同。”（《尚書集注

① 王闓運（1832－1916）：字壬秋、壬父，室名湘綺樓，湖南湘潭人，晚清經學家、文
學家。咸豐舉人。民國初年，任清史館館長。著述包括《周易說》、《尚書義》、
《墨子注》、《詩經補箋》，兼及文史，如《湘軍志》、《湘綺樓詩文集》等。
② 江聲（1721－1799）：字鱓（鯨）濤，改字叔澐，晚號艮庭，學者稱艮庭先生。元和
（今江蘇吳縣）人。乾隆舉人。宗漢儒經說，精研古訓，兼好《說文解字》，生平
不作楷書，與人書札，皆用篆書，與時俗不合，故其書不甚行於時。著有《尚書集
注音疏》、《六書淺說》、《艮庭小慧》等。

音疏》)吳汝綸云:"聞疑閻之譌,發乃厥之誤。"吳闓生①云:"疑
'乃聞'二字為句,謂聞於上。"(《點勘墨子讀本》引吳闓生說)柱按
吳闓生說是也。"小人見姦巧乃聞",謂小人見姦巧當聞於上。
"不言也發罪鈞",謂不聞於上,則事發之後,罪與犯罪者均也。
簡朝亮云:"此紂之虐刑也。言小民見姦巧矣,乃聞。其不言告
也,事發則罪鈞同焉。《梓材》曰:'肆往姦宄②,殺人,歷人宥(寬
宥)。'蓋其君無屬殺人,故今往姦宄,往殺人,所過之人,有不知
情,而可宥者宥之也。此武王告康叔(武王同母弟)者,異於紂之
虐刑矣。夫歷人,則見姦巧者也。然有見姦巧而不知其為姦巧
者,豈可不宥而罪之乎?"按簡說,非也。《墨子》上文云:"治天
下之國,若治一家;使天下之民,若使一夫。意獨子墨子有此,而
先王無此邪?原作'無此其有邪',據孫詒讓校改。則不然也。聖王
皆以尚同為政於天下③。"不,原作亦,形似之誤。下乃引此文,為先
王尚同之證。所引發罪鈞,即證明上文"若治一國","若使一
夫"之義,所謂尚同之旨也。夫墨子豈以紂為先王,而祖述之
邪?吾有以知其必不然矣。

　　《兼愛中篇》,昔者文王之治西土,若日若月,乍光于四
方,于西土。不為大國侮小國;不為眾庶侮鰥寡;不為暴勢
奪人黍④黍稷狗彘。天屑臨文王慈。

———————————

① 吳闓生(1877-?):字辟疆,號北江,學者稱北江先生,吳汝綸之子。安徽桐城
　 人。曾留學日本。北洋時期任教育次長、國務院參議。著有《周易大義》、《尚
　 書大義》、《詩義會通》等。
② 《尚書集注述疏》"宄"作"宄"(guǐ),作"宄"乃形誤。《說文·宀部》:"宄,姦
　 也。外為盜,內為宄。"
③ 《閒詁》"於天下"作"故天下治"。
④ 《閒詁》"人黍"作"黍人",當據改。黍人,種田人。

此文《兼愛下篇》引之,稱為《大誓》。

    《兼愛下篇》,《大誓》曰:文王若日若月,乍照于四方于西土。

此偽《太誓》所襲之文也。偽《太誓》文云:

    嗚呼!惟我文考(指文王)!若日月之照臨,光于四方,顯于西土。

蓋上篇不稱"《大誓》曰",故作偽《尚書》者止采下篇之文,而上篇不為大國侮小國以下則未之采也。簡朝亮云:"《墨子》所引者,言四方之光,繇西土始也。何史文之曲而達也?孟子稱長息(曾子再傳弟子)言舜云:'號泣於旻天(旻 mín 天,泛指天),于父母'(《孟子·萬章上》),其為文同也。今偽者竄之為對文爾,乍古通作。"孫詒讓云:"《漢書①·馬廖傳》李②注云:'屑,顧也。'"

    《兼愛中篇》,昔武王將事(祀)大山隊③。《傳》曰:泰山有道曾孫(天子諸侯祭祀時的謙稱)周王有事(作此祭祀),大事。既獲仁人,尚作以祇(zhī)商夏蠻夷醜貉④,雖有周親,

---

① 《閒詁》"漢書"作"後漢書",當據改。

② 李賢(654或655-684):字明允,即章懷太子,唐高宗第六子。上元二年(675)立為皇太子,後被廢,被逼自盡。《全唐文》存文一篇,《全唐詩》存詩一首,曾召集儒士張大安等注《後漢書》。

③ 遂:《閒詁》作隧,引畢云:"隧或為隊。《玉篇》云:'隊,掘地通路也。'"王煥鑣《墨子校釋》認為"隧"屬下讀,乃"遂"字之誤,連下句"傳曰"意為"於是陳述說"。

④ 《閒詁》斷為:"泰山,有道曾孫周王有事,大事(伐紂事)既獲(獲勝),(轉下頁)

不若仁人(雖紂有至親,不若周賢明之人)。萬方有罪,惟予一人(四方百姓有過,由我一人承擔)。

此偽古文《武成》及《泰誓》之所本也。偽《武成》云:

> 惟有道曾孫周王發(武王姬發),將有大正于商。中略。予小子既獲仁人,敢祗承上帝,以遏亂略;華夏蠻貊,罔不率俾。

偽《泰誓》(《泰誓》中)云:

> 雖有周親,不如仁人。中略。百姓有過,在予一人。

閻若璩①云:"玩其文義,乃是武王既定天下後,望祀山川;或初巡守岱宗禱神之辭;非伐紂時事也"(《尚書古文疏證》),簡朝亮云:"《墨子》所引者曰周王,曰萬方,其為既定天下無疑也。今偽者乃竄之為伐紂時祭告乎?《詩·大明》(《大雅》)云:'矢於牧野(武王在牧野誓師),維(發語詞)予(指周朝)侯(是)興(興起)',蓋伐紂時稱侯,不稱王也。"閻簡之說,足以證作《偽書》者之妄矣。《墨子》引:"以祗商夏蠻夷醜貉",孫詒讓云:"祗當讀為振。《內則》祗見孺子(孔穎達《禮記正義》:"恭敬奉見稚子。"),鄭(鄭玄)注云:祗或作振。《國語·周語》云:以振救民,韋(昭)

(接上頁注④)仁人尚作(起),以祗商夏蠻夷醜貉(mò)。"於後兩句云:"得仁人以拯救中國及四夷之民……醜貉者,九貉類眾多。《爾雅·釋詁》云:醜,眾也。"

① 閻若璩(1636-1704):字百詩,號潛丘,山西太原人。長於考據,尤精於地理之學,曾助徐乾學修《大清一統志》。潛研二十餘年,著成《古文尚書疏證》,證《古文尚書》偽作。亦著有《孟子生卒年月考》、《日知錄補正》、《潛丘札記》等。

注云：振，拯也。"劉師培云："此文當讀以①商句。即偽《武成》
'祇承上帝'所本也。'夏'上亦有捝字。'夏蠻夷醜貉'即《偽
書》之'華夏蠻貊'也。尋繹《偽書》之誼，蓋讀'商'為尚。商尚
古通，《楚詞·天問》云：'啓棘賓商，《九辨》《九歌》。'②《山海經
·大荒西經》③則云：'開（即啓，因避西漢景帝劉啓諱而改）三上嬪於
天（清郝懿行《山海經箋疏》"啓三度賓於天帝"），得《九辨》與《九歌》
以下。'（整句話的意思大概是，啓三度上天做客，得到《九辯》與《九歌》，
下到凡間。）是賓商即嬪天也。此文以商為天，義與《天問》相同。
故《偽書》易為上帝。古籍言天，恆單舉上字。《尚書·文侯之
命》，'昭升於上'，《釋文》引馬④（融）注云：'上，天也。'均其證。
尚商並即上字。故商與天同。孫氏以祇為振，讀此八字為一語。
然商夏為代名，不當與蠻夷醜貉並文。故知'夏'上有捝字也。"
按劉說非是。上文"周王有事大事"云云，"大事"二字，疑即"有
事"二字之衍壞。既獲仁人為句，即偽《武成》所謂余小子既獲
仁人是也。尚作以祇商夏蠻夷醜貉為句。商當是華字之誤。偽

---

① 《墨子拾補》"以"下有"祇"字，當據增。
② 《九辨》宋洪興祖《楚辭補注》（中華書局，1983 年）作《九辯》。此二句說的是夏
　后啓與樂曲《九辯》、《九歌》的傳說，歷來諸家對"棘賓商"的解釋頗不同，如漢
　王逸《楚辭章句》："棘，陳也。賓，列也。《九辯》、《九歌》，啓所作樂也。言啓能
　修明禹業，陳列宮商之音，備其禮樂也。"宋洪興祖《楚辭補注》："《史記》：契佐
　禹治水有功，封為商，興於唐、虞、大禹之際。此言賓商者，疑謂待商以賓客之
　禮。棘，急也，言急於賓商也。《九辯》、《九歌》，享賓之樂也。"更多說法可看
　今人吉林家著《屈原〈天問〉解疑》（學苑出版社，2009 年）。
③ "《山海經》是一部由幾個部分組合而成的性質非常奇特的古書。它大約成書
　於從春秋末年到漢代初年這一長時期中，作者非一人，作地是以楚為中心西及
　巴、東及齊。"（袁珂《山海經全譯》前言，貴州人民出版社，1997 年）古本《山海
　經》有圖，今亡。
④ 馬融（79-166）：字季長，東漢右扶風茂陵（今陜西興平東北）人。曾任校書郎、
　南郡太守。常坐高堂，前授生徒，後列女樂。一生遍注《詩》、《書》、《三禮》、
　《易》等，著作已佚，清人馬國翰《玉函山房輯佚書》有輯錄。明人輯有《馬季長
　集》。《後漢書》卷六十上有傳。

《武成》"華夏蠻貊",當即本此。作,用也。尚即尚賢之尚。"尚
用以祇華夏蠻夷醜貊",承上文"既獲仁人"而言。謂獲此仁人,
尚用之以拯救華夏及蠻夷醜貊也。

　　《兼愛下篇》,雖《禹誓》(禹征有苗誓師時發出的文告)亦
猶是也。禹曰:濟濟(眾盛之貌)有眾,咸聽朕言:非惟小子
(禹自我謙稱),敢行稱亂,蠢茲有苗,用天之罰(有苗不服而蠢
動,我行天罰),若予既率爾羣對諸羣(今天我即率領你們眾邦的
各位君主),以征有苗。

　　此偽《尚書·大禹謨》之所襲也。偽《大禹謨》云:

　　禹乃會羣后,誓于師曰:濟濟有眾,咸聽朕命:蠢茲有
苗。中略。天降之咎。肆(故)予以爾眾士,奉辭伐罪(孔穎
達《正義》:"故我以爾眾士,奉此譴責之辭,罰彼有罪之國。")。

　　簡朝亮云:"《墨子》引《禹誓》,此禹既即位者也。蓋《堯
典》言舜在堯時而竄三苗矣。及舜即位,皋陶謨猶謂苗頑也。
故《堯典》則稱舜分北焉。今禹即位,誓而征之;此苗頑既服,至
禹時而又蠢然動也。今乃以《禹誓》竄之于舜時乎?《禹誓》稱
小子者,禹自為辭,不稱帝命也。明禹既即位故也。苟為舜時之
誓,則《墨子》所引者何以不曰奉辭邪?《戰國策》云:'禹攻有①
苗。'(《魏策二》)又云:'三苗為政不善,而禹放逐之。'(《魏策
一》)此《禹誓》之繇也。隱八年,《穀梁傳》云:'誥誓不及五帝。'
《荀子》說同(《大略篇》)。然則舜時無《禹誓》矣。"按簡說足以

_____

① 《尚書集注述疏》"有"作"三",《戰國策》原文亦作"三",當據改。

袪僞書之妄矣。《墨子》引《書》云："若予既率爾羣對諸羣。"惠棟①云："羣，猶君也。"(《古文尚書考》)孫詒讓云："惠說近是。此羣對諸羣，當讀為羣封諸君，封與邦古音近通用。封對形近而誤。羣對諸君，言眾邦國諸君也。"簡朝亮本"諸"作爾。讀若予既率爾羣句；對爾羣句；以征有苗句。說云："羣者君所有之眾也；對，會也。言今若予者，既為君而統率爾羣眾矣。故會爾羣眾以征伐此有苗也。"其說亦通。《墨子》引此，以為兼愛之證。蓋除天下之害，即所以兼愛天下也。

　　《兼愛下篇》，雖《湯說》②即亦猶是也。湯曰：惟予小子履(湯名)，敢用玄牡(黑色公牛)，告於上天后(孫詒讓疑下脫"土"，"上天后土"指天帝地神)，曰：今天下大旱，即當朕身履，未知得罪於上下(天地)。有善不敢蔽，有罪不敢赦，簡在帝心。萬方有罪，即當朕身；朕身有罪，無及萬方。

此與《論語·堯曰篇》所引略同。《論語》文云：

　　予小子履，敢用玄牡，敢昭告於皇皇后帝：有罪不敢赦，帝臣不蔽，簡在帝心(宋邢昺《論語注疏》："郑玄云：簡閱在天心，言天簡閱其善惡也。")。朕躬有罪，無以萬方。萬方有罪，罪在朕躬。

---

① 惠棟(1697-1758)：字定宇，號松崖(古字作厓)，人稱小紅豆先生(父親惠士奇人稱紅豆先生)，江蘇吳縣人，傳父祖之學(祖父惠周惕、父親惠士奇，皆治《易經》)，自幼遍讀經史百家之書，為考據學"吳派"創始人，崇尚古文經學。著有《易漢學》、《周易述》、《九經古義》、《古文尚書考》、《後漢書補注》等。
② 《湯說》是否就是今本《尚書·湯誓》，有不同意見，詳下文簡朝亮所述。其內容據孫詒讓說，為"湯禱旱之辭"。(見孫詒讓《墨子閒詁》)

此偽《尚書·湯誥》之所襲也。偽《湯誥》云：

> 肆台小子，將天命明威，不敢赦，敢用玄牡，敢詔告於上天
> 神后，請罪有夏。中略。茲朕未知獲戾於上下，慄慄危懼，若將
> 隕於深淵。中略。爾有善，朕弗敢蔽，罪當朕躬，弗敢自赦，惟簡
> 在上帝之心。其爾萬方有罪，在予一人；予一人有罪，無以爾
> 萬方。

《論語》與《墨子》，雖詳略小異，然文義大氐(同"抵")相同。
至《偽書》則未免畫蛇添足矣。簡朝亮云："孔安國《論語》注曰
'此罰桀告天之文'，《墨子》引《湯誓》，其辭若此。由今考之，
《論語》與《墨子》所引者文不皆同而義同。孔注以《湯說》為
《湯誓》，蓋因《周語》而改之，非也。《周語》云：'在《湯誓》曰：
余一人有辠，無以萬夫；萬夫有辠，在余一人。'辠古罪字。蓋與
《墨子》所引者文義不同。《湯誓》稱萬夫焉，諸侯統軍眾之辭
也；《湯說》稱萬方焉，天子有天下之辭也；皆無可蒙也。《呂氏
春秋》云：'昔者湯克夏而正天下，大旱，五年不收，湯乃以身禱
於桑林，曰：余一人有罪，無及萬夫；萬夫有罪，在余一人；無以一
人之不敏，使上帝鬼神傷民之命(高誘注："穀者，民命也。旱不收，故
曰傷民之命。")。'此言禱雨者蓋與《湯說》義同。而言萬夫者，則
《呂氏》屬辭之未審也。彼固不稱《書》辭也。且《墨子》所引
者，先《大誓》焉，次《禹誓》焉，次《湯說》焉，次《周詩》焉，故其
文云：'不惟《誓命》與《湯說》為然，《周詩》即亦猶是也。'如果
《湯說》果為《湯誓》歟？則當約之曰：不惟《誓命》為然，可矣；
而乃曰，不惟《誓命》與《湯說》為然。何其不辭之甚乎？然則
《湯說》之非《湯誓》也，豈不足徵邪？"按簡說是也。《墨子》引
此，以謂湯貴為天子，富有天下，尚以身為犧牲，以祠說於上帝鬼

神，以為湯行兼愛之證。

　　　《天志中篇》，先王之書，明天①不解之道也，知之②。曰：明哲維(語助詞)天，臨君下土。

　　此蓋《尚書》之佚文。其篇名今不可知矣，"土"舊本作"出"，王引之云："'下出'字義不可通。'出'當為土。'明哲維天，臨君下土'，猶《詩》言'明明上天，照臨下土(《小雅·小明》)'耳。"(王念孫《讀書雜誌》引王引之說)按王說是也。今據正。或疑《墨子》此文本引《詩》文，亦可備一說。墨子引此，蓋以明天之貴且智於天子，以見天志之不可不慎也。

　　　《天志中篇》，《大誓》之道之曰：紂越厥(越厥，發語詞，無實義)夷居，不肯事上帝，棄厥先神祇不祀。乃曰：吾有命，無廖僝(fěi)務③，天不④天亦縱棄(放棄)紂而不葆(通"保")。

　　此文《非命上篇》及《中篇》所引亦大略相同。

　　　　　　　　　　　　　　　　　　　　　　
① 《閒詁》"明天"作"馴天明"，當據改。
② "馴天明不解之道"，一說為書名。一說馴，訓；解，懈。"先王之書，馴天明不解之道，知之"，意為"從先王之書，其解釋上天明哲不懈之正道所知"(王煥鑣說)。
③ 此四字頗多分歧，僅錄《墨子閒詁》所引供讀者參考："畢云：此句《非命上》作'無僇匪扁'，《非命中》作'毋僇(lù)其務'，据孔書《泰誓》云'罔懲其侮'，則知無罔音義同，廖僇皆懲字之譌，僝俰其字之譌，務音同侮。雖孔書譌作，作者取墨書時猶見善本，故足據也。孫星衍云：當作'無僇其務'，言不勤力其事。或孔書侮字反是務假音，未可知也。江聲從'毋僇其務'，云僇讀為戮力之勦，言己有命，不畏鬼神，毋為勤力於鬼神之務。……詒讓案：無當讀為侮，詳《非命中篇》。"《非命中篇》"毋僇其務"下"詒讓案：毋僇當為侮僇，二字平列。言紂惟陵侮僇辱民是務也"。
④ 《閒詁》"天不"作"天下"，並作一句讀。

　　《非命上篇》，於《太誓》曰：紂夷處，不肯事上帝鬼神，禍厥先神禔(zhī，通"祇")不祀。乃曰：吾民有命，無廖排漏，天亦縱棄之而弗葆。

　　《非命中篇》，先王之書《太誓》之言然。曰：紂夷之居，而不肯事上帝，棄闕其先而不祀也。曰：我民有命，毋僇其務，天不亦棄縱而不葆。

此偽《尚書·大誓》之所襲也。偽《大誓》云：

　　惟受罔有悛心，乃夷居，弗事上帝神祇(孔穎達《正義》："紂縱惡無改悔之心，平居無故不事神祇。")，遺厥先宗廟弗祀，犧牲粢盛(黍稷曰粢，在器曰盛)，既於凶盜(孔安國傳："凶人盡盜食之，而紂不罪。")。乃曰：吾有民有命①，罔懲其侮。(《泰誓上》)

　　《墨子》所引《大誓》，皆大同小異。以三文比而觀之，《天志中篇》所引"僛務"下有"天不"二字，畢沅以為"天亦"二字之誤衍，是也。厥闕亦同音通用。《非命中篇》"闕"下之"其"字，又因"闕"字而誤也。廖僇皆音近勠(lù)，《說文·力部》，"勠，并力也"。"僛""排"皆當為"其"字之音譌。"漏"字又為"侮"字之音譌。《非命中篇》所引"天"下之"不"字，"不"與"亦"因形近而誤衍。簡朝亮訂正《墨子》文如下：

　　紂夷居，不肯事上帝鬼神，棄厥先神祇不祀。乃曰：吾

────────────────

① "吾有民有命"對應《墨子》異文有"吾有命"、"吾民有命"。"吾有命"即紂自言有天命；"吾民有命"，孔安國傳："有兆民有天命"；"吾民有命"不好解釋，所以有學者疑"民"衍(吳毓江《墨子校注》)。

民有命，毋僇其務，天亦縱之棄而弗葆。

江聲云：“夷居，倨嫚也。”簡朝亮云：“夷，平，居，坐也。平坐謂箕踞不危坐也。《論語》曰：‘原壤夷俟①’（《憲問》），蓋夷居則不安拜跪之禮焉。”按墨子《天志篇》引此謂其不肯事上帝，以明其不順天志而得罰也。《非命篇》謂其恃其有民有命，毋僇其務而得罰也。一以明有天志；一以明無命。

《明鬼下篇》，故（古）聖王其賞也必於祖（廟主，祖廟中祖宗的牌位）；其僇（通“戮”，懲罰）也必於社（社主，土神之靈位）。

此雖不稱篇名，然下文云：“非惟若書之說為然也”，則亦明指此文為引《書》之文，蓋引《甘誓》者也。墨子釋之云：“賞於祖者何也？告分之均（頒賞平均）也。僇於社者何也？告聽之中（聽獄合理）也。”蓋以謂於祖，於社，則有鬼神監之，而賞之必均，罰之必中，明鬼神之有也。

《明鬼下篇》，然則姑嘗上觀乎《商書》曰：嗚呼！古者有夏，方未有禍之時，百獸貞蟲②，允及飛鳥，莫不比方；矧

---

① 原壤：孔子的老朋友。《禮記·檀弓下》記載他一段故事，說他母親死了，孔子去幫助他治喪，他卻站在棺材上唱起歌來了，孔子也只好裝作沒聽見。大概這人是一位另有主張而立意反對孔子的人。（楊伯峻《論語譯注》，中華書局，1980年）夷，箕踞。一種很不莊重和禮貌的坐姿，臀部貼地，兩腿隨意張開，像簸箕一樣。俟，等待。

② 《淮南子·墜（dì，同“地”）形訓》：“萬物貞蟲，各有以生。”《原道訓》：“蚑（qí）蹺貞蟲”。高誘注：“貞蟲，細腰之屬也。”又《說山訓》：“貞蟲之動以毒螫（shì）。”注：“貞蟲，細腰蜂蝶蠃之屬，無牝牡之合曰貞。”孫詒讓《墨子閒詁》認為高說未確，“貞”當為“征”之假字，乃動物之通稱。王煥鑣進一步云“征蟲”即爬蟲。

(shěn)佳人面,胡敢異心;山川鬼神,亦莫敢不寧;若能共允,佳天下之合,下土之葆。

簡朝亮云:"於時言方者,蓋方正其時也。貞,正也。《易》曰:'乾道變化,各正性命,保合大和,乃利貞'(《乾》);明萬民之各正也。故蟲曰貞蟲,互文也,亦可言貞獸百蟲矣。《易》所以言物與无妄也。允,信也。及者,若《易》言'信及豚魚(王弼注:"微隱之物,信皆及之")'(《中孚》)也。今於飛鳥言信及者,是百鳥以貞矣,其信及走獸昆蟲可知也。亦互文也。比,相次也。方者,正也。《易》曰:'直其正也;方其義(宜也)也'(《坤·文言》);蓋正則方矣。佳古通惟,蓋文之叚借也。葆古通保。蓋《商書》歎言古者有夏之時,方其未有禍也,百走獸昆蟲之貞,以與飛鳥皆信及之無不相次以正焉。況惟人面,其信及者亦何敢異心乎?故山川鬼神其信及者亦無敢不安也。是共信也。所謂共允也,有夏以能共信者。合天下,保下土。其時則未有禍矣。非能共信,無以合天下;非合天下,無以保下土。蓋保下土者保天下也。今我商若能共信乎?則惟天下之合,惟下土之保;言保合大和,如有夏之時也。"按《墨子》引此,繼之曰:"察山川鬼神之所以莫敢不寧者,以佐謀禹也。此吾之所以知《商書》之鬼也。"蓋墨子以山川之鬼神能佐禹,以為有鬼之證也。

《明鬼下篇》,《禹誓》曰:大戰於甘(有扈郊地名),王乃命左右六人(下引《甘誓》曰"六卿",六軍之將),下聽誓於中軍,曰:有扈(國名,與夏同為姒姓,故址在今陝西戶縣)氏,威侮五行(孫星衍《尚書今古文注疏》謂"五常"),怠棄三正(天道、地道、人道)。天用(因)勦(jiǎo,絕也)絕其命,有曰:注:孫詒讓云:有讀為又。日中,今予與有扈氏爭一日之命(猶拼今日之生死)。

且爾卿大夫庶人,予非爾(疑為"其",王煥鑣說)田野葆士之欲也(俞樾認為士為玉誤,葆士即寶玉,詳下文。句意為我不是貪欲他的土地寶玉。),予共(通"恭")行天之罰也。左(車左,主射)不共(通"攻")於左,右(車右,勇力之士執戈矛以退敵)不共于右,若不共命。御非爾馬之政(駕車者不以正確之法駕其馬),若不共命。是以賞于祖而僇于社。

此蓋引《尚書‧甘誓》之文也。《甘誓》云:

　　大戰於甘,乃召六卿。王曰:嗟!六事之人,予誓告汝:有扈氏,威侮五行,怠棄三正。天用勦絕其命,今予惟恭行天之罰。左不攻於左,汝不恭命。右不攻於右,汝不恭命。御非其馬之正,汝不恭命。用命賞于祖;不用命戮于社,予則奴戮汝①。

《墨子》文與《經》文略有不同。蓋《墨子》之文,既多筆錄口語,而所見亦有異也。俞樾云:"葆士無義。士,疑玉字誤。葆玉即寶玉也。"(《諸子平議‧墨子平議》)俞說是也。《墨子》之且,即《經》文之嗟,古聲同也。《經》文攻字,《墨子》作共,蓋共攻聲近之借。《墨子》引此而下即繼之曰:"賞於祖者何也? 言聽獄之事也。"王念孫②云:"事者中之壞字。"是也。《墨子》蓋以祖與社能使刑賞之中,以明鬼神之為有也。

────────────

① 孔穎達《尚書正義》:"所戮者非但止汝身而已,我則並殺汝子以戮辱汝。"唐顏師古《匡謬正俗》:"奴戮,或以為奴,或加刑戮。"顏說近是。
② 王念孫(1744-1832):字懷祖,號石臞(qú),江蘇高郵人。乾隆進士,任陝西道御史、吏科給事中。"皖派"考據大師之一,與其子王引之並稱高郵王氏父子。著有《廣雅疏證》、《讀書雜誌》、《古韻譜》等。

《非樂上篇》，先王之書，《湯之官刑》①有之，曰：其恆舞於宮，是謂巫風。其刑，君子出絲二衛（畢沅：衛，通"緯"，吳毓江《墨子校注》："《廣雅·釋詁》曰：'緯，束也。'出絲二緯，猶言出絲二束。"），小人否（孫詒讓："疑否當為吝，即倍之省，猶《書·呂刑》云'其罰惟倍'。言小人之罰倍於君子也。"），似二伯黃徑。乃言曰：嗚呼！舞佯佯（佯佯，眾多貌），黃言孔章，上帝弗常（"常"王引之讀"尚"，佑也），九有（九州）以亡，上帝不順，降之百殃（xiáng，通"殃"，尹桐陽《墨子新釋》說），其家必壞喪。

此偽《尚書·伊訓》之所襲也。偽《伊訓》云：

敢有恆舞於宮，酣歌於室，時（通"是"，代詞）謂巫風。敢有殉（求）於貨色（財貨女色），恆於遊畋（遊戲畋獵），時謂淫風。敢有侮聖言，逆忠直，遠耆德（疏遠耆年有德之人），比頑童（親比頑愚幼童），時謂亂風。惟茲三風，十愆②，卿士有一於身，家必喪。國君有一於身，國必亡。臣下不匡，其刑墨（臣不正君，將服墨刑）。具訓於蒙士（孔穎達《尚書正義》："謂湯制官刑，非直教訓邦君卿大夫等，使之受諫，亦備具教訓下士，使受諫也。"）。嗚呼，嗣王祗（敬）厥身，念哉，聖謨洋洋，嘉言孔彰，惟上帝不常，作善降之百祥，作不善降之百殃。爾惟德，罔小，萬邦惟慶；爾惟不德，罔大，墜厥宗。

《偽書》之文蓋襲《墨子》而增益之。《墨子》所引"其刑君子出絲二衛小人否似二伯黃徑乃言曰"十七字，孫詒讓云："此

---

① 《閒詁》云："《左傳·昭六年》：'叔向曰：商有亂政，而作湯刑。'"
② "三風十愆（qiān，過錯）"，謂巫風二，舞也，歌也；淫風四，貨也，色也，遊也，畋也；亂風四，總為三風十愆。

文有挩字。偽《古文·伊訓》采此而獨遺'其刑'以下數句,蓋魏晉時傳本已不可讀,故置不取。《非命下篇》,節引下文,作《大誓》①。疑此下文乃言曰以下自是《周書》。與《湯刑》本不相蒙,因有挩誤,遂涽混莫辨也。""舞佯佯,黃言孔章",畢沅云:"舞當為糅,糅與謨音同,孔《書》作'聖謨洋洋'。'黃'孔《書》作'嘉'是。"王引之云:"畢說非也。'舞洋洋,黃言孔章,上帝弗常,九有以亡',即下文之'萬舞(舞名)翼翼(盛大,吳毓江說),章聞於天,天用弗式'(三句大意是:萬舞盛大,顯聞於天,天弗用之。)也。此承上文言耽於樂者,必亡其國。故下文云:'察九有之所以亡者,徒從飾樂也。'東晉人改其文曰:'聖謨洋洋,嘉言孔彰,惟上帝不常',則與《墨子》非樂之意了不相涉。而畢反據之以改原文,俱(同"顛")矣。"孫詒讓云:"王說是也。'黃'疑當作'其。''其'篆文作'箕','黃'古文作'炗'②,二字形近。《非命下篇》引《大誓》云,其行甚章,與此語意略同。下文上帝弗常四句,彼引《大誓》亦有之。"簡朝亮云:"佯佯猶洋洋也。《詩·閟宮》云:'萬舞洋洋。''黃'者簧也。古笙中之簧,以黃金為之。《詩·考言③》(《小雅》)云:'巧言如簧。''殃'古通'殃'。《詩·召旻》(《大雅》)云:'今也日蹙國百里',此日殃之類也。夫黃言者樂恆舞者之言也。非嘉言也。故上帝以是亡之。今偽者乃反其辭乎?"按觀王簡諸說,可以知《偽書》之失古意矣。"似二伯黃

---

① 《非命下篇》:"《太誓》之言也,於去發("去發"為"太子發"之誤,俞樾《諸子平議》說)曰:'……上帝不常,九有以亡。上帝不順,祝(斷也,言天將斷棄其身,蘇時學說)降其喪。'"

② 《說文解字·箕部》有箕字,無其字,箕是其的後起分化字。因為箕的篆文作箕,所以其的篆文應為箕。《說文解字·黃部》:"黃,地之色也。从田,从炗,炗亦聲。炗,古文光。凡黃之屬皆从黃。灸,古文黃。"

③ 《尚書集注述疏》"考"作"巧",音通。《上海博物館藏戰國楚竹書(一)·孔子詩論》"巧言"就作"考言"。

徑”句。疑本為“以二帛黃經”。“以”“似”聲音俱近而謁。
“帛”“伯”古通作“白”，故誤為“伯”。“徑”“經”亦形音俱近而
謁。“二帛黃經”與上文“出絲二衛”，“二衛”與“二帛”相類，
“絲”與“經”亦相類也。墨子引此而繼之曰：“察九有之所以亡
者，徒從飾樂也”，蓋以證明樂之足以亡人國，以為非樂之本。

　　《非樂上篇》，於《武觀》曰：啓乃淫溢康樂，野於飲食，將將
（即鏘鏘）銘，磬莧①以力。湛樂②於酒，渝食於野（渝讀為偷，苟且
飲食於野外燕遊之所，孫詒讓說；疑上文“野於飲食”之旁注誤入正文，
“渝食於野”應刪，王煥鑣說）。萬舞翼翼。章聞於大。天用弗式。

　　北③《五子之歌》之逸文也。今偽《尚書・五子之歌》不襲
此為文。蓋或不明其義也。“啓乃淫溢康樂”，惠棟云：“‘啓乃’
當作‘啓子’。‘溢’與‘泆’同。”江聲云：“啓子，五觀④也。啓是
賢王，何至淫泆。故知此文當為‘啓子’。‘乃’，字誤也。”孫詒
讓云：“此即指啓晚年失德之事，‘乃’非‘子’之誤也。《竹書紀
年》⑤及《山海經》皆盛言啓作樂。《楚辭・離騷》亦云：‘啓《九

---

① 《閒詁》“磬莧”作“莧磬”。
② 《閒詁》“樂”作“濁”，湛濁，沉湎，江聲說。
③ 北：應爲“此”之誤。
④ 今本《竹書紀年》：“（帝啓）十一年，放王季子武觀於西河。十五年，武觀以西河
　叛。”《國語・楚語上》：“啓有五觀。”韋昭注：“五觀，啓子，太康昆弟也。”
⑤ 西晉武帝咸寧五年（279 年），今河南汲縣人盜掘戰國魏王古墓得 16 種古書，其
　中包括《紀年》13 篇，屬於魏國的編年體史書，因寫在竹簡上，所以後人稱為《竹
　書紀年》（也稱《汲冢紀年》）。西晉荀勖等學者奉晉武帝進行整理（將古文寫
　成今隸），至宋代可能失傳。明代復出南朝梁沈約注文的《紀年》，世稱《今本竹
　書紀年》，清錢大昕《十駕齋養新錄・竹書紀年》證明其為宋以後人所偽托。清
　代朱右曾輯成《汲冢紀年存真》，稱為古本。今本、古本都屬輯佚本，均非荀勖
　整理原貌。現今讀者可參考的本子有：王國維《古本竹書紀年輯校》，范祥雍
　《古本竹書紀年輯校訂補》，方詩銘、王修齡《古本竹書紀年輯證》；王國維《今本
　竹書紀年疏證》。

辨》與《九歌》兮！夏康娛以自縱！不顧難以圖後兮！五子用失乎家巷("家巷"一說內亂,張愚山《楚辭譯注》)！'竝古書言啓淫溢康樂之事。淫溢康樂,即《離騷》所謂'康娛自縱'也。"簡朝亮云："《史記》曰:夏后帝啓崩。子帝大康立。帝大康失國,昆弟五人,須於洛汭,作《五子之歌》。(《夏本紀》)蓋作歌以刺五子也。《周書(《逸周書》)·嘗麥篇》曰:'其在啓之五子,忘伯禹之命',斯足徵矣。《楚語》(《國語》篇名)云:啓有五觀,蓋'武'者'五'之聲近也。武觀即《五子之歌》也。故皆有韻焉。啓,開;乃,汝也。《說命》云'啓乃心'(《說命上》),此言'啓乃'者不同,其為文可借而反觀矣。蓋先王未有此焉,今開之自汝爾。或曰:'啓乃'當作'啓子',非也。如曰'啓子',不當稱啓子某乎?今徒稱啓子,是父名而子反不名也。"按簡說近是。"將將銘莧磬以力",孫詒讓云："'將將銘'疑當作'將將鍠鍠'。《詩·周頌·執競》云:'鍾鼓喤喤,磬管將將',《說文·金部》引《詩》'喤喤'作'鍠鍠';《毛傳》云:'喤喤,和貌也。將將,集也。'《說文·足部》云:'蹡,行貌',引《詩》'管磬蹡蹡',則'將'亦'蹡'之借字。此'力'雖與上文'食'及下文'翼''式'韻協;然義不可通。且下文'酒''野'亦與'力'不合。竊疑此當為'將將鍠鍠,管磬以方'。'方'與'鍠'自為韻。'力''方'形亦相近。《儀禮·鄉射禮》鄭注云:'方,猶併也','管磬以方',謂管磬並作,猶《詩》云:笙磬同音矣。""章聞於大",惠棟云："大當作天",按此文啓乃淫溢康樂,野於飲食,乃敘事之文。將將鍠鍠以下,乃歌文。"銘"當從孫說作"鍠鍠","力"當從孫說作"方",鍠方韻。下文"酒"字讀斂音,酒野韻。翼式韻。惟上為敘事,下為歌文;故野於飲食,與渝食於野,不為重複也。《墨子》引此而繼之曰:"故上者天鬼弗戒,下者萬民弗利。""戒"當從孫詒讓改作式,即蒙上文引《書》"天用弗式"之文。蓋以明淫於樂則天弗式,民弗利,以見樂之當非也。

《非命上篇》，於《仲虺之告》曰：我聞於夏人（夏桀），矯天命，布命於下；帝伐之惡，龔喪厥師。

此與中下兩篇所引略同。中篇云：

於先王之書，《仲虺之告》曰：我聞有夏人，矯天命，布命於下；帝式是惡，用闕師。

下篇云：

《仲虺之告》曰：我聞有夏人，矯天命於下；帝式是增，用爽厥師。

以上三文對勘，上篇所引之"龔"，即"用"字之音借。中篇所引"用闕師"，"闕""厥"亦聲借。惟"闕"上當挩一"喪"字。下篇所引"天命"下當挩一"布"字。"爽"與"喪"亦聲近通借。其餘"伐"之（"之"應為衍文）或作"式"；"惡"或作"增"，"增"與"憎"通；文雖異而意則同也。偽《尚書·仲虺之誥》本之。其文云：

夏王有罪，矯誣上天，以布命於下；帝用不臧（《說文·臣部》："臧，善也"），式商受命，用爽厥師。

簡朝亮云："墨子《非命篇》云云，蓋'爽師'者失眾也。今偽者襲而竄之。偽傳云：'爽，明也。用明其眾言為王[1]也。'其相反有如此者。"按《墨子》引此而繼之曰："此言湯之所以非桀之

----
[1]　《尚書集注述疏》"王"作"主"，當據改。

執有命也"(《非命上》)，蓋以桀執有命之說而亡；而湯非而伐之，所以代興，以見命之當非也。

　　《非命中篇》，武王以《大誓》非之，有(通"又"，孫詒讓說)於三代不國有之曰：女毋崇天之有命也。

　　此蓋《尚書》百篇外之逸文也。蘇時學云："所引蓋《逸書》，不字疑誤。"孫詒讓云："'不'疑當作'百'；三代百國，或皆古史記之名。《隋書·李德林傳》引《墨子》云：'吾見百國春秋。'"

　　《非命中篇》。於召公①之執令亦然，且敬哉無天命。惟予二人(周召二公；一說予讀為與，二人疑為仁人，吳毓江說)，而無造言(《周禮·大司徒》："造言之刑。"鄭玄注："造言，訛言惑眾。")。不自降天之哉得之。

　　此亦《尚書》佚文。在百篇與否，今不可考矣。畢沅云："'且'當為'曰'。"孫詒讓云："'於召公之執命於然'，疑當作'於召公之非執命亦然'，'自降天之哉得之'，疑當作'不自天降'，'自我得之'。"柱按疑當作"不降自天，自我得之"。"降自"誤倒作"自降"，"之""自"音近，"哉""我"形近，而譌。

　　《非命下篇》，禹之總德有之曰：允不著，惟天民而不②葆。既防(讀放，放縱，吳毓江說；一說比也)凶心，天加之咎。

———

① 孫詒讓：蓋即召(shào)公奭(shì)。周武王弟，原食邑於召(陝西岐山西南)，故又稱召公、召伯。武王滅紂，封其於北燕(都薊，今北京西南)。成王時任太保，與周公分陝而治，死謚康公。可參《史記·燕召公世家》。
② 《閒詁》"而不"作"不而"，不能。

不慎厥德,天命焉葆。

此亦《百篇》以外之書也。蘇時學云:"總德蓋逸篇書①名。"孫詒讓云:"'著'疑當為'若','允不若',信不順也。"按墨子引此,蓋以為不慎其德,則天命不能葆,以見命之當非也。

《非命下篇》,《太誓》之言也,於去發曰:惡乎! 君子! 天有顯德,其行甚章! 為鑑不遠,在彼殷王! 謂人有命,謂敬不可行;謂祭無益,謂暴無傷! 上帝不常! 九有以亡! 上帝不順,祝降其喪! 惟我有周,受之大帝!

此偽《尚書·泰誓》之所襲也。偽《泰誓》中云:

謂己有天命,謂敬不足行! 謂祭無益! 謂暴無傷! 厥監惟不遠,在彼夏王!

《泰誓》下云:

上帝弗順,祝降時喪。中略。惟我有周,誔(阮本作"誕")受多方(孔傳:"言文王德大,故受眾方之國,三分天下而有其二")。

蓋《偽書》之文,分柝(同"散")割列甚矣。《墨子》"於去發"三字,孫星衍云:"或太子發三字之誤。"莊述祖云:"去發當為太子發。武王受文王之事,故自稱太子,述文王伐功告諸侯;且言紂未可伐,為《太誓上篇》。"俞樾云:"古人作書或合二字為一。如石

---

① 《墨子刊誤》"篇書"作"書篇",即"總德蓋《逸書》篇名"。

鼓文'小魚'作'𩵋'是也。此文'大子'或合書作'李'，其下闕壞，則似'去'字，因誤為去耳。"按俞說雖言之成理，然下文"武王為太誓去發以非之"，若改云"武王為《大誓》太子發以非之"，則於義為不可通。疑"太誓之言也於去發"，本當為"於《大誓》之言也"。"於大誓"三字誤倒在"也"字下；又以形相近而誤"大"為"去"，聲相近而誤"誓"為"廢"；學者不解，又以下文所引為今偽《泰誓》之文，故於"之言也"之上，又加"泰誓"二字；於是下文"於去發"三字遂不能知其為倒誤矣。下文"武王為《泰誓》去發以非之"，"去發"二字同此衍誤。"受之大帝"，陳喬樅[1]云："'商'字作'帝'，非是。此節皆有韻之文，作商則與上文叶，今訂正之。"（《今文尚書經說考》）陳說是也。墨子引此，蓋以紂執有命而亡；武王執非命而興；以見命之當非也。

　　《公孟篇》，故先王之書，《子亦》有之曰：亓傲也出於子不祥。

　　此亦《尚書》逸篇之文也。戴望[2]云："'子亦'疑當作'亓子'。'亓'古'其'字，'其子'即'箕子'。《周書》有《箕子篇》，今亡。"按墨子引此文而繼之曰："此言為不善之有罰，為善之有賞。"蓋言鬼神之能賞罰禍福，亦明鬼之義也。

　　以上所引《墨子》書之《尚書》說，蓋大略盡於此矣。顧尚有一事，為自來諸家所未注意者，則《明鬼》下篇所謂"尚書《夏

---

① 陳喬樅（1809-1969）：字樸園，福建閩縣（今福州）人。陳壽祺子。道光舉人，曾任江西分宜、德化等縣知縣。著有《三家詩遺說考》、《詩經四家異文考》、《今文尚書經說考》等，輯纂各書，收入《小琅嬛館叢書》，又名《左海續集》。
② 戴望（1837-1873）：字子高，浙江德清人。始好詞章，後通聲音訓詁及公羊之學。輯《顏氏學記》，另有《戴氏論語注》、《管子校正》、《謫麔堂遺集》等。

書》，其次商周之書"之云，是也。王念孫云："'尚書《夏書》，文不成義'，'尚'與'上'同，'書'當為'者'，言上者《夏書》，其次商周之書也。"王氏改尚書為尚者，不知尚書二字本不譌，且可據此而明《尚書》之定義也。自來釋《尚書》之義，大約不外三說：

一，鄭玄云：尚者上也。尊而重之，若天書然。故曰《尚書》。①

二，王肅②云：上所言，史所書也。(《尚書注》)

三，《偽孔傳敘》云：伏生以其上古之書，謂《尚書》。

此三說均有所難通。孔子於《易》亦何嘗不尊，嘗曰"假我數年，五十以學《易》，可以無大過矣"(《述而》)。其尊之為何如邪？然亦奚不尊《易》為尚易？王肅之云，簡朝亮已辨之矣。蓋史錄君臣，豈惟上之書而已乎？《偽孔》之說，以"尚"為上古。然《書》及《秦誓》，周之於秦，豈得為上古？則亦無說以應也。然由《墨子》之說以觀之，以"尚"與"其次"為文；以《夏書》為尚書，以商周為其次：則尚為上古之義。尚書云者，猶今所謂上古史；本當時之舊稱，止以名虞夏以前之書，而商周之書則稱之曰書而已。在昔本自有別，至孔子刪書而總稱之曰書；故見於周秦諸書者多稱《書》或稱《虞書》《夏書》，尠(同"鮮")言《尚書》者。至漢則又以秦穆以前為上世，故總而名之曰《尚書》。如是則

---

① 見《尚書序》引鄭玄《書贊》，該書已亡，清代袁鈞輯其佚文，附於所輯《鄭氏佚書》之《尚書注》末。《書贊》可看作鄭玄對《尚書》的題解。《尚書序》孔穎達《正義》曰："鄭玄謂之'贊'者，以序不分散，避其序名，故謂之'贊'。贊者，明也，佐也。佐成序義，明以注解故也。"

② 王肅(195-256)：字子雍，三國魏東海(山東郯(tán)城西南)人。魏文帝時，任散騎黃門侍郎。明帝時，拜散騎常侍。遍注群經，不分今文、古文，對各家經義加以綜合。推崇馬融，不好鄭玄，世稱"王學"。所注羣經包括《周易》、《尚書》、《毛詩》、《禮記》、《春秋左傳》，均佚。清人馬國翰《玉函山房輯佚書》有輯本。還曾注《孔子家語》，撰有《聖證論》。

《尚書》之名，其義乃可得而明矣。

三　詩

　　《史記・孔子世家》云："古者《詩》三千餘篇。及至孔子，去其重，取其可施於禮義，上采契（xiè，商始祖，見《史記・殷本紀》）后稷，中述殷周之盛，至幽厲之缺，三百五篇，孔子皆絃歌之，以合韶武雅頌之音。"《漢書・藝文志》云："孔子純取周詩，上采殷，下取魯，凡三百篇。遭秦火而全者，以其諷誦，不獨在竹帛故也。"此可見未刪時之詩之眾，及秦火後詩之喪失甚少也。學者或不信孔子刪詩之說，以謂孔子刪去之詩，不應若是之多；孔子刪詩之說，始於史遷之肊（同"臆"）說。原不足以為典要云云。今考墨子《公孟篇》有誦詩三百，弦詩三百，歌詩三百，舞詩三百之語；則古詩之多，已可概見；孔子刪取之嚴，亦可知矣。今以《墨子》引《詩》之文，略論如下：

　　　　《親士篇》，其直如矢；其平如砥（dǐ，磨刀石）。

　　此雖無明稱《詩》云之文，然與《詩・小雅・大東》，"周道如砥，其直如矢"之文略同。蓋本於《詩》文，而其意則與《詩》異。《韓詩外傳》[①]云："周道如砥，其直如矢，言其易也"，此詩之義也。而墨子言此，則繼之曰："不足以覆萬物"，則謂其太平直不能容物也。

────────

[①]　西漢初年，傳詩者有四家，其中韓詩的傳授者燕人韓嬰（生卒年不可考）作內外傳，《漢書・儒林傳》："嬰推詩人之意而作內外傳數萬言。"內傳在兩宋之間亡佚，剩下的外傳據考證內容也經過後人的修改。《韓詩外傳》分十卷，共三百零九章，體例是先講一個故事，然後引詩以證。

《所染篇》,《詩》曰:必擇所堪,必謹所堪。

此蓋逸詩之文也。王闓運云:"蓋詩說無與士媅(dān),有此二語。"然則以詩說為詩,蓋即漢儒引經說為經之例也。湛,畢沅云:"當讀為媅。"王念孫云:"媅訓樂,與染義無涉。堪當為湛,湛與漸漬之漸同。"今按媅,湛,堪,均从甚聲。《說文》,甚从甘匹,匹,耦也(《說文·甘部》)。蓋謂必慎其所友也。

《尚賢下篇》,文王舉閎夭泰顛①於罝(jū,捕兔的網)罔之中,授之政,西土(今陝西岐山一帶)服。

此蓋《詩·國風·兔罝》之舊說,實足與古序②相發明也。

《尚賢中篇》,《诗》曰:告女憂卹,誨女予爵。孰能執熱,鮮不用濯③。

此即《詩·大雅·桑柔》之文。"爵"原作"鬱",據盧④校改(《墨子》,清傅山校、盧文弨校並跋,見《墨子大全》第一冊)。"女"《毛

---

① 閎(hóng)夭、泰顛:文王大臣,文王被紂囚禁羑里時,閎夭等設計向紂進獻美女珍馬奇物,使文王脫險,後二人佐武王滅紂。
② 《周南·兔罝》小序云:"兔罝,後妃之化也。關雎之化行,則莫不好德,賢人眾多也。"畢沅云:"事未詳,或以《詩·兔罝》有公侯腹心之詩而為說,恐此詩即賦閎夭泰顛事。古者書傳未湮,翟必有据。"
③ 今本作:"告爾憂卹,誨爾序爵。誰能執熱,逝不以濯。"大意是:告訴你們憂國事,合理授官任用賢能,好比誰想驅除炎熱,不去洗澡行不行?(程俊英《詩經譯注》,上海古籍出版社,1985年)
④ 盧文弨(1717-1795):字紹弓、召弓,號弓父,人稱抱經先生,浙江餘姚人。乾隆進士。歷官翰林院編修、侍讀學士、提督湖南學政等。清代有名的校勘學家,校輯經史子集三十八種,合刻為《羣書拾補》。又有《抱經堂文集》、《鐘山札記》等。

詩》作"爾","卬"作"恤","予"作"序","孰"作"誰","鮮"作
"逝","用"作"以",皆音義相近。《墨子》以"逝"為"鮮",經義
尤明。由是可悟《國風·杕(dì)杜》云,"彼君子兮! 噬肯適我!
中心好之! 曷飲(yìn)食(sì)之!"(《唐風·有杕之杜》,非《唐風·杕
杜》)"噬"通"逝",則"噬肯適我",謂鮮肯適我。故下文云,"中
心好之,曷飲食之"也。此"噬"之古義,勝於《毛傳》訓逮,遠矣。
墨子引之而繼之曰:"則此語古者國君諸侯之不可以不善①承嗣
輔佐也。譬之猶執熱之有濯也,將休(息也)其手焉。"蓋以執熱
必用濯,喻治國必用賢,以明尚賢之義也。

　　《尚賢中篇》,《周頌》道之曰:聖人之德,若天之高,若
　地之普(廣),其有昭於天下也。若地之固,若山之承(疑讀為
　峙,立也,高亨《墨子新箋》說),不坼(chè,裂開)不崩。若日之
　光,若月之明,與天地同常。

　　此或逸詩之文;或本為說詩之言。由後之說,則亦以經說為
經之例也。俞樾云:"此文疑有錯誤,當云:'聖人之德,昭於天
下;若天之高,若地之普;若山之承,不坼不崩;若日之光,若月之
明,與天地同常。'蓋首四句'下''普'隔句為韻;中二句'承'
'崩',末三句'光''明''常',皆每句協韻。'昭於天下'句,傳
寫者脫去而誤補於'若地之普'下,則首二句無韻矣;又增'其'
'有''也'三虛字,則非頌體也。"按俞說非是。此文實無誤。每
三句一段。首段"高"字不韻,"普""下"為韻,"也"字助詞不入
韻;第二段"固"字不韻,"承""崩"為韻;第三段則"光""明"

---

① 《閒詁》"善"上有"執"字。王念孫《讀書雜誌·墨子雜誌》云,"善,謂善待此承
　嗣輔佐之人","'善'上不當有'執'字,蓋涉上下文'執熱'而衍"。孫詒讓云,
　"王說非也。執猶親密也","此執善亦言親善也"。"執"也可能是"設"的誤
　字,讀為設。

"常"韻。"若天之高,若地之普",言其德之高大,故曰"照於天下"。"若地之固,若山之承",言其德之堅固,故曰"不坼不崩"。"若日之光,若月之明",言其德之光明之久,故曰"與天地同常"。此引《周頌》或疑即本《詩‧小雅》《周頌》①之文而演之者。古經說用韻,猶《易十翼》②之用韻者矣。王闓運云:"此《天保》(《小雅》)詩說也,以雅為頌。"

　　　《尚同中篇》,是以先王之書,《周頌》之道之曰:載來見彼王,聿求厥章。

　　此引《詩‧周頌‧載見篇》之文也。《詩》云:

　　　載見辟王(君王,指成王),曰求厥章。

　　畢沅云:"《墨子》一本作載見辟王,同《詩》。"案一本疑後人據《詩》而改。墨子引《詩》,不必與《經》同也。"聿"與曰同。《載見》序云:"諸侯始見乎武王廟也。"墨子引此,繼之曰:"則此語古者國君諸侯之以春秋來朝聘天子(古代諸侯定期朝聘天子)之廷,受天子之嚴教;退而治國,政之所加(政令所到之處),莫敢不賓(服)。當此時,本無有紛(亂)天子之教者。"陳奐③云:"墨子

---

①　此處廣西師大本作"《詩‧小雅‧周頌》",將"周頌"看成《小雅》中一篇。王煥鑣也説:"《周頌》,此爲逸詩名。"似乎也是將"周頌"當作詩篇名。這種解釋顯然是有問題的。先秦文獻諸如《左傳》《國語》等大量引詩,多次提到"周頌",是與風、雅、商頌、魯頌對應的,決不能視爲篇名。

②　《十翼》相傳為孔子贊《易》所作(如《易緯‧乾坤鑿度卷下‧坤鑿度》云:"仲尼五十究《易》,作《十翼》")。

③　陳奐(1786-1863):字碩甫,號師竹,晚號南園老人,江蘇長州(今蘇州)人。精毛詩,著《詩毛氏傳疏》、《毛詩音》、《毛詩說》、《毛詩傳義類》、《鄭氏箋考徵》等,另有《三百堂文集》。

釋《詩》，章讀舊章，此古說也。"(《詩毛氏傳疏》)按墨子蓋以章為
天子之嚴教，天下所當共守以尚同者也。

　　《尚同中篇》，《詩》曰：我馬維駱(黑尾黑鬃的白馬)，六轡
(轡，馬韁繩，古一車駕四馬，六條韁繩)沃若(沃，潤澤；沃若，沃
然)。載馳載驅，周爰咨度(周，普遍；爰，於也；咨，問；度 duó，衡
量)。又曰：我馬維騏(青色有黑紋的馬)，六轡若絲(毛傳："言
調忍 rèn 也"；高亨《詩經今注》說，白柔如絲)。載馳載驅，周爰
咨謀(計謀)。

　　此引《詩·小雅·皇皇(猶煌煌，色彩鮮明)者華(同"花")》第
四章與第三章之文也。文與《經》悉同①。序云："《皇皇者華》，
君遣使臣也。送之以禮樂，言遠而有光華也。"墨子引此，而繼
之曰："即此語原"語"下有"也"字，據王念孫校刪②。古者國君諸侯
之聞見善與不善也，皆馳驅以告天子。是以賞當賢，罰當暴，不
殺不辜，不失有罪，則此尚同之功也。"則此《詩》之古義，蓋為遣
使臣以告善於天子，足以補序之不逮也。

　　《兼愛下篇》，周《詩》曰：王道蕩蕩(寬廣的樣子)，不偏
(偏私)不黨(阿黨)。王道平平(平坦的樣子)，不黨不偏。其
直若矢，其易(平)若底③。君子之所履(行走)，小人(人民)
之所視。

---

① 阮本"若絲"作"如絲"，則不同。
② 王念孫云："即與則同，語猶言也。'則此語'三字文義直貫至'以告天子'而止。
　則語下不當有'也'字。凡墨子書用'則此語'三字者，'語'下皆無'也'字，此
　蓋後人不曉文義而妄加之。"
③ 《閒詁》"底"作"厎"，當據改。"厎"同"砥"。

　　此文上四句,見《尚書·洪範篇》;下四句,即《詩·小雅·大東篇》之文也。蘇時學云:"《洪範篇》四'不'作'無'。茲稱周《詩》,或有據。《詩·大東篇》作'周道如砥,其直如矢',無兩'之'字。"按古周詩必有襲用箕子《洪範》①之文者,而孔子已刪之矣。墨子引此而繼之曰:"古者文武為正(同"政"),均分賞賢罰暴。勿有親戚弟兄之所阿(私),即此文武兼也。"蓋墨子引此,以無所偏私為兼愛之義也。

　　　　《兼愛下篇》,先王之書,《大雅》之所道曰:無言而不讎(chóu,答);無德而不報。投我以桃;報之以李。

　　此引《詩·大雅·抑篇》之文也。前二句第六章之文,後二句第八章之文《詩》於"無言不讎,無德不報"下,繼之曰:"惠於朋友,庶民小子,子孫繩繩(謹慎的樣子,程俊英說),萬民靡不承",馬其昶②(chǎng)釋之云:"此言長民者,惠愛及於朋友,及於庶民,並及其小子,小子庶民之子也。施德如此,則其子孫繩繩,萬民無不承奉之矣。《大學》云:'以能保我子孫黎民,尚亦有利哉!'無德不報之說也。"(《毛詩學》)蓋《詩》言愛民者則民愛之,而墨子引此繼之曰:"即此言愛人者必見愛也,而惡人者必見惡也。"其

---

①　箕子:名胥余,為紂王親戚(一說紂叔叔,一說紂庶兄),官太師,封於箕(今山西太古東北)。曾諫紂,不聽,被囚。武王滅商后獲釋。武王曾問天道於箕子,"封箕子於朝鮮而不臣"。(《史記·宋微子世家》)《尚書·洪範》序云:"武王勝殷,殺受(紂),立武庚(紂子),以箕子歸,(箕子)作《洪範》。"據學者考證,《洪範》可能出於後人擬作,其成書時代亦無定讞。

②　馬其昶(1855-1930):字通伯,晚號抱潤翁,安徽桐城人。清末民初桐城派古文家。1908年,赴京任學部主事、京師大學堂教習。1913年,任安徽高等學校校長。1916年,應聘為清史館總纂。於《易》篤信《十翼》而主費氏(西漢費直),於《詩》篤信小序而主毛傳,著作頗豐,如《周易費氏學》、《毛詩學》、《尚書誼詁》、《禮記節本》、《抱潤軒文集》等。

旨正相同。惟《抑》詩為衛武公刺厲王①，故就君民者立言；而墨子引此，在勸人之兼愛，故就常人而言之。斯其異耳。

《非攻中篇》，《詩》曰：魚水不務，陸將何及乎？②

蘇時學云：“此蓋逸詩。”王念孫云：“陸將何及乎，不類詩詞。‘乎’字蓋淺人所加。”按“乎”字篆文作“乎”，“兮”字篆文作“兮”。“乎”蓋“兮”字形近之譌。

《天志中篇》，《皇矣》道之曰：帝謂文王：予懷（歸）明德（美德之人，指文王），不大聲以（與）色，不長夏以革；不識不知，順帝之則。

此《詩·大雅·皇矣篇》文也。下篇亦引之。

《天志下篇》，於先王之書，《大夏》之道之然。帝謂文王：予懷明德，毋大聲以色，毋長夏以革，不識不知，順帝之則。

下篇所引，惟兩不字作毋，其餘均同。俞樾云：“聲色二字平列。‘不大聲以色’，謂不大聲與色也。長之言常也；夏之言假也；革之言急也，急與寬假義正相反。寬以濟猛，猛以濟寬，故不常夏以革也。”（《群經平議》）按墨子引此而繼之曰：“帝善其順法則也，故舉殷以賞之；使貴為天子，富有天下，名譽至今不

---

① 小序云：“抑，衛武公（前812-前758在位）刺厲王，亦以自警也。”
② “務”疑讀為“鶩”，疾也（孫詒讓說）。兩句大意是說：魚水相得時不快游，一旦失水處於陸上，怎麼還來得及呢！（王煥鑣譯）。

息。"墨子蓋以此為天能賞賢,以明天之有意志也。其所謂大夏者,俞樾云:"大夏,即《大雅》也,雅夏古字通。《荀子‧榮辱篇》曰:'越人安越,楚人安楚,君子安雅。'《儒效篇》曰:'居楚而楚,居越而越,居夏而夏。'是夏與雅通也。"按"大雅"古作"大𤴓"。"夏"之古文作"𡔷",從𤴓聲。新出土《石經》[①]"夏"字作"𨀥",從日,𤴓聲。此大雅所以或作大夏也。

《明鬼下篇》,《周書‧大雅》有之。《大雅》曰:文王在上,於(wū,贊歎聲)昭于天。周雖舊邦,其命維新。有周不(通"丕",大)顯,帝命不時(毛傳:"時,是也";馬瑞辰《毛詩傳箋通釋》讀為"蒸",美也;高亨《詩經今注》釋"善也")。文王陟降,在帝左右。穆穆文王,令問(《詩》作"聞",令聞,好聲譽)不已。

此《詩‧大雅‧文王篇》之文也。《周詩》而曰《周書》者,孫詒讓云:"古者詩書多互稱。"蓋二字本雙聲故也。"穆穆"《詩》作"亹亹(wěi,勤勉的樣子)"。墨子引此而繼之曰:"若鬼神無有,則文王既死,彼豈能在帝之左右哉?"墨子蓋以文王雖死而為鬼,故能在帝左右,以明鬼之為有也。

以上所引《墨子》書中之《詩》說,蓋大略盡於此矣。由墨子之書考之,可知孔子刪後之詩,其次序亦有不同於舊本,故或以《雅》為《頌》也。

---

① 《石經》刊行於魏曹芳正始(240-249)年間,因碑文用古文、篆文、隸書三種字體寫成,所以也叫三字石經或三體石經,所抄內容為《尚書》、《春秋》等。清光緒二十一年(1895)、民國十一年(1922)及民國三十四年(1945)和1957年等均有字數不等的殘石出土。

四　禮

《藝文志》云："墨家者流,蓋出於清廟之守①。"按《說文》示部云："禮,履也;从示,豊聲;古文作ꜳ。"柱按古文蓋象人祭於神前之形。禮之起原,蓋起於祭祀矣。墨家出於清廟之守,則墨家之原於禮可知。又《說文》示下云："天𧰼(同"垂")象,見吉凶,所以示人也;从二,三𧰼,日月星也。觀乎天文,以察時變;示,神事也。"禮起于示,故字从示。墨子尊天明鬼,則墨學與禮之關係,豈不明甚。《藝文志》云："帝王質文,世有損益;至周曲(小事曰曲)為之防,事(大事曰事)為之制。"②則周禮之緜於夏殷可知。孔子曰："周監於二代,郁郁乎文哉!吾從周。"③(《八佾 yì》)而《淮南子》則言"墨子背周道,用夏政"(《要略》)。此墨子之禮學,所由與儒者異也。禮固起於祭祀,而其極則一切人事制度均括焉;千端萬緒,不可悉論,聊舉一二,以見梗概云爾。

　　《七患篇》,五穀④盡收,則五味盡御(凡飲食入於口曰御)於主;不盡收,則不盡御。一穀不收謂之饉(欠收);二穀不收謂之旱;俞云疑"旱"乃"罕"字之誤。三穀不收謂之凶;四穀不收謂之餽;邵晉涵⑤云:"'餽'與'匱'通。"(王念孫《墨子雜誌》

----

① "清廟之守"大概指掌管太廟的官。也有不同意見,參徐華:《〈漢書·藝文志〉有關墨家出於"清廟之守"論新考》,《學術界》2012年第1期。
② 大意:帝王的質樸和文采代代有增有減,到周朝就規定得極為細緻,每一件事都要有制度。
③ 大意:周朝的禮儀制度是以夏商兩代為根據,然後制定的,多麼豐富多彩啊,我主張周朝的。(楊伯峻《論語譯注》)
④ 通行的解釋,五穀為黍、稷、麥、菽(shū,豆也)、麻;五味為醯(xī,醋)、醢(肉醬)、鹽、梅、菜。
⑤ 邵晉涵(1743-1796):字與桐,號二雲,又自號南江,浙江餘姚人,乾隆 (轉下頁)

引邵說)五穀不收謂之饑。歲饉則仕者大夫以下,王闓運說
"下"當作"上",是也。皆損祿五分之一;旱則損五分之二;凶
則損五分之三;餽則損五分之四;饑則盡無祿,稟食(只供給
飯食,無俸祿)而已矣。故凶饑存乎國,人君徹(去也)鼎食五
分之五,孫云疑當作五分之三。大夫徹縣(同"懸",指懸掛的鐘
磬樂器),士不入學,君朝之衣不革制,諸侯之客,四鄰之使,
雍食(饔飧,王念孫說。《孟子·告子下》:"無諸侯幣帛饔飧。"朱熹
《孟子集注》:"饔飧,以飲食饋客之禮也。")而不盛,徹驂騑(cān
fēi,《說文·馬部》"驂,駕三馬",又"騑,驂旁馬"),塗(通"途",道
路)不芸("耘"省,修理),馬不食粟,婢妾不衣帛;此告不足之
至也。

此饑荒之禮也。

　　《節葬篇》,故古聖王制為葬埋之法,曰:棺三寸(棺木板厚度
三寸),足以朽體;衣衾三領(衣領,引伸指衣服件數),足以覆惡(畢
沅:"死者為人惡之,故云覆惡。");以及其葬也,下毋及泉,上毋通
臭;壟若參耕之畝(墳墓寬三尺);則止矣。死者既已葬矣,生者
必無久哭,而疾而從事。人為其所能,以交相利也。(《節葬下
篇》)

　　此墨子所述古喪葬之禮也。《節葬篇》與《非儒篇》,關係於
儒墨兩家喪禮者甚眾,茲從略焉。

_____

(接上頁注⑤)進士,入四庫館,除翰林院庶吉士,授編修。清著名經學家、史學
家,著作主要有《爾雅正義》、《孟子述義》、《穀梁正義》、《韓詩內傳考》、《方輿
金石編目》等,輯北宋薛居正《舊五代史》。

《明鬼篇》，昔者虞夏商周三代之聖王，其始建國營都，日必擇國之正壇，置以為宗廟；必擇木之脩茂者，立以為菆位（菆，同叢；位，"社"字誤，王念孫說）；必擇國之父兄慈孝貞良者，以為祝宗（祝史與宗伯，負責祭祀的官）；必擇六畜之勝①（勝任）肥倅（畢沅以為"粹"之音借，毛色純）毛以為犧牲；珪璧琮（cóng）璜稱（chèn，適宜）財為度；必擇五穀之芳黃以為酒醴粢盛，故酒醴粢盛與歲上下（與歲上下，隨年成增減）也。故聖王治天下也，故必先鬼神而後人者，此也。故曰：官府選（通"僎zhuàn"，具也，孫詒讓說）効（同"效"，具也，備置）必先祭器祭服畢藏於府，祝宗有司畢立於廟，不②與昔聚羣（孫詒讓："此言祭牲當特繫，不與常時所畜羣聚耳"）。（《明鬼下篇》）

此墨子所述之祭禮也，由此觀之，則墨學之出於禮也明甚。然惟其主於節儉，持之太過，遂致失禮之中。故《藝文志》云：蔽者為之，見儉之利，因以非禮。

五 樂

墨子以節儉之故，而目覩（同"睹"）當時之淫樂，故激而為非樂，作《三辨》《非樂》等篇。然其答程繁③之言云：

昔者，堯舜有茅茨（茅草蓋的屋頂。舊本作"第期"，一說為堯舜時作樂之人，劉昶《續墨子閒詁》說）者。且以禮，且以樂。湯放桀於大水（《列女傳·孽嬖傳》："流於海，死於南巢之山。"），

① 《閒詁》"勝"下有"腯（tú，肥）"字，當據增。
② 《閒詁》"不"上有"犧牲"二字，當據增。
③ 程繁，也作程子。孫詒讓云："蓋兼治儒墨之學者。"

環(經營)天下自立以為王,事成功立,無大後患,因先王之樂,又自作樂,命曰濩(《閒詁》"濩 hù"作"護",吳毓江:"《玉篇》云:'護,湯樂名。'護、濩、濩並通。");又脩九招(舜樂)。武王勝殷殺紂,環天下自立以為王。事成功立,無大後患,因先王之樂,又自作樂,命曰象。周成王因先王之樂,又自作樂,命曰騶虞。周成王之治天下也,不若武王;武王之治天下也,不若成湯;成湯之治天下也,不若堯舜。故其樂逾繁者,其治逾寡。自此觀之,樂非所以治天下也。《三辯篇》文。

此墨子所引關於樂者也。然既引聖王之作樂,而又以樂少而非樂,則墨子之非樂,其不能自完其說也審矣。《易》曰:"苦節不可貞",其墨學之謂乎?

六　春秋

墨子所學,自非孔子之《春秋》①。然其所稱述亦治《春秋》者所不可不知者也。

《明鬼下篇》,周宣王②殺其臣杜伯而不辜(杜伯無罪被殺)。杜伯曰:"吾君殺我而不辜,若以死者為無知則止矣;若死而有知,不出三年,必使吾君知之。"其三年(《史記·周

---

① 《春秋》,本是魯國史書的專名,相傳孔子據魯《春秋》作《春秋經》,起魯隱公元年(前 722 年),迄魯哀公十四年(前 481 年)。另:"春秋"也是先秦各國史書的統稱,如下文《明鬼下》所引。後世也有用"春秋"命名的,如西漢陸賈(其人可參《史記·酈生陸賈列傳》)《楚漢春秋》等。
② 名靜,公元前 827–前 782 年在位,西周厲王子。《汲冢瑣語》云:宣王之妾女鳩,欲通杜伯(宣王大臣),杜伯不可,女鳩反訴之王,王囚杜伯於焦,杜伯之友左儒九諫而不聽,並殺之,後三年而杜伯射王。(據《水經注疏·卷十九》引)

本紀》"四十六年,宣王崩"下唐張守節《正義》引《周春秋》作"後三年"),周宣王合諸侯而田於圃田,車數百乘,從("徒"字誤,俞樾說)數千人("人"屬下,孫詒讓說),滿野。日中,杜伯乘白馬,素車,朱衣冠,執朱弓,挾朱矢;追周宣王射之車上,中心,折脊,殪(yì,跌倒)車中。當是時,周人從者莫不見,遠者莫不聞,著在周之《春秋》。

　　昔者鄭穆公,孫詒讓云:此當為秦穆公之譌。當晝日中處乎廟,有神入門而左(動詞,向左走),鳥身,素服三絕("三絕"疑當作"玄純"。素服玄純,蓋即深衣采純。純,緣也。孫詒讓說),面狀正方(正方,方正)。鄭穆公見之,乃恐懼犇(同"奔")。神曰:"無懼,帝享女(通"汝")明德,使予錫(通"賜")女壽十年有九;使若國家蕃昌,子孫毋失。"鄭孫云:亦當為秦,柱按:或以鄭屬上為句。穆公再拜稽首曰:敢問神名? 曰:余為句芒①。

　　昔者燕簡公(前504-前493在位)殺其臣莊子儀而不辜。莊子儀曰:"吾君王殺我而不辜。死人毋知亦已;死人有知,不出三年,必使吾君知之。"期年(期,jī。期年,一周年),燕將馳祖(祖,通"沮";沮澤,燕人游觀和祭祀之地),燕之有祖,當齊之社稷,宋之桑林,楚之有雲夢也。此男女之所屬而觀也。日中,燕簡公將馳於祖塗;莊子儀荷朱杖而擊之,殪(死)之車上。當是時,燕人從者莫不見,遠者莫不聞,著在燕之《春秋》。

　　昔者,宋文君鮑(前610-前589在位)之時,有臣曰祏("祝"訛,祀神官,孫詒讓說)觀辜("射姑"訛,人名,孫詒讓說),固

①《呂氏春秋·孟春紀》:"其神句(gōu)芒。"高誘注:"句芒,少皞(hào)氏之裔子曰重,佐木德之帝,死為木官之神。"《山海經·海外東經》:"句芒,鳥身人面,乘兩龍。"

嘗從事於厲(曾在祠廟進行祭祠。厲,諸侯所立之祠廟)。祩①子(祩子,疑當是"巫",巫能接神,孫詒讓說)杖(持)揖(當是"椙","杸"之誤,木杖,孫詒讓說)出與言曰:"觀辜是何珪璧之不滿度量? 酒醴粢盛之不淨潔也? 犧牲之不全(純色)肥,春秋冬夏選失時,豈女為之與? 意(通"抑")鮑為與?"觀辜曰:"鮑幼弱,在荷繈②之中,鮑何與識焉(鮑怎麼知道呢)? 宦③臣觀辜特為之。"祩子舉揖而槀(通"敲",畢沅說)之,殪之壇上。當是時,宋人從者莫不見,遠者莫不聞,著在宋之《春秋》。

　　昔者齊莊君(名光,前553-前548在位)之臣,有所謂王里國,中里徼(jiào)者。此二子者,訟三年而獄不斷。齊君由謙殺之,恐不辜;由謙釋之,畢沅云:"由與猶同,故兩作。"王念孫云:"由、猶皆欲也,謙與兼同,言欲兼殺之,兼釋之也。"恐失有罪。乃使之("之"為"二"之誤,畢沅說)人共一羊,盟齊之神社。二子許諾。於是泏洫(chù xù),孫詒讓云:"當作插④血。"掝(即刲yā,用刀割頸,王引之說)羊而漉(lù,為"灑"形誤,畢沅說)其血。讀王里國之辭既已終矣;讀中里徼之辭未半也,羊起而觸之,折其腳,祧(tiāo)神(祧神類似前文的祩子),畢云:"疑當云'跳神之社'。"而槀之,殪之盟所。當是時,齊人從者莫不見,遠者莫不聞,著在齊之《春秋》。

以上所引,鄭穆公之事,無著在鄭之《春秋》之云。然下文

---

① 《閒詁》"祩"作"袾"(zhù),下同。當據改。
② 《閒詁》"繈"作"繦"。孫詒讓云:"繈(qiǎng),吳鈔本作'襁',襁正字,繈借字。《說文·衣部》云:'襁,負兒衣也。'"吳毓江認為,荷繈,疑為"葆繈",猶"褓襁"。
③ 《閒詁》"宦"作"官",當據改。"官臣",掌守官職之臣。
④ 《閒詁》"插"作"㨉(zhǎ)",當據改。

云"若以鄭穆公之所身見為儀,則鬼神之有豈可疑哉?非惟若書之說為然也"云云。所謂若書,當即指鄭之《春秋》而言。以上下文例之,此段蓋挩當是時,鄭人從者莫不見,遠者莫不聞,著在鄭之《春秋》云云矣。

由墨子之說,則吾人之於《春秋》,可知者三事。

一,《春秋》乃歷史之通名,非一書之專名。故周鄭燕宋齊之史,皆名《春秋》;非惟《魯史》名《春秋》而已。孟子曰:"晉之《乘》,楚之《檮杌》(táo wù),魯之《春秋》一也。"(《孟子·離婁下》)學者遂以《春秋》為《魯史》之專名,非是。班氏《藝文志》云:"左史記言,右史記事;事為《春秋》,言為《尚書》。"以《春秋》為史之通名,其說得之。自孔子修《春秋》,經秦火之後,而孔子之《春秋》獨傳,餘皆散滅。故《春秋》遂為孔子《春秋》之專名。猶《史記》本為《古史》之通名,而後世以為《太史公書》之專名也。

二,魯《春秋》之體裁。魯《春秋》之文,今不可得復見矣。惟公羊莊七年《傳》云:"不脩《春秋》曰:雨星不及地尺而復;君子脩之曰:星隕如雨。"所可知者,惟此所引廖廖(同"寥")數字而已。然以墨子所述周鄭燕宋齊之《春秋》觀之,則魯之《春秋》當亦大略相似。左丘明為孔子《春秋》作《傳》,實多本《魯史》,則魯《春秋》之體裁,蓋略可知矣。然則古之所謂《春秋》者,其所載言與事並;所謂"事為《春秋》,言為《尚書》",蓋非一定之論矣。

三,孔子修《春秋》,力除神怪。孔子修《春秋》,其微言大義,三《傳》詳之矣。然以墨子所述周鄭燕齊宋諸國之《春秋》考之,其所載神怪之事甚詳,左氏《傳》所載亦多有類此者,則魯《春秋》之文,當亦大略相同。然今觀孔子之《春秋》,乃絕無此等神怪之事,惟詳記災異耳。然如公羊所《傳》,亦不過記其為災為異;或為注重民生而書,或為研究學問而書,詳見拙著《公羊微言大義·匡何篇》。如是而已,則孔子之修《春秋》,其削神怪,祛迷信,豈非彰明較著者乎?而世有援神話以釋《經》者,名為尊孔,實則誣孔而已矣。

統觀以上所引,則墨子之學,其關係於《經》,豈淺尟也哉?夫孔子之學,本於《六經》;而墨子所出,亦大氏相同。然墨子所引以《尚書》為最多,而《易》則無之,惟文句有一二略同者而已。至於《禮》雖時或稱道之,而以非樂之故,亦時連類非之。《公孟篇》墨子駁公孟子曰:"國治則為禮樂,亂則治之。是譬猶噎而穿井也,死而求醫也。"孔子則不然,《六經》均經手定;然於《易》獨作《十翼》,則墨子之所最略者,乃孔子之所最詳也。孔子最重禮樂。曰"為國以禮"(《論語·先進篇》)。"在聞齊①韶(樂名),三月不知肉味,曰:'不圖為樂之至於斯。'"(《論語·述而篇》)則墨子之所深惡,乃孔子之所深好者也。蓋嘗論之,墨子之學,其根本偏重於《尚書》,《尚書》稱天以治者獨多,如《皋陶謨》之天敘,天秩,天命,天討之類,固無論矣。即《甘誓》《湯誓》《盤庚》諸篇,亦莫不言天罰,天命也。故墨子本之,以天為有意志,故尊天明鬼。孔子之學,其根本最重乎《易》。《易》雖言天地鬼神,然不過以為自然之變。故曰:"先天而天弗違,後天而奉天時;天且弗違,而況於人乎?況於鬼神乎?"(《周易·乾·文言》)故孔子雖言天,亦唯曰:"天生德于予"(《論語·述而篇》),"天何言哉?"(《論語·陽貨篇》)雖言鬼神,亦唯曰:"敬鬼神而遠之。"(《論語·雍也篇》)蓋不以天為有意志,與墨子之作天志明鬼,其恉大異也。蓋墨子近於宗教家,而孔子則近於哲學家。墨子主有神論,而孔子則主無神論。故墨子引諸國《春秋》以明鬼,而孔子修《春秋》以削

---

① 《論語注疏》"聞齊"當為"齊聞",應據改。

鬼,此其大別也。然禮之起,起於敬天事鬼,以孔墨之學之所從出者觀之,墨子既尊天明鬼,必當獨重於禮;而孔子則否,其視禮似當不若斯之重矣。而其事乃適相反,何哉? 蓋墨子本於天志,以為天之生人也愛無不均,故主兼愛無差等;兼愛無差等,則財難給;財難給,故不得不節儉;節儉,故不得不節葬,非樂;節葬非樂,故不得不非禮。見上所注墨子答公孟子之言。故墨子雖以孝視天下,《藝文志》言。而以三年之喪思慕父母為愚。《公孟篇》曰:"'三年之喪,學吾子之慕父母。'子墨子曰:'夫嬰兒子之知,獨慕父母而已,父母不可得也,然號而不止,此其故何也? 即愚之至也。然則儒者之知,豈有賢於嬰兒子哉?'"孔子則不然,以為天無意志者也;人之生,天地之自然而已;而我之身則父母之遺體也,故主親親;親親故愛有差等,有瘇(shuāi)殺! 有差等,有瘇殺,故財易給而為禮樂也易;親親故孝於其親而慎終追遠。故孔子雖言"未能事人,焉能事鬼""未知生,焉知死"(《論語·先進篇》),固主無神論矣;而又言"鬼神之為德,洋洋乎如在其上,如在其左右"(《禮記·中庸》),如在云者,蓋明知其無而假設為有之辭,所以永人之思慕,而禮樂之所以獨重也。及後世為之,儒者以重禮好樂之過,而繁文褥禮,迷信鬼神;墨者以節儉節葬之過,而至於無父之譏,皆失孔墨之本矣。

墨經之體例

　　《墨子》有《經上》《經下》兩篇，函意最為奧衍；而文辭亦最為奇古；書寫體例亦最為特別；誠國學之璊（《集韻·灰韻》："瑰，或作璊。"）寶也。其奇辭奧義，余已別有注釋，詳於《墨子閒詁補正》之中，非茲篇體例，無待重述。茲僅略就其《經》之體例而略論之。墨經原本寫法，為上下旁行，茲據孫詒讓校正本，節錄之數行如下：

　　《經上篇》

故，所得而後成也	止，以"已"同（畢沅說）。久也
體，分於兼也	必，不已也
知，材也	平，同高也
慮，求也	同長，以𠂔古"正"字（盧文弨說）。相盡也
知，接也	中，同長也
恕，"知"同，畢、張①、楊②本並作"恕"，誤。明也	厚，有所大也

---

① 張本指的是張惠言《墨子經說解》。張惠言（1761-1802）：初名一鳴，字皋文，一作皋聞，號茗柯，武進（今江蘇常州）人。清代經學家、文學家。嘉慶進士，授翰林院編修。在經學方面尤深《易》、《禮》，著有《周易虞氏義》、《儀禮圖》等；在詞賦方面亦有創獲，著有《茗柯文集》、《茗柯詞》。另有《說文諧聲譜》（未竟而卒）、《墨子經說解》。

② 楊本指的是楊葆彝《墨子經說校注》。楊葆彝（1835-1907）：一作保彝，（轉下頁）

（续表）

| 仁，體愛也 | 日中，舌南也無說。 |
| 義，利也 | 直，參也無說。 |

《經下篇》

止，類以行人，疑當作"之"（孫說）。說在同	所存與當有"存"字（張說）。者，於存與孰存
駟疑當作"四足"①。異說，張以三字屬下列"孰存"下，疑非。推類之難，說在疑掞"名"字（孫說）。之大小	五行無常勝，說在宜
物盡張以二字屬前經，誤。同名，二與鬪，愛，食與招，白與視，麗與。依《說》當有"暴"字（顧廣圻說）。夫與履《說》作"屨"	
一，偏棄《說》作"去"。之	
謂而固是也，說在因	
不可偏去而二，說在見與俱、一與二、廣與循。當作"脩"（俞說）。張以"物盡同名"以下四經合為一，誤。	無欲惡之為益損疑當作"無益損"（孫說）也，說在宜
不能而不害，說在害	損而不害，說在餘
異類不吡，"仳"同（孫說）。說在量	知《說》作"智"，通。而不以五路，說在久有誤。

此所謂旁行體也。然向來傳本則誤書為直行。茲照商務書

（接上頁注②）字佩瑗，號邁阿，又號大亭山人，江蘇陽湖人。初以縣丞仕於浙江，工書善畫。著有《墨子經說校注》，輯《大亭山館叢書》等。

① 孫詒讓云："駟，疑當為'四足牛馬'，四字誤掞合并為一字。"

館景明嘉靖本,節錄數行如下:

　　　故所得而後成也止以久也體分於兼也必不已也知材也
平同高也慮求也同長以相盡也知接也中同長也恕明也厚有
所大也仁體愛也日中南也義利也直參也

《經下篇》

　　　止類以行人說在同所存與者於存與孰存馳異說推類之
難說在之大小五行毋常勝說在宜物盡同名二與鬮愛食與招
白與視麗與夫與履一偏棄之謂而固是也說在因不可偏去而
二說在見與俱一與二廣與循無欲惡之為益損也說在宜不能
而不害說在害損而不害說在餘異類不吡說在量知而不以五
路說在久

　　此以前之上下旁行,混寫而為直行者也。其餘由此類推。其
書寫之淆亂如此,何怪乎《墨經》之沈薶(沈,chén;薶,同"埋")千古
乎? 直至清之畢沅、張惠言、孫詒讓,始各各考正,略復旁行之舊。
蓋據《經上》末行,有讀此書旁行一語;參之《經說》上下,則旁行
之舊跡;仍甚顯而易尋也,然亦惟此《經》之淆亂,以《說》證《經》,
而後《經》之旁行可知。吾人今日所以得之古人有此書寫之體例
者,惟賴有此耳。倘漢人早已深明旁行之例,而依《說》之次弟以
直書之,則吾輩烏從而知古人之書有如此之一體邪? 老子有言
曰:"福兮禍所倚,禍兮福所伏。"(《老子》第五十八章)若《墨經》之
為後人所亂,反得因以保全真面目,斯非福之所伏邪?
　　自畢、張、孫之後,《墨經》旁行,殆已無人異議。最近有伍非

百①作《辯經章句非旁行考》②,以謂《墨經》之原本為竹簡,漢人始寫入絹素,乃始作二例旁行。余意適與之相反。蓋伍氏既不究夫《經》之所以得名之本;又未深惟夫帛與簡迭易之事實也。茲分別論之。

　　古者書蓋有二種。《說文·敘》曰:“箸之竹帛謂之書”,則古有書竹書帛二種可知。書於帛者為卷;書於竹者為篇。古書蓋多書於竹簡。然《論語》言“子張書諸紳”(《衛靈公篇》)。紳者,帛之屬也。則蓋以其精要而書於帛以便摯(同“研”)誦也。孔子之《六藝》,非不精要,惟其文繁多;古之時,竹賤而帛貴,故書於簡,不書於帛;是以孔子之《六藝》,當時無經名。《六經》之名,不過後世之尊稱耳;在孔子生時,蓋不稱為經;即孟荀之書,亦無《易經》《書經》《詩經》之目也。惟墨子之《經》則不然,言語簡約,為墨學根本之要語,故弟子書之於帛。書之於帛而名《經》者,《說文·糸部》云:“經,織從絲也。从糸,巠聲。”③古之書帛,蓋如今之橫軸然,可以隨意舒卷;其卷也循經而卷,故後世又稱經卷;此經所以得名之原也。

　　惟然,故經之為體,止以簡要而能書於帛者得名焉。簡而不要,固不必書帛;要而不簡,亦不必書帛。即就《墨子》而論,《兼愛》《尚同》《天志》諸篇,為墨學之大恉。然以其非墨學成立方法之要素,且語言繁多;故止記於簡,而不錄於帛;故亦不稱經也。《管子》之經言,《韓非》外儲之經皆以簡要,故至屈原之離騷經,乃後人所追

---

① 伍非百(1890-1965):四川蓬安人,早年參加中國同盟會,曾任國立四川大學、私立華西大學等校教授。中華人民共和國成立后,任四川省人民政府委員、圖書館館長等職。著名墨學家,著有《墨辨解故》、《墨辨論文集》、《墨子大義述》、《中國古名家言》。

② 《辯經章句非旁行考》見後文《歷代墨學述評》注釋。

③ 《說文·糸部》“經,織也。从糸,巠聲。”段玉裁《說文解字注》:“經,織從絲也。从糸,巠聲。”又云:“‘從絲’二字依《太平御覽·卷八百二十六》補。”

稱,非其本也。

是故,惟《墨經》之簡要而後書帛稱經;亦惟墨經之簡要,而後為旁行書之體。何者? 古人稱詩為章,如詩稱某章某句之類是也;又稱為首,如古詩十九首之類是也。首,《說文》云:"頭也。"①章,《說文》云:"樂竟為一章。"(《音部》)蓋每章之終,即次以次首之始,必提行更首,故或稱章或稱首也。散文之稱篇章章句,義亦應爾。《墨經》以每立一義為一章,固與他書之稱章同;但其文甚簡,書之於帛,多不能及每行之半;書帛之意,本取簡便;故書為上下二列。此《墨經》所以獨旁行,而他書則否;而書《墨經》者所以必當有"讀此書旁行"之聲明也。

或又謂伍氏以謂《墨經》成書之世,通行大篆,體極繁重,其字大率徑寸;鄭康成(鄭玄)謂"經長二尺四寸,傳八寸,《孝經》長十四寸"②,《墨經》本傳記之類,當在八寸十二寸之間;以徑寸之大篆,寫十二寸之竹簡,無兩列之餘地;倘伍氏之說而碻,更安有兩列之餘地可能;是益足證《墨經》原本之非旁行矣。是亦不然。當時雖有大篆,墨子尚質無文,背周法夏,其書斷無用大篆繁文之理;今其書尚多存湞(同"省")去偏旁之古叚藉(同"假借")字;如以可為何,見於《非攻上》;以其為期,見於《節葬下》;是方求簡之不足,奚暇用大篆之繁文哉? 又以近世出土之殷墟甲文推之,甲文用刀筆(甲骨文用刀刻在龜甲和獸骨上),其字體大小略如今之三四號字;則《墨經》書於帛,豈不能為二列邪? 惟至漢而後與《墨子》他

---

① 《說文·百部》:",頭也。"又《首部》:"首,百同,古文百。"將、首分列兩部,實為一字。

② 鄭玄《論語序》云:"書以八寸策。《鉤命決》(《孝經緯》之一)云:'《春秋》二尺四寸書之,《孝經》一尺二寸書之。'故知《六經》之策,皆長二尺四寸。《易》、《書》、《詩》、《禮》、《樂》、《春秋》,皆尺二寸('尺二寸'爲'二尺四寸'之訛)。《孝經》謙(通'減')半之。《論語》八寸策者,三分居一,又謙焉。"(據清劉寶楠《論語正義》附錄"鄭玄《論語序》逸文"引)此處引文"《孝經》長十四寸"當爲"《孝經》長十二寸"。

篇同書竹簡，其時墨學失傳，不明旁行之例，且簡長而繁重，若仍
為二列書之，先讀上列，次讀下列，為事未免太繁；故遂直書之，而
上下錯亂如此也。若《墨經》原本果為先書於簡，則簡冊之編，以
絲為繹；故冊字篆作㶜，橫二畫象絲，縱五畫象簡；則簡之編名為
緯，乃其宜耳；何名為經哉？且經與他篇，同書於簡，經則俱經耳，
何以此獨經而彼則否邪？又康成云：「經長二尺四寸，傳八寸，《孝
經》長十二寸。」倘此說而可信為秦漢以前之通例，則墨者之徒，既
經其師之說，當亦為二尺四寸；不當以儒者之見，謂其不過《孝經》
之類也；然則以三四號之小字；書二尺四寸之長簡；以數字或數十
字之短章，章必別行；是以最簡要之文，最宜便於挈究之書，而書
成如此之繁重，古人雖拙，必不爾也。然則《墨經》原本，倘為竹
簡，每篇旁行，當可二三列，豈可謂無二列之餘地哉？

　　然則《墨經》無論書簡書帛，均有書為二列之可能；而以《經》
名推論之，則知其為先帛後簡耳。

墨子之教育主恉

《墨子·所染篇》云：

> 子墨子言：見染絲者而歎曰：染於蒼則蒼，染於黃則黃。所入者變，其色亦變；五入必，而已則為五色矣！故染不可不慎也。

此節下文即推言國亦有染，士亦有染，與《呂氏春秋》文略同（見《當染篇》）。或謂此本呂氏所推說，非墨子之本文。汪中、吳汝綸說同。然此今姑弗具論，特墨子見染絲而歎，則必為事實。其寓意蓋謂人之善惡由乎師友之習染，蓋亦注意教育之論矣。

墨子之於教育，其對於受教育者甚不主張盲從。故《法儀篇》云：

> 當(通"嘗"，嘗試也，孫詒讓說；一說通"儻"，王引之說)皆法其父母奚若(如何)？天下之為父母者眾，而仁者寡；若皆法其父母，此法不仁也；法不仁，不可以為法。當皆法其學(孫詒讓："學謂師也。")奚若？天下之為學者眾，而仁者寡；若皆法其

學,此法不仁也;法不仁,不可以為法。當皆法其君奚若? 天
下之為君者眾,而仁者寡;若皆法其君,此法不仁也;法不仁,
不可以為法。

此言雖非專為教育而發。然可見墨子之於受教者,對於家庭
教育,學校教育,國家教育均有仁不仁之辯,而無絕對服從之必要
矣。而《荀子·致士(又作"致仕")篇》則云:

師術(法)有四,而博習不與(yù,參與)焉。尊嚴而憚,可
以為師;耆艾(五十曰艾,六十曰者)而信,可以為師;誦說而不
陵不犯,可以為師;知微而論,可以為師。

《禮論篇》又云:

禮有三本:天地者生之本也;先祖者類(種類)之本也;君
師者治之本也。無天地惡生? 無先祖惡出? 無君師惡治?
三者偏亡焉(則)無安人。故禮,上事天,下事地,尊先祖而隆
(尊崇)君師,是禮之三本也。

荀子之言如此。蓋主張絕對服從者。此亦儒墨之所由大異
也。然墨子之教人,亦力持干涉主義。《耕柱篇》云:

子墨子怒耕柱子(墨子弟子),耕柱子曰:"我毋俞(通
"愈",勝也)於人乎?"子墨子曰:"我將上太行,駕驥(jì,千里馬)
與羊,子將誰敺?"耕柱子曰:"將敺驥也。"子墨子曰:"何故
敺驥也?"耕柱子曰:"驥足以責。"子墨子曰:"我亦以子為足
以責。"

　　則其督責教者之嚴,已可概見。證以《尚同中篇》所謂上之所是,亦必是之;上之所非,亦必非之;則其干涉之精神,益可知矣。蓋其主張絕對干涉,故其終也。雖與前說仁不仁之辯有矛盾,亦不自知矣。

　　然墨子之人格極高,其為孔老所不及者有二:

　　一曰:兼愛精神。

　　二曰:犧牲精神。

　　《孟子・告子篇》云:"墨子兼愛,摩頂放踵,利天下為之。"陳澧云:"墨子之學,以死為能。摩,猶糜也。糜,爛也。糜爛而死之謂也。"

　　《荀子・富國篇》云:"墨子之言,昭昭然①為天下憂不足。"

　　此孟荀攻擊墨子之言也。然墨子兼愛與犧牲之精神,可謂形容畢盡矣。《呂氏春秋・愛類篇》云:

　　　　公輸般為雲梯,欲以攻宋,墨子聞之,自魯往,裂裳裹足,日夜不休,十日十夜而至於郢(楚都)。

　　則其犧牲一己以愛人,可謂勇矣。老子《道德經》第六十七章云:

　　　　慈故能勇。

　　《韓非子・解老篇》釋之云:

---

① 　不安的樣子(章詩同《荀子簡注》,上海人民出版社,1974 年)。王念孫《讀書雜誌・荀子雜誌》云:"昭昭,小也,言墨子之所見者小也。"

　　聖人之於萬事也，盡如慈母之為弱子慮也，故見必行之
道；見必行之道，則其從事亦不疑；不疑之謂勇；不疑生於慈；
故曰慈故能勇。

　　然則墨子其有得於老子之慈者乎？韓非其有見於墨子之勇
者乎？不然，非之智蓋不足以語此。然老子雖能言此，而老子之
行事類此者卻未之見也。至儒家則雖說汎（fàn）愛，而行尚中庸，
下者且以譁世取寵，不足語於犧牲也。

　　墨子之人格既如此，故其教育主義亦不外此二者。今其書各
篇上自《親士》《兼愛》《尚同》諸篇，下至《公輸》《備城門》諸作，
殆莫非欲貫徹其兼愛與犧牲之精神者也。然約其為教育之恉，尚
有六端。茲舉之如下：
　　一曰：貴義。

　　《貴義篇》，子墨子曰：萬事莫貴於義。今謂人曰：予子冠
履，而斷子之手足，子為之乎？必不為。何故？則冠履不若
手足之貴也。又曰：予子天下，而殺子之身，子為之乎？必不
為。何故？則天下不若身之貴也。爭一言以相殺，是貴義於
其身也。

　　墨子之所謂義，蓋即含有犧牲自己以兼愛人之意。故墨子本
書義字，本皆作羛，从羊从弗。見《說文》①。从羊與善字同意，兼愛
之誼也。去我从弗，有排除為我主義，而以繩墨自矯，以備世患之
意。《莊子・天下篇》語。弗，古文拂字，即矯拂之誼也。今墨子書皆改
羛作義，易从弗為从我，失墨子之本誼，甚矣。

───────────

① 《說文・我部》：“義，己之威儀也。从我、羊。羛（yì），《墨翟書》義从弗。”

二曰:尚意。

　《耕柱篇》,巫馬子(儒者,疑孔子弟子巫馬期或其後,蘇時學說)謂子墨子曰:"子兼愛天下,未云利也。我不愛天下,未有賊(害)也。功皆未至,子獨何自是而非我哉?"子墨子曰:"今有燎者(放火者)於此。一人奉水將灌之;一人摻(shǎn,操持)火將益之;功皆未至,子將何貴於二人?"巫馬子曰:"我是彼奉水者之意,而非夫摻火者之意。"子墨子曰:吾亦是吾意而非子之意也。

此則凡是皆求其是,成敗利鈍,皆所不顧。董仲舒所謂"正其誼不謀其利,明其道不計其功"(《漢書·董仲舒傳》)者,其勇蓋近此。而一尚實利,一尚仁義,則其大異也。

三曰:尚分工。

　《耕柱篇》,治徒娛、縣子碩(二人蓋並墨子弟子,孫詒讓說)問於子墨子曰:"為義孰為大務?"子墨子曰:"譬若築牆然。能築者築。能實壤者實壤。能欣(通"睎",xī,望,測量,王念孫《讀書雜誌》引王引之說;一說同"掀",作動詞用,挖土,王煥鑣說)者欣。然後牆成也。為義亦猶是也。能談辯者談辯。能說書者說書。能從事者從事。然後義事成也。"

然則事無大小,凡能盡己力以益於人者,均在所當為,而無貴踐之分矣。反是而較其大小,計其價值而後為之,則天下之公益事可為之者少矣。

四曰:尚獨行。

《貴義篇》，子墨子自魯即齊，過故人，謂子墨子曰：“今天下莫為義，子獨自苦而為義，不若已。”子墨子曰：今有人於此，有子十人，一人耕而九人處（休息），則耕者不可以不益急矣。何故？則食者眾而耕者寡也。今天下莫為義，則子如勸我者也。王念孫云：“‘如’字古或訓為‘宜’。”

此其特立獨行之志，為何如邪？
五曰：尚實行。

《耕柱篇》，子墨子曰：世俗之君子，貧而謂之富則怒；無義而謂之有義則喜；豈不悖哉？

此則循名責實，不特察人用人當如此，自處亦當如此，不容有豪釐之文飾者矣。
六曰：尚創作。

《非儒篇》（下篇），儒者曰：“君子必服古言然後仁。”應之曰：“所謂古之言服者，皆嘗新矣；而古人言之服之，則非君子也。然則必服非君子之服，言非君子之言，而後仁乎？”又曰：“君子循（述也）而不作。”應之曰：“古者羿（傳說夏代東夷族首領，善射）作弓，伃（又作予、杼、季杼，均讀 zhù，夏帝少康子）作甲，奚仲（黃帝之後，任姓也）作車，巧垂（堯時巧匠，也作“巧倕”，古書亦有作“工垂”、“工倕”者）作舟。然則今之鮑函車匠（四種技人。鮑，通“鞄”，páo，柔革工；函，鎧甲工），皆君子也；而羿伃奚仲巧垂，皆小人邪？且其所循，人必或作之；然則其所循，皆小人道也。”

此可見墨家創作之精神矣。

唯其如上六者所說,故其教育遂能收其大效。

《備梯篇》:

> 禽滑釐(墨子弟子,又稱禽子,名滑釐,孫詒讓說)事子墨子三年,手足胼胝,面目黧黑,役身給使,不敢問欲。子墨子甚哀之。

《呂氏春秋·尚德篇》:

> 孟勝為墨者鉅子,善荊之陽城君。陽城君令守於國,毀璜以為符,約曰:"符合聽之。"荊王薨,羣臣攻吳起,兵於喪所,陽城君與焉。荊罪之。陽城君走。荊收其國。孟勝曰:"受人之國,與之有符。今不見符而力不能禁,不能死,不可。"其弟子徐弱諫孟勝曰:"死而有益陽城君,死之可矣。無益也,而絕墨者於世,不可。"孟勝曰:"不然,吾於陽城君也,非師,則友也;非友,則臣也;不死,自今以來,求嚴師必不於墨者矣;求賢友必不於墨者矣;求良臣,必不於墨者矣。死之所以行墨者之義,而繼其業者也。我將屬鉅子於宋之田襄子,田襄子賢者也,何患墨者之絕世也?"①徐弱曰:"若夫子之言,弱請先死以除路。"還歿(同"刎",王念孫說)頭前於孟勝,因使二人傳鉅子於田襄子。孟勝死,弟子死之者百八十三人("三人"下屬,"三"為"二"之誤,許維遹《呂氏春秋集釋》引吳闓生說)。以致令於田襄子,欲反死孟勝於荊,田襄子止之曰:"孟子已傳鉅子於我矣。"不聽,遂反死之。

---

① 以上引文也見本書《墨子之大略》部分。

《呂氏春秋・去私篇》：

　　腹䵍(tūn)為墨者鉅子,居秦,其子殺人。秦惠王(前337-
前331在位)曰：“先生之年長矣,非有它子也,寡人已令吏弗
誅矣。先生之以此聽寡人也。”腹䵍對曰：“墨者之法,殺人者
死,傷人者刑,此所以禁殺傷人也,夫禁殺傷人者。天下之大
義也。王雖為之賜,而令吏弗誅。腹䵍不可不行墨者之法。”
不許惠王而遂殺之。

《淮南子・泰族訓》：

　　墨子服役百八十人,皆可使赴火蹈刃,不旋踵,化之所
致也。

　　凡此皆可見墨子教育力量之偉大。夫死者人之所至難,而墨
子之徒,乃樂為之如此。墨子非有特殊感化力,曷足致此? 觀其
百舍(百里一住宿)重繭(jiǎn,通“趼”。重繭,即腳磨成厚繭)以往救宋,
預知公輸般之欲殺己,而猶親往焉。見《公輸篇》。則其視死如歸,
墨子蓋身自行之。故弟子亦相率而效之也。至其木鳶(yuān,老
鷹)車輗(ní,古代大車車轅與車衡相銜接的活銷)之巧,見《韓非子・外儲
說左上》。九攻九却之術,乃其技之小者矣。

　　雖然,墨子之教,雖能化於少數之弟子;而為之太過,決不能
久。故《莊子・天下篇》云：

　　其道大觳,使人憂,使人悲。其行難為也。恐其不可以
為聖人之法,反天下之心。天下不堪。墨子雖獨能任,奈天
下何? 離於天下,其去王也遠矣。

　　然則孟子所謂天下不之楊則之墨(《孟子·滕文公下》),《呂氏春秋》所謂孔墨"徒屬彌眾,弟子彌豐,充滿天下"(《當染篇》)者,其說非邪?曰:此蓋似是而非之墨。猶戰國末似是而非之儒耳。不然,則真墨之眾,充滿六國,本墨子止楚伐宋之志以救六國;行禽滑釐等守宋之事以守六國;抱孟勝必死之心以忠六國;秦兵雖強,豈能滅六國如折枯推朽之易哉?老子曰:強梁者不可以為教父。(《老子》第四十二章:"強梁者不得其死,吾將以為教父。")豈非墨子之謂歟?

墨子之政治學說

墨子之主義,在乎兼愛。故其政治之目的,亦不過欲實行兼愛而已。墨子於此,殆分消極積極兩種。今先就積極方面說:

一,尚賢。

二,尚同。

墨子欲兼愛,勢不能不尚同。尚同者,欲天下之人同立於一法儀之下,而絕無彼此之見殊;故可以交相利而不至於交相害者也。《尚同上篇》云:

> 子墨子曰:古者民始生未有刑政之時,蓋其語人異義,是以一人則一義,二人則二義,十人則十義;其人茲眾,其所謂義者亦茲眾;是以人是其義,以非人之義,故交相非也。是以內者父子兄弟作怨惡,離散不能相和合;天下之百姓,皆以水火毒藥相虧害,至有餘力不能相勞。腐死餘財不以相分,隱匿良道不以相教;天下之亂,若禽獸然。

此言天下之亂,由於主義之眾多,彼此不相容,故必當有以統一之,而後天下之亂可止。

《尚同中篇》云：

> 天子為發政施教曰：凡聞見善者必以告其上，聞見不善
> 者亦必以告其上；上之所是，必亦是之；上之所非，必亦非之；
> 己有善傍（通"旁"，廣也）薦之，上有過規諫之；尚同義其上，孫
> 詒讓云："'義'當作'乎'。"而毋有下比之心，上得則賞之，萬民
> 聞則譽之。意若聞見善不以告其上，聞見不善亦不以告其
> 上；上之所是不能是，上之所非不能非；己有善不能傍薦之，
> 上有過不能規諫之；下比而非其上者，上得則誅罰之，萬民聞
> 則非毀之。故古者聖王之為刑政賞譽也甚明察以審信。是
> 以舉天下之人皆欲得上之賞譽，而畏上之毀罰。

此墨子尚同之義，簡括言之，凡下民皆當上同乎君上。上有
過雖可規諫，然墨子之意，其所謂君上者殆必為賢而無過者。故
下文接云：

> 故里長順天子政而一同其里之義。里長既同其里之義，
> 率其里之萬民以尚同乎鄉長，曰：凡里之萬民皆尚同乎鄉長，
> 而不敢下比（偏私，類似"比周"，結黨營私，李漁叔《墨子今注今譯》
> 說）；鄉長之所是，必亦是之；鄉長之所非，必亦非之；去而（通
> "爾"，你）不善言，學鄉長之善言；去而不善行，學鄉長之善行；
> 鄉長固鄉之賢者也，舉鄉人以法鄉長，夫鄉何說而不治哉？

於是由鄉長而國君，而天子，其尚同之法均同，凡此皆無"上
有過則規諫"之說矣。可見墨子理想之中，必為絕對之賢者矣。
於是有尚賢之說。《尚賢上篇》云：

子墨子曰：今者王公大人為政於國家者，皆欲國家之富，人民之眾，刑政之治；然而不得富而得貧，不得眾而得寡，不得治而得亂；則是本失其所欲，得其所惡，是其故何也？子墨子言曰：是在王公大人為政於國家者，不能以尚賢事能為政也。是故國有賢良之士眾，則國家之治厚；賢良之士寡，則國家之治薄。故大人之務，將在於眾賢而已。

至其所謂賢，則以義為標準。故《尚賢上篇》又云：

故古者聖王之為政也，言曰：不義不富，不義不貴，不義不親，不義不近。

此所謂義即賢也。蓋天子選立三公國君，國君選立正長，既須賢者；而王公大人為政於國家，亦當選用國內賢良之士也。墨子既以在位者必為賢人，故於尚同之事甚為專制。《尚同下篇》云：

國君亦為發憲布令於國之眾，曰：若見愛利國者必以告，若見惡賊國者亦必以告。若見愛利國以告者，亦猶愛利國者也；上得且賞之，眾聞則譽之。若見惡賊國不以告者，亦猶惡賊國者也；上得且罰之，眾聞則非之。是以徧若國之人，皆欲得其長上之賞譽，避其毀罰。是以民見善者言之，見不善者言之。國君得善人而賞之，得暴人而罰之；善人賞而暴人罰，則國必治矣。計若國之所以治者何也？唯能以尚同一義為政故也。

此所謂愛利惡賊，蓋即視其與兼愛主義同否而言。故結曰：

尚同一義。是在墨子主義勢力範圍之內,決不許有他主義發生矣。是故就其善一方面而言之,則可謂政治的統一主義,主義的統一主義。而就其惡一方面觀之,則亦可謂政治的專制主義,主義的專制主義也。蓋墨子之主義,以天下為單位,以天為標準,以天之意志為意志,而絕不許有個人之自由者也。故《法儀篇》云:

> 天之行廣而無私,其施厚而不德,其明久而不衰。故聖王法之。既以天為法,動作有為,必度於天。天之所欲則為之,天所不欲則止。

然則天下之人皆已喪失其個人欲惡自由之權矣。幸也天之欲惡,終不能告之於人。故墨子復為之說曰:

> 然而天何欲何惡者也? 天必欲人之相愛相利而不欲人之相惡相賊也。奚以知天之欲人相愛相利而不欲人之相惡相賊也? 以其兼而愛之,兼而利之也。《法義篇》。

誠使天下之人,皆從墨子之說,則雖似喪失其自由之權,而推己以度人,己不欲人惡賊己,故己亦不惡賊人;己欲人愛利己,故己亦愛利人;如是,則己不侵犯人之自由,而人亦不侵犯己之自由;雖謂之自由,亦何不可? 然天下之人,非同一機器所製成之物也;有仁暴之異焉,有賢愚之異焉,有強弱之異焉,焉能一一聽命於墨子之說乎? 有狡者焉,忽逞其賊人利己之術,將何以治之乎? 於是墨子《尚同中篇》復為之說云:

> 夫既尚同乎天子,而未尚同乎天,則天菑(同"災")猶未止也。故當若天降寒熱不節,雪霜雨露不時,五穀不孰,六畜

不遂(生長)，疾菑戾疫(瘟疫)飄風苦雨薦臻(薦，重也；臻，至也)
而至者，此天之降罰也；將以罰下人之不尚同乎天者也。

　　夫不愛利而惡賊者，時或一人而已。而天之寒熱不節等等，
所罰乃不止一人。則狡且暴者何所畏焉？且自國君以下，尚可曰
各有上之賞罰以治之；若為天子之不仁，則又將何如乎？於是墨
子《法儀篇》又為之說曰：

　　　　昔之堯舜禹湯文武兼愛天下之百姓，率以尊天事鬼；其
　　利人多，故天福之；使立為天子，天下諸侯皆賓(敬)事之。暴
　　王桀紂幽厲，兼惡天下之百姓，率以詬天侮鬼；其賊人多，故
　　天禍之；使遂失其國家，身死為僇(通"戮")於天下，後世子孫
　　毀之，至今不息。

　　此其說亦似言之可信。蓋賢如堯舜，未有不興；暴如桀紂，未
有不亡；故可託於天志也。然天下之賢者未必遂如堯舜，暴者未
必遂如桀紂，則賢未必興，而暴未必亡，而天之賞罰失矣。於是乎
天下之人，乃敢肆為惡賊而無所畏矣。故墨子法天之政治，其結
果適以為少數有勢力者之利用而已。

　　乃今之談墨學者，見《尚同篇》有選天下之賢可者立以為天子
之語，見《尚同上篇》，中下篇語亦略同。遂謂墨子主張民選天子。梁
啟超、尹桐陽均有此說。而不知與墨子之恉大謬。《尚賢中篇》云：

　　　　子墨子曰：今王公大人之君人民，主社稷，治國家，欲脩
　　(長)保而勿失，故不察尚賢為政之本也？王念孫云："'故'與
　　'胡'同。"何以知尚賢為政之本也？曰：自貴且智者為政乎愚
　　且賤者則治；自愚且賤者為政乎貴且智者則亂。是以尚賢為

政之本也。故古者聖王甚尊尚賢而任使能,不黨父兄,不偏貴富,不嬖(bì,寵愛)顏色(美色),賢者舉而上之,富而貴之,以為官長;不肖者抑而廢之,貧而賤之,以為徒役。

是墨子於愛人雖云無差等,而階級觀念則甚深厚。以主張"貴且智者為政則治,愚且賤者為政則亂"之人,焉得有主張民選天子之思想?且里長則國君所選,三公國君則天子所選,見《尚同篇》。國中所用賢良之士,又王公大人所選;《尚賢篇》。凡若此者,墨子皆絕無民選之意,豈有最高之天子,而反委諸民選者乎?然則墨子之意,以誰為選立者乎?亦歸之於天而已。觀上文所引《法儀篇》所謂"禹湯兼愛,故天福之,使立為天子"之語,益可證矣。蓋墨子以一切本於天志,故以選立天子亦為天之志,而假於民以戴之也。

然墨子於階級之觀念雖深,而階級亦非一定不變者,蓋以賢愚為升降之標準。故《尚賢上篇》云:

> 故古者聖王之為政,列德(給有德的人安排職位)而尚賢。雖在農與工肆(孫詒讓以為"百工居肆"之"肆",手工業作坊;尹桐陽《墨子新釋》認為指"商人")之人,有能則舉之;高予之爵,重予之祿,任之以事,斷(決也)予之令("斷予之令"即予之斷令,王煥鑣說),曰:爵位不高,則民弗敬;蓄祿不厚,則民不信;政令不斷,則民不畏;舉三者授之賢者,非為賢賜也,欲其事之成。故當是時,以德就刑,以官服事,以勞殿(定也,俞樾說)賞;量功而分祿,故官無常貴,而民無終賤;有能則舉之,無能則下之。

則墨子之階級,亦非一定不變者。唯其所謂舉,仍為上之舉下,而非下之舉上。其云古聖王為政,列德而尚賢,以尚賢歸於聖王,蓋甚明白矣。然則雖謂墨子之政治,為主張開明專制,亦無不可者矣。

以上就積極而言也。再就消極方面言之,蓋亦有二焉。

一曰:非攻。

二曰:節用。

孟子云:"爭城以戰,殺人盈城;爭地以戰,殺人盈野。"(《離婁上》)則春秋之末,戰國之世,其戰禍之劇,殺人之眾可知。此豈非與墨子兼愛之說最相反者乎? 故墨子於此最為痛惡,視同盜賊。《天志下篇》云:

> 今知氏,大國之君,柱按:"知"通"之","氏"通"時",詳拙著《閒詁補正》。寬然者①曰:"吾處大國而不攻小國,吾何以為大哉?"是以差論(差、論,皆擇也,王念孫說)蚤牙之士,孫云:"蚤"《非攻篇》(中篇、下篇)並作"爪"。比列其車舟之卒;以攻伐無罪之國,入其溝境("溝境"當作"邊境",王念孫說),刈其禾稼,斬其樹木,殘其城郭,以御("御"當為"抑",堵塞)其溝池,焚燒其祖廟,攘殺其犧牷(祭祀用的純色牲);民之格(拒也,李漁叔說)者則勁拔(疑"殺"誤,孫詒讓說)之,不格者則係操("係操"當為"係纍",王念孫說。縛結也)而歸;丈夫以為僕圉(圉,養馬者)胥靡(服勞役的刑徒),婦人以為舂酋(舂,chōng;酋,與"舀"聲形相近,畢沅說。從舀中取穀物)。則夫好攻伐之君,不知此為不仁義,以告四鄰諸侯,曰:"吾攻國覆軍殺將若干人矣。"其鄰國之君亦不知此為不仁義也,有(通"又")具其皮幣,發其緫處,孫詒讓云:"'緫處'當作'徒遽'。《國語‧吳語》云:'徒遽來告',韋注云:'徒,步也;遽,傳車也。'"使人饗賀焉。則夫好攻伐之君,有重

① 《閒詁》"然者"作"者然",孫詒讓認為:"者乃衍文,寬當為囂之借字。言今大國之君,皆囂然爭持攻國之論。"

(chóng,更)不知此為不仁不義也,有書之竹帛,藏之府庫。為人後子(後子,嫡長子)者,必且欲順其先君之行,曰:"何不發吾府庫,視吾先君之法美('美'王念孫認為'義'誤,即'儀'字)",必不曰文武為正者若此矣。曰:"吾攻國覆軍殺將若干人矣。"則夫好攻伐之君,不知此為不仁不義也。其鄰國之君,不知此為不仁不義也。是以攻伐世世而不已者。此吾所謂大物則不知也。所謂小物則知之者何?若今有人於此,入人之場園,取人之桃李瓜薑(jiāng)者,上得且罰之,眾聞則非之。是何也?曰:不與其勞,獲其實,已非其有所取之故(孫詒讓云:"此有誤,疑當云以非其所有取之故。"),而況有踰於人之牆垣,抯格(抯,zhā,抓住;格,拘執)人之子女者乎?與角人之府庫,俞云:"'角'乃'穴'字之誤。"竊人之金玉蚤絫(lěi)者乎?王念孫云:"'蚤絫'當為'布喿','喿'蓋'繰'(zǎo)之借字(布繰,布帛)。與踰人之欄牢,竊人之牛馬者乎?而況有殺一不辜人乎?今王公大人之為政也,自殺一不辜人者,踰人之牆垣,抯格人之子女與角人之府庫者,竊人之金石蚤絫者,與踰人之欄牢竊人之牛馬者,與入人之場園竊人之桃李瓜薑者,今王公大人之加罰此也,雖古之堯舜禹湯文武之為政亦無以異此矣。今天下之諸侯,將猶皆侵凌攻伐兼并,此為殺一不辜人者數千萬矣;此為踰人之牆垣,格人之子女者,與角人府庫,竊人金玉蚤絫者,數千萬矣;踰人之欄牢,竊人之牛馬者,與入人之場園,竊人之桃李瓜薑者,數千萬矣;而自曰義也。故子墨子曰:是蕡(通"纷",亂也,见王樹枬《墨子斠注》之吴汝綸勘正)我者顧千里①云:"'我'當為'義'。"柱按:蕡讀為分。則豈有異

① 顧千里(1770–1839):名廣圻,字千里,號澗蘋(同蕡)、澗賓,自號思適居士,江蘇元和(今蘇州)人,嘉慶諸生。清著名校勘學家、藏書家、目錄學家。於經、史、訓詁、天算、輿地靡不貫通,至於目錄之學,尤為專門,於《說文》、《禮記》、《儀禮》、《國語》、《國策》、《文選》諸書,皆為之劄記,著有《思適齋文集》。

是黃黑白甘苦之辯者哉！今有人於此，少而示之黑謂之黑，多示之黑謂白；必曰：吾目亂不知黑白之別。今有人於此，能少嘗之甘謂甘，多嘗謂苦，必曰：吾口亂不知其甘苦之味。今王公大人之為政也，或殺人，其國家禁之；此蚤越戴望云：「三字有脫誤。」有能多殺其鄰國之人，因以為文義。王云：「『文』當為『大』。」①此豈有異黃黑白甘苦之別者哉？

此文摹寫好攻伐者之心理，可謂畢肖，戰勝之功，為攻伐者最榮譽之事，而墨子乃以入人場園，竊人桃李，踰人牆垣，挹格人子女，角人府庫，竊人金玉等比之；而明其罪惡尚當千萬倍於此；可謂痛切之至矣。語曰：竊鈎者誅，竊國者侯；侯之門，仁義存。(《莊子·胠篋》)墨子其有見於此者邪？

雖然，墨子非攻之說，善則善矣。其竟可以實行否邪？周室既衰，封建制度，流弊已著。強兼弱，眾并寡，已成為戰國之風尚。墨子孟子之徒，雖日為罷兵之運動，其奈當時之軍閥何？故卒之亦絕不能收效，而攻戰日甚。於是韓非之徒出，受墨子尚同之影響，以為非中央集權，不可以言治；非實行武力競爭，不足以謀生存。故韓非《顯學篇》云：

> 敵國之君王，雖說(通"悅")吾義，吾弗入貢而臣；關內之侯，雖非吾行，吾必使執禽而朝。是故力多則人朝，力寡朝於人。故明君務力。夫嚴家無悍虜，而慈母有敗子：吾以此知威勢之可以禁暴，而德厚之不足以止亂也。夫聖人之治國，不恃人之為吾善也，而用其不得為非也。恃人之為吾善也，

---

① 吳毓江《墨子校注》云：「諸本作『文』，寶曆本(日本寶曆秋山儀校刻本)作『大』。」孫詒讓云，「文」當爲"之"訛。

境內不什數(不什數,不能用十來計算,即不到十個,形容很少);用
人不得為非,一國可使齊。

《五蠹篇》云:

上古競於道德。中世逐於智謀。當今爭於氣力。

此韓非中央集權,武力競爭之說也。至李斯①而加甚。遂專
從事於武力統一,夷滅諸侯,以收中央集權之效。是墨子消極之
政策,未能行;而積極之政策,乃大行於秦,以成秦漢以後之一大
變局也。

至於節用之主義,實本兼愛而生。蓋必其人能節用而後有犧
牲之精神以兼愛人也。然墨子之節用論,卻未嘗明言此,其持論
大抵為君上而說。《辭過篇》云:

古之民,未知為衣服時,衣皮帶茭,冬則不輕而溫,夏則
不輕而清(qìng,涼);聖王以為不中(zhòng)人之情,故作誨婦
人治絲麻捆②布絹以為民衣;為衣服之法,冬則練帛之中(中
衣,亦作裏衣,即內衣)足以為輕且煖,夏則絺綌(絺,chī,細葛布;
綌,xì,粗葛布)之中,足以為輕且清,謹此則止。故聖人之為衣
服,適身體,和肌膚而足矣;非榮耳目而觀愚民也。當是之
時,堅車良馬,不知貴也;刻鏤文采,不知喜也;何則? 其所道

---

① 李斯(? —前208),戰國末期楚上蔡(河南上蔡西南)人。初為小郡吏,后從荀卿
學。入秦后初為呂不韋舍人,後被秦始皇任為客卿。秦統一六國后任丞相。後被
趙高誣陷,腰斬於咸陽。著有《諫逐客書》《倉頡篇》。可參《史記·李斯列傳》。
② "捆"字各本作法不同(參吳毓江《墨子校注》),《閒詁》作"梱"(jùn)。孫詒讓云:
"此'梱'或當為'捆',亦'稇'之叚字。"稇,束也。

(通"導")之然。故民衣食之財,家足以待旱水凶饑者何也?得其所以自養之情而不感於外也。是以其民儉而易治,其君用財節而易贍(應作"詹",dàn,足也)也。府庫實滿,足以待不然,兵革不頓(壞也),士民不勞,足以征不服。故霸王之業可行於天下矣。當今之主,其為衣服則與此異矣;冬則輕煖,夏則輕清,皆已具矣;必厚作斂於百姓,暴奪民衣食之財以為錦繡文采靡曼之衣,鑄金以為鉤(帶鉤),珠玉以為珮(同"佩"),女工作文采,男工作刻鏤,以為身服;此非云益煖之情也(畢沅云:"猶曰'此非有益煖之實'。"),單(通"殫",盡也)財勞力,畢歸之於無用也。以此觀之,其為衣服非為身體,皆為觀好。是以其民淫僻而難治,其君奢侈而難諫也。夫以奢侈之君,御(治理)好淫僻之民,欲國無亂,不可得也。君實欲天下之治,而惡其亂,當為衣服不可不節。

其餘論宮室飲食舟車等,大意均略同。文多今不備錄。《節用》上中二篇,所陳亦大氐不外乎此。墨子以奢侈為致亂之源,節用為救亂之本,可謂切中之極。蓋儉則有餘,有餘則能相讓。奢則不足,不足則必出於爭,此大夫所以相亂家,諸侯所以相攻國也。烏能兼愛乎?

雖然,墨子之節用,其於一切服用。皆取其便適,而絕不為榮觀,其說果可以行否乎?曰:必不能。是何也?曰:凡有生之物,莫不有求美之性。蓋宇宙之生物,原於太陽之力。而太陽者,天下之至美者也。故植物之花葉,禽獸之羽毛,莫不各力呈其美。而人類則自利用衣服以後,除須髮之外,皆已喪失其天然之美,故必以人力之美繼之;此自然之勢也。是故或為宮室服用之美,或為言語文字之美,所美不同,而為美則一也。今墨子必以為用而已,凡為榮觀者,皆務去之,則是拂逆生物之性者也,其可行乎?吾嘗以謂人類之進化,惟賴其有求善求美之性;有求善求美之性,故有藝術,而一切士農工商之業均日進而不已;此泰古之質樸,所以進而為今日之文明也。若墨子之說,殆不容人間有美術之觀念;姑勿論其事必不能行,藉令能之,則雖謂今之世猶泰古之世,可也。

然則謂墨子之說,乃大謬特謬可乎?曰:是又不可。墨子謂"古者節儉,故民得其所養之情,而不感於外";此語實能道出為治有提倡節用之必要。蓋在上者不奢侈,則用於民者少而民用足;不示民以奢侈,則民不逐於奢侈,而用易於足;則民何為而不易治?反是,若在上者務為奢侈,則必多取於民,而民困於賦斂,而用不足矣;又示民以奢侈,則民爭相傲(同"倣")效,而用亦益感其不足。如是,則小之必如孟子所謂上下交征利而國危,大之則必釀成今日之階級戰爭矣。《老子》第七十五章云:

> 民之饑,以其上食稅之多,是以饑;民之難治,以其上之有為,是以難治;民之輕死,以其上求生之厚,是以輕死。

老子所謂求生之厚,謂在上者生活程度之高也。在上之生活程度既高,則食稅安得不多乎?且在上者之生活既高,在下者又安得不相隨而高乎?既相隨而高,而在上者又復多取之,使不得達其謀生之道,又安得天下之不亂乎?吾嘗謂今世科學之發明,即本於人類求善求美之性質而來;然繼長增高,結果實不免於奢侈。蓋機械發明,工廠發達,經濟集中,富者累千萬,而奢侈相高,於是貧者之生計日感窮蹙。是前有奢侈以誘其心,後有飢寒以促其變;機械之觀念既日深,而恩情之觀念遂日薄;嗚呼!此世界階級之大戰所由起歟?《墨子》云:"以奢侈之君,遇①好

---

① "遇"當爲"御"。

淫僻之民,欲國無亂,不可得也。"其有見於此乎? 嗟乎! 科學者,完成世界階級之工具者也,而其結果乃釀成世界階級之大戰爭,為階級革命之起因,蓋導民於奢侈之過也;是豈科學家所及料者哉? 科學者本於人類求善求美之性而已,而結果乃為人類戰爭之原。《老子》第二章云:

> 天下皆知美之為美,斯惡矣;皆知善之為善,斯不善矣。

斯言豈不信乎? 然則去美善則拂性而無進步,求美善則奢侈而起戰爭。孔子曰:"奢則不遜,儉則固。"(《論語‧述而》)此中庸之道,所以要歟? 又曰:"禮與其奢也寧儉。"(《論語‧八佾》)必不得乎中庸,則居奢侈之世,提倡墨子之節用,亦息爭之道歟?

要而論之,墨子之政治,除尚同為干涉主義,為積極主義外;其餘蓋偏歸於消極主義,即如兼愛,固似積極矣;然究而論之,人人能自愛,更何待乎人之愛己? 則兼愛者,亦徒就人之不能自愛者言耳,謂非近於消極,不可得也。

墨子之文學

　　文學一名,函廣狹二義。自狹義言之,惟韻文乃得有是名。自廣義言之,則一切著於文字者皆文學之範圍也。墨子法夏尚質,其書亦樸質少文;故今茲命名,當從廣義。

　　墨子之文體,可分七類。《親士》,《修身》,《所染》,《法儀》,《七患》,《辭過》,《三辯》等為一類。蓋墨子之言,而墨子之徒附益潤飾之者也。《上賢①》,《尚同》,《兼愛》,《非攻》,《節用》,《節葬》,《天志》,《明鬼》,《非樂》,《非命》,《非儒》等為一類。蓋墨子演說之詞,而墨子之徒所隨地記錄者也。《經》為一類。蓋墨子所自著,以授諸其徒者也。《經說》為一類。蓋墨子之徒所著以釋《經》者也。《大取》,《小取》為一類。蓋墨子之徒,總聚墨學之大恉者也。《耕柱》,《貴義》,《公孟》,《魯問》,《公輸》為一類。蓋墨子弟子所記墨子言行之實錄也。《備城門》,《備高臨》,《備梯》,《備水》,《備突》,《備穴》,《備蛾傅》,《迎敵祠》,《旗幟》,《號令》,《雜守》等為一類。蓋墨子之遺法,

---

① 孫詒讓於《尚賢上》篇題下云:"《經典釋文·敘錄》引鄭康成《書贊》云:'尚者上也。'《淮南子·氾論訓》云'兼愛、上賢、右鬼、非命,墨子之所立也,而楊子非之。'《漢書·藝文志》亦作'上賢'。"尚與上同。

而其徒記述增益之者也。

是故第一類為論說體；第二類為演講體；第三類為經體；第四類為傳注體；第五類為書序體；第六類為列傳體；第七類為雜記體。

諸體之中，論說體文頗華麗；演講體文最平實；經體傳體最奇奧；序體最嚴整；記體亦簡潔。

論說體似古文；演講體如近日講義；經傳體如科學之定義定理，序體如學說提要。

墨子之文雖質樸少華，然亦往往用韻。如《親士篇》云：

臣下重其爵位而不言，近臣則喑（yīn，通"瘖"，不能言），遠臣則唫（同"吟"，歎息），怨結於民心；諂諛在側，善議障塞。

蘇時學云："喑唫心為韻，側塞為韻。"《親士篇》又云：

今有五錐，此其銛（xiān，鋒利），銛者必先挫；有五刀，此其錯（磨也，畢沅云：言磨錯之利），錯者先靡（通"磨"，即"磨"字，銷磨也，孫詒讓說）。是以甘井近竭，招木（招，與"喬"音近，畢沅說。喬木，高的樹木）近伐，靈龜近灼，神蛇近（上四"近"皆"先"字誤，俞樾說）暴（同"曝"，曬）。

畢沅云："挫靡為韻，靡字麻聲；竭伐為韻。"《所染篇》云：

染於蒼則蒼，染於黃則黃。

蒼黃為韻。《七患篇》云：

以七患居國,必無社稷;以七患守城,敵至國傾;七患之所當,國必有殃。

畢沅云:"國稷為韻,城傾為韻,當殃為韻"。《七患篇》又云:

凡五穀者民之所仰(依賴)也,君之所以為養也。故民無仰,則君無養;民無食,則不可事。故食不可不務也,地不可不力也,用不可不節也。

畢沅云:"仰養為韻,食事為韻,力節為韻"①,凡此皆音韻鏗鏘,可歌可誦者也。然此猶可謂墨子之徒所增益之文。而非墨子之本言也。《尚賢上篇》云:

故古者堯舉舜於服澤(地名,孫詒讓疑即"負夏")之陽,授之政,天下平;禹舉益②於陰方(畢沅云:"未詳其地。")之中,授之政,九州成;湯舉伊尹③於庖廚之中,授之政,其謀得。文王舉閎夭泰顛於罝罔之中,授之政,西土服。

蘇時學云:"成與平為韻,服與得為韻。"《尚賢上篇》又云:

---

① "力",畢本作"立",云"立、節為韻。"孫詒讓案:"畢本譌,今據《道藏》本及明刻本正。"王念孫云:"畢說非也。古音'立'在緝部,'節'在質部,則立、節非韻。原本'立'作'力','力'在職部,力、節亦非韻。"

② 益,即伯益,傳說為皋陶(yáo)子,助禹治水有功,後被選為禹的繼承人。《古本竹書紀年》記載"益干啓位,啓殺之",上博簡《容成氏》也說"啓於是乎攻益自取",但《史記·夏本紀》等的記載卻說啓賢,諸侯皆去益朝啓。兩說可謂不同。

③ 伊尹,名伊,尹是官名,古書中也稱保衡、阿衡,商湯大臣,助湯滅夏。傳說廚師出身,是湯妻的陪嫁奴隷。

名立而功成，美章(通"彰")而惡不生。

成生為韻。此則墨子演講之文，而音韻鏗鏘猶如此，亦可以
見墨子之工於文，故其言如此；且猶可以見其記錄者非盡不工於
文者矣。又如《太平御覽》所引有"天地所包，陰陽所嘔，雨露所
濡，以生萬殊；翡翠瑋珺碧玉珠，文采明朗澤若濡，摩而不玩，久
而不渝"(卷七百五十二)等語，文益華麗，蓋如四言七言詩矣。然
此恐誤引《淮南》之文(見《淮南子·泰族訓》)，非《墨子》所宜
有也。

其用字有甚古者，如《所染篇》云：

五入必而已，則為五色矣。

此"必"字即畢盡之畢之古本字。孫詒讓謂：當讀作"畢"。《說
文·攴部》之攺，乃借畢為必後起之本字也。用必字之古本義，
古書中亦所罕見。詳見本書歷代墨學述評。茲暫從略焉。又如
《天志中篇》云：

雷降雪霜雨露。

此"雷"字用之甚奇。故王念孫以為"義不可通，'雷'蓋
'賈'字之誤，'賈'與'隕'同。"而不知"雷"亦"賈"也，"賈"亦
雷也。《說文·雨部》，賈下云："齊人謂雷為賈，从雨，員聲。"雷
本作靁，籀文作𩅜。《說文》云："靁閒有回，靁聲也。"[1]蓋回員雙
聲，回从重口(wéi)，口回聲同，員从口聲，員讀如云。故雷賈同字。他

---

① 《說文·雨部》："靁閒有回。回，靁聲也。"

書以實隕同聲,故假實為隕;則墨子以雷隕雙聲,而假雷為隕;其
例一也。則此文雷字又何誤之有?

此外如用"焉"為"乃","唯毋"為為發聲①,亦他書所少見
者。如《親士篇》云:

> 君必有弗弗之臣(弗通"咈",咈即拂,違也。弗弗之臣,敢於直諫
> 的臣子),下②必有詻詻(同"諤諤",直言爭辯的樣子)之下;分議(異
> 議,李漁叔說)者延延(長也),而攴原誤作"支荀"(支荀二字異說頗多,
> 孫詒讓謂"交儆"誤,交相儆戒也)者詻詻,焉可以長生保國。

《兼愛上篇》云:

> 聖人以事③天下為事者也,必知亂之所自起,焉能知④
> 之;不知亂之所自起,則不能治。

此等"焉"字,王念孫父子均以下屬為句,訓為乃字。《尚賢
中篇》云:

> 古者聖王唯毋得賢人而使之。

《尚賢下篇》云:

> 今唯毋以尚賢為政其國家百姓。

---

① 原文如此,據下文似應為"'唯毋'之'毋'為發聲"。
② 《閒詁》"下"作"上",當據改。
③ 《閒詁》"事"作"治",當據改。下文亦引,不誤。
④ 《閒詁》"知"作"治",當據改。下文亦引,不誤。

《尚同中篇》云：

> 上唯毋立而為政①國家，為民正長。

書中"唯毋"二字連用甚多，茲不多舉。王念孫云：毋語詞，本無意義，其字或作無；孟康②注《漢書·貨殖傳》曰：無發聲助也。柱謂"唯毋"猶"唯"也。唯無雙聲，長言為"唯毋"，短言為"唯"。或為"毋"。"毋"古通"無"。凡《詩》之"無念爾祖"（《大雅·文王》），"無淪胥以敗"（《小雅·小旻 mín》）之"無"，均猶"唯"也。

又有極合今日方言者。如《非命下篇》云：

> 雖昔者三代暴王桀紂幽厲之所共扰(yǔn)其國家，傾覆其社稷者，此也。

王念孫謂"共當是失字之誤"，是也。《墨子》書言失扰，今吾鄉方言有扰失之語，其義一也。《說文》云："扰，有所失也。"（《手部》）《尚賢中篇》云：

> 若昔者伯鯀帝之元子③，廢帝之德庸，既乃刑之於羽之

---

① 《閒詁》"政"下有"乎"字，當據改。
② 孟康：字公休，三國魏安平廣宗（今河北廣宗）人。魏文帝黃初（220-226）中，以外戚拜散騎侍郎。魏齊王曹芳正始（240-249）中，出為弘農（今屬河南）太守。嘉平（249-254）末，入為中書令。著有《漢書音義》（唐時就已散佚）等。
③ 鯀，據《史記·夏本紀》，他是禹的父親，顓頊的兒子。其人違命毀族，堯受群臣之薦命鯀治水，九年不成。舜行天子之政，殺之於羽山。此處"帝之元子"之"帝"，具體指誰因傳說不同存在不同說法。《漢書·律曆志》云："顓頊五世而生鯀。"《山海經·海內經》又說："黃帝生駱明，駱明生白馬，白馬是為鯀。"神話之說不足據。按照《史記·三代世表》"顓頊生鯀"索隱云"舜即顓頊 （转下页）

郊,乃熱照無有及也。

此以熱為日,熱照即日照,今吾鄉方言尚呼日為熱頭也。
其造句亦有甚矜練奇古者。如《天志中篇》云:

　　曆原譌作磨,從王校改。(通"歷",分別,王念孫說) 為日月
　星辰以昭道之;制為四時春秋冬夏以紀綱之;雷降雪霜雨露
　以長遂五穀麻絲,使民得而財用之;列(分也)為山川谿谷播
　(布,畢沅說)賦(通"敷",布也)百事(百官)以臨司民之善否。

此造語長短錯綜,用字何其矜練? 又《明鬼下篇》云:

　　神曰:無懼,帝享女明德,使余錫女壽十年有九。

此"十年有九"一語,比之常語"十有九年",便覺古雅加倍
矣。至於《經》與《經說》,大小《取》等篇,奇險之句,更如行山
陰道上,有應接不暇之勢矣。今以其衍誤者眾,校釋別見拙著
《墨子閒詁補正》,茲不錄焉。至其篇段,亦極有法度,今擇其稍
短者,如《兼愛上篇》,錄之於下,以便論證。
　《兼愛上》第十四:

　　聖人以治天下為事者也,必知亂之所自起,焉能治之;
　不知亂之所自起,則不能治。譬之,如醫之攻(治)人之疾者
　然,必知疾之所自起,焉能攻之;不知疾之所自起,則弗能

<hr>

（接上頁注③）六代孫",結合《漢書》,鯀為舜伯叔輩,此處帝指舜,而"元子"或
即長董之意。（張純一《墨子集解》說）

攻。治亂者何獨不然,必知亂之所自起,焉能治之;不知亂之所自起,則弗能治。聖人以治天下為事者也,不可不察亂之所自起。當(通"嘗",試也)察亂何自起?起不相愛。臣子之不孝君父,所謂亂也。子自愛不愛父,故虧父而自利;弟自愛不愛兄,故虧兄而自利;臣自愛不愛君,故虧君而自利。此所謂亂也。雖父之不慈子,兄之不慈弟,君之不慈臣,此亦天下之所謂亂也。父自愛也,不愛子,故虧子而自利;兄自愛也,不愛弟,故虧弟而自利;君自愛也,不愛臣,故虧臣而自利;是何也?皆起不相愛。雖至天下之為盜賊者,亦然。盜愛其室不愛其異室,故竊異室以利其室;賊愛其身,不愛人身。据俞說增①。故賊人身以利其身;此何也?皆起不相愛。雖至大夫之相亂家,諸侯之相攻國者,亦然。大夫各愛其家,不愛異家,故亂異家以利其家;諸侯各愛其國,不愛異國,故攻異國以利其國:天下之亂物(事也,孫詒讓說)具此而已矣。察此何自起?皆起不相愛。若使天下兼相愛,愛人若愛其身,猶有不孝者乎?視父兄與君若其身,惡(wū)施不孝?猶有不慈者乎?視弟子與臣若其身,惡施不慈?故不孝不慈亡有。猶有盜賊乎?故視人之室若其室,孫云:"'故'字疑衍。"柱按:"故"與"夫"同。誰竊?視人身若其身,誰賊?故盜賊亡有。猶有大夫之相亂家,諸侯之相攻國者乎?視人家若其家,誰亂?視人國若其國,誰攻?故大夫之相亂家,諸侯之相攻國者亡有。若使天下兼相愛,國與國不相攻,家與家不相亂,盜賊無有,君臣父子皆能孝慈,若此則天下治。故聖人以治天下為事者,惡得不禁惡而勸愛?故天下兼相愛則治,交相惡則亂。故子墨子曰:不可以不勸

---

① 所增為"不愛人身"及"故賊人身"之兩"身"字。

愛人者,此也。

此在墨子為短篇文字,最為有法度之文。茲分段說之如下:

(一) 自"聖人以治天下為事者也"至"則弗能治"。

此一段為一篇之綱領,標出欲治必先明其致亂之原,而後有治之之術。

(二) 自"聖人以治天下為事者也",至"天下之亂物具此而已矣。察此何自起? 皆起不相愛"。

此一段說出致亂之原,由於不相愛。

(三) "若使天下兼相愛"至末。

此一段說出兼愛為治之之術。其法度謹嚴如此。末一段分數節,結構亦甚新,茲分錄如下:

> 猶有不孝者乎? 視父兄與君若其身,惡施不孝? 猶有不慈者乎? 視弟子與臣若其身,惡施不慈? 故不慈不孝亡有。
>
> 猶有盜賊乎? 故同"夫"視人之室若其室,誰竊? 視人身若其身,誰賊? 故盜賊無有。
>
> 猶有大夫之相亂家,諸侯之相攻國者乎? 視人家若其家,誰亂? 視人國若其國,誰攻? 故大夫之相亂家,諸侯之相攻國者亡有。

每節以猶有ムム(同某某)乎問起,下乃答之,格亦特創。

至墨子立說之根本,及其方法,墨子亦嘗自言之。如《非命上篇》云:

> 故言必有三表(儀,準則,孫詒讓說)。何謂三表? 子墨子

曰：有本(謂考其本始，孫詒讓說)之者，有原(謂察度其事故，孫詒讓說)之者，有用(實踐，王煥鑣說)之者。於何本之？上本之於古聖王之事。於何原之？下原察百姓耳目之實。於何用之？廢孫云廢讀為"發"以為刑政，觀其中國家百姓人民之利。此所謂三表也。

此三表或以擬於印度之三支法：謂本之，即聲量；原之，即現量；用之，即比量。今姑勿具論。然吾謂第一表是觀察歷史；第二表是考察民情；第三表是驗之當今。墨子立論之法，大約不外此三者。如《兼愛下篇》云：

今若夫兼相愛交相利，此自先聖六王①者親行之。何以知先聖六王之親行之也？子墨子曰：吾非與之並世同時，親聞其聲，見其色也。以其所書於竹帛，鏤於金石，琢於槃盂，傳遺後世子孫者知之。《泰誓》曰：文王若日若月，乍照光于四方，于西土；即此言文王之兼愛天下之博大也。譬之日月兼照天下之無有私也。即此文王兼也。雖(通"唯"，孫詒讓說)子墨子之所謂兼者，於文王取法焉。下尚引禹湯武王之兼，茲從略。

此第一表所謂"本之之法，上本之古者聖王之事"者也。又云：

當今之時，天下之害孰為大？曰：若大國之攻小國也，

① 孫詒讓云："下文止有四王，此'六'疑'四'篆文之譌，下同。"吳毓江云："《非命下篇》有'先聖大王'，此'六王'疑'大王'之譌。下同。"從古文字寫法看，大、六相對形更近，戰國楚文字中有訛書者，吳說較長。

大家之亂小家也，強之劫弱，眾之暴寡，詐之謀愚，貴之敖
賤，此天下之害也。又與(如，王念孫說)為人君者之不惠也，
臣者之不忠也，父者之不慈也，子者之不孝也，此又天下之
害也。又與今人之賤人，執其兵刃毒藥水火以交相虧賊，此
又天下之大害也。姑嘗本原若眾害之所自生，此胡自生？
此自愛人利人生與？即必曰非然也；即必曰從惡人(惡，wù。
惡人，憎恨人)賊人(殘害人)生。

此第二表所謂"原之之法，下察百姓耳目之實"者也。
又云：

　　　且焉有善而不可用者？姑嘗兩而進之。誰("誰"為
"設"誤，王引之說)以為二士，使其一士者執別，使其一士者
執兼。是故別士之言曰：吾豈能為吾友之身若為吾身？為
吾友之親若為吾親？是故退睹其友，飢即不食，寒即不衣，
疾病不侍養，死喪不葬埋。別士之言若此，行若此。兼士之
言則不然，行亦不然，曰：吾聞為高士於天下者，必為其友之
身若為其身，為其友之親若為其親，然後可以為高士於天
下；是故退睹其友飢即食之，寒則衣之，疾病侍養之，死喪葬
埋之：兼士之言若此，行若此。若之二士者，言相非而行相
反與？當(通"嘗"，孫詒讓說)使若之二士者，言必信，行必
果，使言行之合，若符節也，無言而不行也；然即敢問今有平
原廣野於此，被甲嬰(繫在頸上)冑，將往戰，死生之權，未可
識也；又有君大夫之遠使於巴越齊荊①，往來及否，未可識

---

① 王煥鑣云："巴：古國名，其地在今四川東部和湖北西部一帶。越：古國名，其地
域在今浙江北部，以及江蘇、安徽、江西部分地區。齊：古國名，其地在今山東北
部、東部等區域。荊：楚國。其地在今湖南湖北地區。"

也;然即敢問不識將惡也。俞云:"'惡'下脫'從'字。"家室,奉
承親戚,提挈妻子,而寄託之,不識於兼之有是乎? 於別之
有是乎? 我以為當其於此也,天下無愚夫愚婦,雖非兼之
人,必寄託之於兼之有是也。

此第三表所謂"用之之法,發為刑政,觀其中國家百姓人民
之利"者也。

此三表蓋為墨子學說成立之要素。

且墨子立論,又最重知類。《公輸篇》云:

> 公輸盤曰:"夫子何命焉為?"子墨子曰:"北方有侮臣,
> 願藉子殺之。"公輸盤不說。子墨子曰:"請獻十金。"公輸
> 盤曰:"吾義固不殺人。"子墨子起再拜曰:"請說之:吾從北
> 方聞子為梯,將以攻宋。宋何罪之有? 荊國有餘於地,而不
> 足於民;殺所不足,而爭所有餘,不可謂智。宋無罪而攻之,
> 不可謂仁。智而不爭,不可謂忠。爭而不得,不可謂強。義
> 不殺少而殺眾,不可不①謂知類(懂得事物間類比的關係)。"公
> 輸盤服。

"知類"二字,實為墨子立論之要道。其非攻立論,即本於
此。今錄其《非攻上》篇。

《非攻上》第十七

> 今有一人,入人園圃,竊其桃李;眾聞則非之,上為政者
> 得則罰之;此何也? 以虧人自利也。至攘(盜也)人犬豕雞

---

① 《閒詁》無"不"字,衍。

豚者,其不義又甚入人園圃,竊桃李;是何故也? 以虧人愈多,其不仁茲甚,罪益厚。至入人欄廄,取人馬牛者,其不仁義又甚攘人犬豕雞豚;此何故也? 以其虧人愈多;苟虧人愈多,其不仁茲甚,罪益厚。至殺不辜人也,扡(同"拖")其衣裘,取戈劍者,其不義又甚入人欄廄,取人牛馬;此何故也? 以其虧人愈多;苟虧人愈多,其不仁茲甚矣,罪益厚。當此天下之君子,皆知而非之,謂之不義。今至大為攻國則弗知非,從而譽之,謂之義;此可謂知義與不義之別乎? 殺一人謂之不義,必有一死罪矣。若以此說往,殺十人,十重不義,必有十死罪矣。殺百人,百重不義,必有百死罪矣。當此天下之君子,皆知而非之,謂之不義。今至大為不義攻國,則弗知非,從而譽之,謂之義。情(通"誠",王念孫說)不知其不義也,故書其言以遺後世。若知其不義也,夫奚說書其不義以遺後世哉? 今有人於此,少見黑曰黑,多見黑曰白,則以此人不知黑白之辯矣;少嘗苦曰苦,多嘗苦曰甘,則以此人為不知甘苦之辯矣。今小為非則知而非之,大為非攻國則不知非,從而譽之,謂之義,此可謂知義與義之類①乎? 是以知天下之士君子也,辯義與不義之亂也。

此文以小類大,次第推廣。其言攻戰侵略之罪,可謂著明極矣。古來之開國帝王,其能逃於此乎? 世之持侵略主義之國家,其能外於此乎。至其所載之神話,尤有文學之價值。茲節錄二則,如下:

《明鬼下篇》云:

昔者,宋文君鮑之時,有臣曰,祐觀辜,固嘗從事於厲。祩子杖揖出與言曰:"觀辜,是何珪璧之不滿,度量酒醴粢

─────────

① 《閒詁》"類"作"辯",當據正。

盛之不淨潔也？犧牲之不全肥，春秋冬夏選失時，豈女之為
與？意鮑為之與？”觀辜曰：“鮑幼弱，在荷繈之中，鮑何與
識焉？宦臣觀辜特為之。”袾子舉揖而藁之，殪之壇上。①

《耕柱篇》云：

　　昔者，夏后開使蜚廉(“蜚”亦作“飛”。蜚廉，啓臣，與商紂
時蜚廉非一人)折金(摘 tī 金，王念孫說，謂開發金屬礦藏)於山
川，而陶鑄之於昆吾(古國名，故址在今河南濮陽東)。是以使
翁難雉乙卜於白若之龜，曰：“鼎成三足而方，不炊而自烹，
不舉而自臧(通‘藏’)，不遷而自行。”以祭於昆吾之虛，上鄉
(畢沅注：“疑同尚饗”，祭祝之辭，意思是鼎成請神來享用祭品)。
乙又言兆之由(通“繇”，zhòu，孫詒讓說。指說出卦兆上面的占
辭)，曰：“饗矣。逢逢(通‘蓬蓬’，盛貌)白雲，一南一北，一西
一東；九鼎既成，遷於三邦。”原作“國”，誤。邦東韻。劉師培
說。夏后失之，殷人受之；殷人失之，周人受之。

　　凡此皆富有文學之精神者也。至於所引《經傳》，存遺佚於
千百；於經學、文學，均大裨益，詳見《墨子之經學》篇，茲不重
陳。請進而略論墨子之文，與後世文學之關係焉。
　　夫吾國文體，大別之不外韻文散文二種。韻文之極，首推
蕭②《選》。唐後散文，首推韓柳③。茲略為摘錄以見墨子之書，

---

① 　字詞注釋參《墨子之經學》《春秋》部分。
② 　蕭統(501-531)：字德施，小字維摩，南蘭陵(今江蘇常州西北)人。梁武帝天監
　　元年(502)，立為皇太子。以諡曰“昭明”，故世稱昭明太子。南朝梁文學家，主
　　持編撰《文選》(又叫《昭明文選》)三十卷，另有《昭明太子集》。《梁書》有傳
　　(《列傳第二·昭明太子》)。
③ 　即韓愈、柳宗元。韓愈(768-842)：字退之，河陽(今河南孟縣西)人。自謂郡望
　　昌黎，世謂韓昌黎。德宗貞元八年(792)進士。歷官監察御史、兵部 (轉下頁)

衣被後代文學之大焉。

　　慕唐虞之茅茨；思夏后(夏禹)之卑室。張平子(張衡)《東京賦》注："善①曰：《墨子》曰：堯舜茅茨不剪，采(柞木)椽(chuàn)不刊。(見畢沅《墨子佚文》)《論語》云：禹卑宮室，而盡力於溝洫(溝渠，這裡指農田水利，楊伯峻《論語譯注》說)也(《泰伯》)。"

　　上下(上謂君，下謂臣)通情，式宴且盤(樂)。同上注："善曰：《墨子》曰：古者，聖王惟能審以上同，是故上下通情(《尚同中》)。"

　　總集瑞命，備至嘉祥(神)。同上注："善曰：《墨子》曰：禹親抱天之瑞命也(《非攻下》)。"

　　鑒茅茨於陶唐；察卑宮於夏禹。左太沖②《魏都賦》注："善曰：《墨子》曰：堯舜茅茨不剪。《論語》曰：禹卑宮室。"

　　風無纖埃(微塵)；雨無微津(潤，濕)。同上注："善曰：《墨子》曰：聖王作為宮室，邊足以御風寒，上足以待露(《辭過》)。"

　　公輸荒其規矩；匠石(《莊子·徐無鬼》："匠石運斤成風，聽而斲之")不知其所斲。何平叔③《景福殿賦》注："《墨子》曰：公輸般為雲梯(《公輸》)。"

　　豈徒積太顛(周文王時名臣)之寶貝，與隋侯之明珠④。

(接上頁注③)侍郎等。有《昌黎先生集》。柳宗元(773-819)：字子厚，河東(今山西永濟)人，世稱柳河東。貞元九年進士，應博學鴻詞科及第，授校書郎，調藍田尉，升監察御史里行。曾做永州、柳州刺史，也稱柳柳州。有《柳河東集》。

① 李善(約630-689)：唐江都(今江蘇揚州)人。高宗時曾任崇賢館學士、蘭臺郎等職。注《文選》。

② 左思：字太沖，西晉齊國臨淄(今山東淄博東北)人。官秘書郎。作《詠史》、《三都賦》(《蜀都賦》、《吳都賦》、《魏都賦》)等，後人輯有《左太沖集》。

③ 何晏(190-249)：字平叔，三國魏南陽宛(今河南南陽)人。好老莊，始倡玄言。官散騎常侍，遷侍中尚書。被司馬懿所殺。作《道德論》及諸文賦凡數十篇，今佚，有《論語集解》傳世。

④ 隋侯乃春秋姬姓諸侯，他見大蛇被腰斬，便將蛇接在一起，並敷上藥。　(轉下頁)

木玄虛①《海賦》注:"《墨子》曰:和氏之璧,隋侯之珠(《耕柱》)。"

　　結(編織)典籍而為罟(gǔ,網)兮,歐儒墨以為禽。張平子《思玄賦》注:"儒家者述聖道之書也,以仁義為本,以禮樂為用,墨家者強本節用之書也,以貴儉尚賢為用。善曰:墨,墨家流也。"柱按:宋六臣本"儒家"上有"衡曰"二字。

　　於是般匠(公輸般、匠石)施巧;夔妃(二人皆古著名樂家)准法。王子淵②《洞簫賦》注:"《墨子》曰:公輸為雲梯。"

　　於是乃使魯班宋翟,構雲梯,抗(立)浮柱。馬季長(馬融)《長笛賦》注:"翟,墨子之名也。《墨子》曰:公輸般為雲梯垂成,大山四起,所謂善攻具也,必取宋。於是墨子見公輸般而止之(《公輸》)。"

　　南鄰擊鍾磬;北里吹笙竽。左太沖《詠史詩》注:"《墨子》曰:彈琴瑟,吹笙竽(《非樂上》)。"

　　力政吞九鼎;苛虐暴三殤(三代人皆死於猛虎,喻暴政)。謝宣遠③《張子房詩》注:"《墨子》曰:反天意者,力政也(《天志上》)。"

　　蘼蕪(均貧者之食)弗充虛;皮褐(李善注引《淮南子》:"貧人冬則羊裘短褐,不掩形也")猶不全。曹子建④《贈王粲詩》⑤注:"《墨子》曰:古之人其為食也,足以增氣充虛而已(《辭過》)。"

―――――――――

(接上頁注④)後來此蛇口中含珠報答隋侯,此珠便稱為隋侯之珠。
① 木華:字玄虛,廣川(今屬河北)人,為楊駿府主簿。作《海賦》,文甚儁(jùn)麗。
② 王褒:字子淵,西漢犍為資中(今四川資陽)人。漢宣帝時為諫議大夫。《漢書》有傳。
③ 謝瞻(約387-約421):字宣遠,通遠,一名檐,南朝宋陳郡陽夏(今河南太康)人。仕晉官中書侍郎,入宋為豫章太守。文才豐美,與族叔混、族弟靈運俱有盛名。有集已佚。《宋書》有傳。
④ 曹植(192-232):字子建,沛國譙(今安徽亳縣)人。曹操第三子,文帝之弟。年十歲,能屬文。初封東阿王,不久改封陳王,死後諡思,世稱陳思王。現存詩約八十首,原有集三十卷,已散佚。宋人輯有《曹子建集》。
⑤ 詩應為《贈徐幹》。

悲風鳴我側；羲和(神話中日神的禦者)逝不留。曹子建
《贈王粲詩》注：“《墨子》曰：時不可及，日不可留(《墨子佚文》)。”

班匠不我顧，牙曠(伯牙、師曠，與班、匠皆喻執政者)不我
錄。司馬紹統①《贈山濤詩》注：“《墨子》曰：公輸般為雲梯。”

蓋本同末異，楊朱興哀；始素終玄，墨翟垔涕。盧子諒②
《贈劉琨一首并書》注：“《淮南子》曰：楊子見逵路而哭之，為其可以
南，可以北；墨子見練絲而泣，為其可以黃，可以黑。”柱按：墨子有
《所染篇》。又按：正文“**垔**”字宋六臣本作“垂”。

宿昔秉良弓，楛矢(以楛木做杆的箭)何參差。曹子建《白
馬篇》注：“《墨子》曰：良弓難張，然可以及高入深(《親士》)。”

殺身良不易，默默以苟生。石季倫③《王明君辭》注：“《墨
子》曰：哀公迎孔子，席不端不坐，割不正不食。子路曰：何與陳蔡
異？孔子曰：囊與汝為苟生，今與汝為苟義也(《非儒下》)。”

臨樂何所歎，素絲與路歧。曹顏遠④《感舊詩》注：“《淮南
子》曰：楊子見逵路而哭之，為其可以南，可以北；墨子見練絲而泣
之，為其可以黃，可以黑。”

清巵(zhī，酒器)阻獻酬(獻，敬酒；酬，勸酒)；良書限聞見。

---

① 司馬彪(？-約306)：字紹統，西晉宗室。博覽群書，為秘書郎，轉秘書丞。注
《莊子》，作《九州春秋》，撰《續漢書》，北宋以後與南朝宋范曄《後漢書》合刊傳
世。

② 盧諶(284-350)：字子諒，東晉范陽涿(今屬河北)人，盧植五世孫。官散騎常
侍。詩歌方面有《覽古》、《時興》等，撰《祭法》，注《莊子》，有文集，已佚。《晉
書》有傳。

③ 石崇(249-300)：字季倫，西晉渤海南皮(今河北南皮東北)人。初為修武令，累
遷至侍中。永熙元年(290)，出為荊州刺史。詩詞有《思歸引》、《楚妃嘆》等。
《晉書》有傳。

④ 曹攄(？-308)：字顏遠，西晉譙國譙縣(今安徽亳縣)人。歷官臨淄、洛陽令。
惠帝末，任襄陽太守，復為高密王司馬略左司馬，鎮壓流民起義，敗死。少好學，
工詩賦，原有集，已佚。

謝玄暉①《和伏武昌登孫權故城詩》注:"《墨子》曰:墨子獻書惠王,
惠王受而讀之,曰良書也(《貴義》)。"柱按:宋六臣本"墨子"下無
"曰"字。

於是構雲梯,陟崢嶸(高峻處)。張景陽②《七命》注:"《墨
子》曰:公輸般為雲梯,必取宋。"

圓案(圓形托盤)星亂(陳列繁多);方丈華錯(華美而雜
錯)。同上注:"《墨子》曰:美食方丈,目不能徧視,口未能徧味也
(《辭過》)。"柱案:宋六臣本"墨子"下無"曰"字。

却馬於糞車之轅;銘德於昆吾之鼎。同上注:"《墨子》曰:
昔夏開使飛廉採金於山,以鑄鼎於昆吾(《耕柱》)。"柱案:宋六臣本
無"曰"字。

永念畫冠;緬追刑厝(置刑法而不用)。王元良③《永明九年
策秀才文》注:"《墨子》曰:畫衣冠異章服謂之戮,上世用戮而民不犯
(《墨子佚文》)。"

昔宋臣以禮樂為殘賊;漢主(漢宣帝)比文章於鄭衛。王
元良《永明十一年策秀才文》注:"宋臣墨翟也,孫卿子曰:樂也者,和
之不可變者也,禮也者,理之不可易者也。墨子非之幾遇刑也,墨子
賤禮樂而貴勇力,貧則為盜,富則為賊,治世反是。(《荀子·樂
論》)"柱按:宋六臣本"遇"作"過"。

故慈父不能愛無益之子;仁君不能畜無用之臣。曹子
建《求自試表》注:"《墨子》曰:雖有賢君,不愛無功之臣;雖有慈父,

---

① 謝朓(464-499):字玄暉,陳郡陽夏(今河南太康)人,官宣城太守。建武五年
(498),告發岳父謀反,遷尚書吏部郎。長五言詩,後人輯有《謝宣城集》。
② 張協:字景陽,西晉安平(今屬河北)人。與其兄張載和其弟張亢合稱"三張"。
曾任公府掾,累遷至河間內史。所作《七命》,世以為工。明人輯有《張景
陽集》。
③ "王元良"應作"王元長",即王融(467-493):字元長,南朝齊文學家,琅琊臨沂
(今山東臨沂)人。少舉秀才。由竟陵王蕭子良舉為法曹行參軍,遷太子舍人、
秘書丞、寧朔將軍等。原有集十卷,已佚,明人輯有《王寧朔集》。

不愛無用之子(《親士》)。"

身被輕煗(nuǎn);口厭百味。同上注:"《墨子》曰:衣服之法,冬則練白之中,足以為輕且煗(《辭過》)。"

日月稱其明者以無不照;江海稱其大者,以無不容。曹子建《求通親親表》注:"《墨子》曰:江河不惡小谷之滿己也,故能大(《親士》)。"

今陛下致昆山之玉,有和隋之珠(和:指和氏璧,楚人卞和在山中發現的一塊寶玉;隋:指隋侯之珠)。李斯《上秦始皇書》注:"《墨子》曰:和氏之璧,隋侯之珠。"柱案:正文"和隋"宋六臣本作"和氏"。

銘功景鍾①(晉景公之鐘);書名竹帛。楊德祖②《答臨淄侯牋》注:"《墨子》曰:以其所獲,書於竹帛,傳遺後世子孫也(《天志中》、《明鬼下》有相似語)。"

雖累繭救宋;重胝(zhī,厚皮,累繭與重胝義同)存楚。任彥昇③《百辟勸進今上牋》注:"《戰國策》曰:公輸般為楚設機械,將以攻宋。墨子聞之,百舍重繭,往見公輸般,輸般服焉。請見之王,王曰:善哉,請無攻宋。"柱案:事見《墨子·公輸篇》。

夫墨子之守,縈帶(繞衣帶)為垣(城牆),高不可登;折箸(zhù,筷子)為械,堅不可入。陳孔璋④《為曹洪與魏文⑤書》注:

---

① 春秋時秦晉交鋒,晉將魏顆以其身擊退秦軍,俘獲秦將杜回,其功刻於晉景公鐘上。

② 楊修(175-219):字德祖,東漢末弘農華陰(今屬陝西)人。好學能文,任丞相曹操主簿。原有集,已失傳。今存作品七篇。

③ 任昉(460-508):字彥昇,小名阿堆,南朝梁樂安博昌(今山東壽光)人。仕齊官尚書殿中郎等職。入梁為御史中丞,秘書監。著有文集三十四卷,已佚,明人輯有《任彥昇集》。

④ 陳琳(?-217):字孔璋,東漢末廣陵(今江蘇揚州)人。建安七子之一。初為大將軍何進主簿。后轉歸曹操,為司空軍謀祭酒,管記室。詩歌有《飲馬長城窟行》等。原有集十卷,已佚。明人輯有《陳記室集》。

⑤ 《文選》"文"下有"帝"字,下同。應據改。

"《墨子》曰:公輸為雲梯,必取宋。於是見公輸,九設攻城之機,墨子九拒之。公輸般之攻械盡,子墨子之守圉有餘。公輸般出而曰:吾知所以距子矣,吾不言。子墨子亦曰:吾知子所以距我者,吾不言之。王問其故,子墨子曰:公輸子之意不過欲殺臣,殺臣,宋莫能守,乃可攻也。然臣之弟子禽滑氂三百人,已持守圉之器在宋城上,而待楚寇矣。雖殺臣不能絕也。楚王曰:善,吾請無攻也(《公輸》)。"柱案:注文"圉"宋六臣本作"圍",無末"也"字。

　　閒(jiàn,近也)自入益部(即益州,蜀地),仰司馬楊王(司馬相如、楊雄、王褒)遺風,有子勝斐然之志(謂心懷富有文采之志向)。陳孔璋《為曹洪與魏文書》注:"《墨子》曰:二三子復於子墨子曰:告子勝仁①。子墨子曰:未必然也。告子為仁,猶跂以為長,偃以為廣,不可久也(《公孟》)。"

　　扶寸肴修,味蹦方丈。應休璉②《與從弟君苗君冑書》注:"《墨子》曰:美食方丈,目不能徧視,口不能徧味。"

　　若使墨翟之言無爽;宣室之談有徵。劉孝標③《重答劉沫陵沼書》注:"《墨子》曰:昔周宣王殺其臣杜伯而不辜。杜伯曰:吾君殺我而不辜,若以死者為無知則止矣,若死而有知,不出三年,必死吾君之期。三年④,周宣王合諸侯而田於圃,車數百乘,從數千人,滿

---

① 此句《閒詁》作"告子勝為仁"。孫詒讓云:"畢云:'《文選》注引,無為字。'蘇云:'勝為仁者,言仁能勝其任也,或以勝為告子名,未知然否?'案:《文選》陳孔璋《為曹洪與魏文帝書》云'有子勝斐然之志',李注引此文釋之,則崇賢似以勝為告子之名。蘇引或說,本於彼。閻若璩《四書釋地又續》引或說,謂告子名不害,字子勝,並無塙證,疑不足據。"

② 應璩(190-252):字休璉,三國南頓(今河南項城西南)人。魏文帝、明帝時,歷官散騎常侍。齊王曹芳即位,遷侍中、大將軍長史。今存《百一詩》等數篇。原有集,已散佚,明人輯有《應休璉集》。

③ 劉峻(458-521或522):字孝標,本名法武。南朝梁平原(今山東平原南)人。梁天監初,召入西省點校秘閣。後為安成王蕭秀引為戶曹參軍。曾為臨川王劉義慶《世說新語》作注,與裴松之《三國志注》、酈道元《水經注》並為南北朝時著名注書。明人輯有《劉戶曹集》。

④ 俞樾《諸子平議》:"'必使吾君知之'絕句,'其'下脫'後'字,本作'其(转下页)

野。日中,杜伯乘白馬素車,朱衣冠,執朱弓,挾朱矢,追宣王,射之車上,中心折脊殪車中,伏弢而死。若書之說而觀之,則鬼神之有,豈可疑哉?(《明鬼下》)"柱按:注文"必死吾君之期","死"字宋六臣本作"使"。

夫上世之士,或解傅①而相(說的是管仲相齊桓公之事),或釋褐而傅。楊子雲②《解嘲》注:"《墨子》曰:傅說被褐帶索庸築傅巖,武丁得之,舉以為三公(《尚賢中》)。"

夫百姓不能自治,故立君以治之;明君不能獨治,則為臣以佐之。袁彥伯③《三國名臣序贊》注:"《墨子》曰:古者同天之義,是故選擇賢者立為天子,天子以其知為未足獨治天下,是以選擇其次,立以為三公。(《尚同下》)"柱按:注文宋六臣本不重"天子"二字。

夫餓饉流隸(流移賤隸),飢寒道路,思有裋褐(裋,shù,襦也;毛布曰褐。裋褐,即粗布短衣)之襲(衣上加衣),擔(謂一擔之重)石(謂一斛 hú 之數)之蓄;所願不過一金,終於轉死溝壑。何則?貧窮亦有命也。班叔皮④《王命論》注:"《墨子》曰:貧富治亂,固有天命,不可損益也(《非儒下》)。"

(接上頁注④)後三年'。《太平御覽》引此文,正作'後三年',但刪'其'字耳。韋昭注《周語》引作'後二年',雖誤'三為二',而'後'字固在,皆可為證。《文選》劉孝標《重答劉秣陵書》注,引作'必死吾君之期',則誤'其'為'期',而屬上讀,且誤'使'為'死',又脫'知'字,文不成義,不足據也。"

① 李善注《文選》"傅"作"縛",《六臣注文選》(《四部叢刊》本)同。

② 楊雄(前53-18):一作揚雄,字子雲,西漢蜀郡成都(今四川成都)人。成帝時,大司馬王音薦,獻《甘泉》、《河東》、《羽獵》、《長楊》四賦。王莽時,任大夫,校書天祿閣。著有《太玄》、《方言》等。明人輯有《楊子雲集》,清人嚴可均《全上古三代秦漢三國六朝文》中所收賦箴等四卷,最為詳備。《漢書》有傳。

③ 袁宏(328-376):字彥伯,小字虎,東晉陳郡陽夏(今河南太康)人。官至東陽郡守。撰《後漢紀》三十卷,另著《竹林名士傳》,已佚。

④ 班彪(3-54):字叔皮,東漢扶風安陵(今陝西咸陽東北)人。東漢初,舉為秀才,授徐令。因病免官,後專心從事史學。因司馬遷《史記》止於漢武帝太初年間,他續作《史記後傳》多篇。其子班固續其業,成《漢書》。

　　夫治亂運也，窮達命也，貴賤時也。李蕭遠①《運命論》注：“《墨子》曰：貧富治亂，固有天命，不可損益。”

　　臣觀管輅②天才英偉，珪璋特秀；實海內之名傑，豈日者卜祝之流乎？劉孝標《辯命論》注：“《墨子》曰：墨子北之齊，過日者。日者曰：帝今日殺黑龍於北方，先生之色黑，不可以北。墨子不聽（《貴義》）。”

　　然所謂命者死生焉，貴賤焉，貧富焉，治亂焉，禍福焉，此十者天之所賦也。劉孝標《辯命論》注：“《墨子》曰：貧富治亂，固有天命，不可損益。”

　　是以耿介之士，疾其若斯；裂裳裹足，棄之長騖（遠走）。劉孝標《廣絕交論》注：“《墨子》公輸欲以楚攻宋，墨子聞之，自魯往，裂裳裹足，十日至郢（《公輸》）。”

　　凶醜（指進攻的氐羌之兵）駭而疑懼，乃闕（通“掘”）地而攻，子（馬敦）命穴（挖穴）浚塹（qiàn，浚塹，深溝），真壺鐳（瓶）瓶甒（wǔ，瓦製酒器）以偵之。潘安仁③《馬汧（qiān）督④誄（lěi）》注：“《墨子》曰：若城外穿地來攻者，宜於城內掘井以薄城，幕覆內井，使聰耳者伏罌而聽，審知穴處，鑿內迎之（《備穴》）。”柱按：注文“掘”字宋六臣本作“堀”，無“幕覆內井”四字，“罌”作罋。

　　以上《昭明文選》所引用《墨子》書之大略也。據金陵書局仿汲古閣本。至於唐韓柳之文，後世所奉為散文之宗師者，其得於墨子亦正不淺。吾嘗作《證韓篇》（載《學術世界》1935 年第 1 卷第 7

---

① 李康：字蕭遠，三國中山（今河北定縣）人。曾任魏尋陽長，有政績。所作《游山九吟》，深得魏明帝讚揚。作品今存《運命論》一篇。
② 管輅（lù，209-256）：字公明，三國魏平原（今山東平原南）人。官少府丞。《三國志·魏書·方技傳》有傳。
③ 潘岳（247-300）：字安仁，西晉滎陽中牟（今河南中牟東）人。舉秀才，曾任河陽令、著作郎、給事黃門侍郎等職。為“二十四友”之首。明人輯有《潘黃門集》。
④ 汧縣（今陝西隴縣南）督首馬敦，西晉扶風郡（今屬陝西）人。

期,1935 年 12 月),茲摘錄其關於墨子者如下:

> 《原道》,古之時,民之害多矣。有聖人者立,然後教之
> 以相生相養之道;為之君,為之師;驅其蟲蛇而處之中土;寒
> 然後為之衣,飢然後為之食;木處而顛,土處而病也,然後為
> 之宮室;為之工以贍其器用,為之賈以通其有無,為之醫藥
> 以濟其夭死,為之葬埋祭祀以長其恩愛,為之禮以次其先
> 後,為之樂以宣其壹鬱,為之政以率其怠勌(同"倦"),為之
> 刑以鋤其強梗(驕橫跋扈);相欺也,為之符璽斗斛權衡以信
> 之;相奪也,為之城郭甲兵以守之;害至而為之備,患生而為
> 之防。

此段蓋自《墨子·辭過篇》化出。茲略舉《墨子》文為對照
如下:

> 古之民,未知為宮室時。就陵阜而居,穴而處,下潤濕
> 傷民,故聖王作為宮室。
> 古之民,未知為衣服時,衣皮帶茭,冬則不輕而溫,夏則
> 不輕而凊;聖王以為不中人之情,故作誨婦人,治絲麻梱布
> 絹以為民衣。
> 古之民,未知為飲食時,素食而分處;故聖王作誨男耕
> 稼樹藝,以為民食。
> 古之民,未知為舟車時,重任不移,遠道不至;故聖王作
> 為舟車,以便民之事。

觀此,則昌黎此段之意,乃馴從墨子改易而出,蓋非誣矣。

《師說》，愛其子擇師而教之；於其身也，則恥師焉，惑
矣。彼童子之師，授之書而習其句讀者，非吾所謂傳其道解
其惑者也。句讀之不知，惑之不解；或師焉，或不焉；小學而
大遺，吾未見其明也。

此文之意，蓋得自《墨子·尚賢下篇》。

　　今天下之士君子，居處言語皆尚賢，逮至其臨眾發令而
治民，莫知尚賢而使能。我以此知天下之士君子明於小而
不明於大也。何以知其然乎？今王公大人有一牛羊之財
(財，同"材"，畢沅說) 不能殺，必索良宰；有一衣裳之財不能
制，必索良工。當王公大人之於此也，雖有骨肉之親，無故
富貴、面目美好者，實知其不能也。不使之也。是何故？恐
敗財也。當王公大人之於此也，則不失尚賢而使能。王公
大人有一罷(同"疲")馬，不能治，必索良醫；有一危弓，不能
張，必索良工。當王公大人之於此也，雖有骨肉之親，無故
富貴、面目美好者，實知其不能也，必不使。是何故？恐其
敗財也？當王公大人之於此也，則不失尚賢而使能。逮其
國家則不然，王公大人骨肉之親，無故富貴、面目美好者則
使之。則王公大人之親其國也，不若其一危弓罷馬衣裳之
財與？我以此知天下之士君子，皆明於小而不知大也。

　　昌黎之意，出自墨子，豈不明甚？惟韓氏化墨子之整以為
奇，化墨子之縣以為簡，而人遂不易看破耳。

　　《師說》，巫醫樂師百工之人，不恥相師；士大夫之族，
曰師，曰弟子云者，則羣聚而笑之。巫醫樂師百工之人，君

子不齒；今其智乃反不相及，其可怪也歟！

此文蓋本於《墨子·法儀篇》，《墨子》云：

百工為方以矩，為圜以規，直以繩，正以縣（xuàn，用繩懸一重物測垂直的工具），無巧工不巧工，皆以此四者為法。“四”原作“五”，據俞說校正巧者能中之；不巧者雖不能中，放（同“仿”）依以從事，猶逾已。故百工從事，皆有法所度。今大者治天下，其次治大國，而無法所度；此不若百工辯（治）也。

韓文以巫醫樂師百工與士君子相較；墨子以百工與治天下國家相較；其文法一也。柳柳州（柳宗元）文之最勝者，莫如《封建論》。其首段云：

彼其初，與萬物皆生；草木榛榛（聚貌），鹿豕狉狉（pī，奔走貌）；人不能搏噬，而且無羽毛，莫克自奉自衛；荀卿有言：必將假物以為用者也（是對《荀子·勸學》“假輿馬者，非利足也，而致千里”等句的高度概括）。夫假物者必爭；爭而不已，必就其能斷曲直者而聽命焉；其智明者所服必眾，告之以直而不改，必痛之而後畏；由是君長刑政生焉。故近者聚而為羣。羣之分，其爭必大；大而後有兵，有德。又有大者，眾羣之長，又就而聽命焉；以安其屬。於是又有諸侯之列。則其爭又有大者焉。德又有大者，諸侯之列，又就而聽命焉；以安其封。於是有方伯連帥之類。則其爭又有大者焉。德又有大者，方伯連帥之類，又就而聽命焉；以安其人。然後天下會於一。是故有里胥而後有縣大夫；有縣大夫而後有諸侯；

有諸侯而後有方伯連帥;有方伯連帥而後有天子。

此文蓋本於《墨子‧尚同篇》,而一反其意。《墨子‧尚同上篇》云:

> 古者民始生未有刑政之時,蓋其語人異義,是以一人則一義,二人則二義,十人則十義。其人茲眾,其所謂義亦茲眾。是以人是其義,而非人之義,故交相非也。是以內者父母兄弟作怨惡,離散不能和合。天下之百姓皆以水火毒藥相虧害;至有餘力不能以相勞,腐朽餘財不能以相分,隱匿良道不以相教。天下之亂若禽獸然。夫明虖天下之所以亂者,生於無政長。是故選天下之賢可者立以為天子;天子立,以其力為未足,又選擇天下之賢可者,置立之以為三公;天子三公既以(通"已")立,以天下為博大,遠國異土之民,是非利害之辨,不可一二而明知。故畫分萬國,立諸侯國君;諸侯國君既已立,以其力為未足,又選擇其國之賢可者,置立之以為正長。

墨子此文,論政府之組織,由天子而有三公諸侯,由諸侯而有里長;柳子厚(柳宗元)則反其意,由眾羣之長而有諸侯,由諸侯而有方伯連帥,由方伯連帥而有天子;約而言之,則墨子由大而小,柳則由小而大而已。然謂柳子厚非先有得於墨子不可也。然則墨子之衣被後世文人,豈淺尠乎?

要而論之,墨子之書,義理最為豐富,其文雖質淺而甚博辯;誠子部中之寶書也。至評論墨子之文者,最古有楚王及田鳩,《韓非子‧外儲說左上篇》云:

　　楚王謂田鳩(田俅子)曰:"墨子者顯學也。其身體則可。其言多而不辯。何也?"曰:秦伯嫁其女於晉公子①,令魯為飾裝,"魯"各本作"晉",據孫詒讓改。從文衣(文采華麗之衣)之媵(yìng,陪嫁的妾)七十人。至晉。晉人愛其妾而賤公女。此可謂善嫁妾而未可謂善嫁女也。楚人有賣其珠於鄭者,為木蘭之櫃(guì,匣子),薰以桂椒各本作"薰以桂椒之櫝",據王先慎②校改(見《韓非子集解》)。綴以珠玉,飾以玫瑰,輯(通"緝"qì,連綴)以羽翠(《藝文類聚》作"翡翠")。鄭人買其櫝(dú,匣子)而還其珠。此可謂善賣櫝矣,未可謂善鬻(yù,賣)珠也。今世之談也,皆道辯說文辭之言,人主覽其文而忘其用。墨子之說,傳先王之道,論聖人之言,以宣告人,若辯其辭則恐忘其用,"用"字據顧校增(見顧廣圻《韓非子識誤》)。直以文害用也,此與楚人鬻珠秦伯嫁女同類。故其言多不辯。

　　此所謂不辯,猶云不文,謂無文飾也。故云:"辯其辭,則恐人懷其文而忘其用也。"《墨子·經上下》,世稱為《墨辯》,《莊子·駢拇篇》,以楊墨為駢於辯;則此之不辯為不文,而非真無辯也可知。由楚王及田鳩之說觀之,足見墨子之文,樸質無華,肖其為人也。楚王田鳩而後,有黃震③。其《黃氏日抄·諸子類》云:

----

① "秦伯嫁女於晉公子"指的是秦穆公將女兒文嬴(懷嬴為媵)嫁給重耳。也見《左傳·僖公二十三年》,但很略。
② 王先慎:字慧英,清末湖南長沙人。王先謙族弟。官藍山縣學訓導。著有《韓非子集解》等。
③ 黃震(1213-1281):字東發,南宋慶元府慈溪(今浙江慈溪東南)人,人稱於越先生。理宗寶祐進士,調吳縣尉,后擢史館檢閱。著有《黃氏日抄》、《古今紀要》、《戊辰修史傳》等。

昌黎嚴於荀楊擇焉未精之辨。何獨恕於墨子似是而非也？墨子之書凡二。其後以論稱者，多衍復；其前以經稱者，善文法；昌黎主文者也，或者一時悅其文而然歟？

由黃氏之說觀之，可見墨子之文之工。更足證吾前說韓文多本於墨子之不誣矣。至明有陳仁錫①，評云：

以尚賢②兼愛為宗，其文滔滔莽莽，一瀉千里，可稱辨才。及讀《攻守》諸篇，敘事錯綜變幻，詰屈聱牙，又何奇也。

然則墨子書在文學上之價值，豈小也邪？

---

① 陳仁錫(1581-1636)：字明卿，號芝台，明末長洲(今江蘇蘇州)人。天啓進士。任編修、經筵講官。著有《四書備考》、《四書語錄》、《重訂古周禮》、《諸子奇賞》(包括《墨子奇賞》)等。
② 《墨子奇賞》"賢"作"同"，當據改。

墨子與諸子之異同

《莊子·天下篇》云：

　　古之人其備乎？配神明，醇天地，育萬物，和天下，澤及百姓，明於本數，係於末度，六通四辟（辟，法也，成玄英疏：“通六合以遨遊，法四時而變化。”），小大精粗，其運無乎不在。其明而在數度者，舊法世傳之史，尚多有之。其在於《詩》《書》《禮》《樂》者，鄒魯之士，搢紳先生（鄒魯之士、搢紳先生，这裡代指儒者）多能明之。《詩》以道志，《書》以道事，《禮》以道行，《樂》以道和。《易》以道陰陽，《春秋》以道名分。其數散於天下，而設於中國者，百家之學，時或稱而道之。天下大亂，賢聖不明，道德不一，天下多得一察（俞樾：察，通“際”。一察，一邊，一端之見）焉以自好；譬如耳目鼻口，皆有所明，不能相通；猶百家眾技也，皆有所長，時有所用。雖然，不該（備）不徧（通“遍”），一曲之士（看問題片面的人）也，判天下之美，析萬物之理。察古人之全，寡能備於天地之美，稱神明之容。是故內聖外王之道，闇（àn）而不明，鬱而不發；天下之人，各為所欲焉以自為方。悲夫！百家往而不反，必不合矣！後世之學者,不幸不見天地之純,古人之大體,道術將為天下裂(分離)。

由此文觀之,可知者二事:

(一) 春秋戰國諸子之學,原或本於《六藝》。

(二) 諸子多得一察以自好,故如耳目鼻口皆有所明,不能相通。

第一事,墨子之於《六藝》,吾於《墨子之經學篇》已論證之矣。今請論第二事,以明墨子與諸子異同之故焉。春秋戰國,諸子之書甚眾,未能盡論。茲舉其犖犖(luò,明顯)大者,如儒之孔,道之老,法之韓,三家與墨家之異同,略而論焉。

墨子之學,出發於《尚書》,孔子之學,出發於《易》;余前已闡明之矣。《易》與《書》各屬《六藝》之一,皆聖人之道。古之《六藝》,雖異於孔子所刪定者。然莊子云:“古之人其備乎? 六通四辟小大精粗,其運無乎不在。”則《六藝》皆古聖人之道,大旨雖或有不同,要必無各立門戶,互相攻伐之理。故孔墨既同出於《六藝》,自必有其相同之處。故韓愈《讀墨子》云:

　　儒譏墨以上同、兼愛、上賢、明鬼;而孔子畏大人,居是邦不非其大夫,《春秋》譏專臣,不上同哉? 孔子汎愛親仁,以博施濟眾為聖,不兼愛哉? 孔子賢賢,以四科(孔門四種科目,德行、言語、政事、文學)進褒弟子。疾沒世名不稱,不上賢哉? 孔子祭如在,譏祭如不祭者,曰:我祭則受福,不明鬼哉? 儒墨同是堯舜,同非桀紂,同修身正心以治天下國家,奚不相悅如是哉? 余以為辯生於末學,各務售其師之說,非二師之道本然也。孔子必用墨子;墨子必用孔子;不相用,不足為孔墨。

韓氏此文,固未嘗不言之成理也。又《漢書·藝文志》云：

> 墨家者流,蓋出於清廟之守;茅屋采椽(以茅覆屋,以柞為椽,形容生活簡樸),是以貴儉;三老五更(古代設三老五更之位,天子以父兄之禮養之),是以兼愛;選士大射,是以上賢;宗祀嚴父,是以右鬼(信鬼神);以孝視天下,是以上同。

然則自劉班此說觀之,墨子之學,蓋又出於《禮》,亦儒家之所重也。孔子曰："吾志在《春秋》,行在《孝經》。"(《孝經緯·鈎命決》)而墨子以"孝視天下",其相同也如此。然而孟子竟斥之曰"無父",豈孟子之說不足信乎?今再觀於墨子之書,《兼愛上篇》云：

> 臣子之不孝君父,所謂亂也。子自愛不愛父,故虧父而自利;弟自愛不愛兄,故虧兄而自利;臣自愛不愛君,故虧君而自利;此所謂亂也。雖父之不慈子,兄之不慈弟,君之不慈臣,此亦天下之所謂亂也。父自愛也,不愛子,故虧子而自利;兄自愛也,不愛弟,故虧弟而自利;君自愛也,不愛臣,故虧臣而自利。

然則父慈,子孝,兄友,弟愛,君仁,臣忠,墨子之道,亦果與孔子同也。然則韓子之言,豈不甚譾·而孟子之言,豈非大妄哉?然吾觀其《法儀篇》云：

> 然則奚以為治法而可?當皆法其父母奚若?天下之為父母者眾,而仁者寡;若皆法其父母,此法不仁也;法不仁,不可以為法。當皆法其學奚若?天下之為學者眾,而仁者

寡；若皆法其學，此法不仁也；法不仁，不可以為法。若皆法
其君奚若？天下之為君者眾，而仁者寡；若皆法其君，此法
不仁也；法不仁，不可以為法。① 故父母，學，君，三者，莫可
以為治法。然則奚以為治法而可？故曰：莫若法天。天之
行廣而無私，其施厚而不德，其明久而不衰，故聖王法之。
既以天為法，動作有為，必度於天；天之所欲，則為之，天之
所不欲則止。

　　此大書特書謂父母學君三者舉不足以為法；則墨子之學，以
出發於《尚書》之故，尊天之過，遂至於知有天而不知有君父；與
儒家之忠孝，所謂"三年無改於父之道"（《論語・學而》），"居是
邦不非其大夫之言"者異矣。
　　嘗試而論之，孔墨同重五倫。然儒家之於五倫，以忠愛為
本；其對於父母也，則《詩》所謂"母氏聖善，我無令人"（《邶 bèi
風・凱風》）二語，足以代表之；其對於君也，則又《詩》所謂"夙夜
匪懈，以事一人"（《大雅・蒸民》）二語，足以代表之；皆所謂反躬
自責，冀君父之感悟者。引而申之，故後儒遂有"天下無不是之
君父"（宋陳埴《木鍾集・孟子》）一語。中國自漢武以後，儒學統
一；故於政體上二千餘年來，絕無發生巨大變化者，其原因實多
基於儒家之忠愛。故為君者而賢，則恆以仁慈待其臣下，一切持
以寬大。加以地大物博，人民易於為善，人鮮犯法，故亦鮮知有
法。此史冊所構成康刑措②，及漢文景，唐太宗之治，蓋不誣也。
於此之時，達官貴人，既極其榮華之樂，而小民亦日出而作，日入
而息，忘帝力於何有；既無所謂政府，安知有所謂專制者哉？及

―――――――――――

① 　以上參《墨子之教育主惝》部分校注。
② 　《史記・周本紀》："成康之際，天下安寧，刑錯四十餘年不用。"

其衰也,暴君在上,肆虐臣民,而其臣民以忠愛之故,亦不忍背叛;即有援旗誓眾,弔民伐罪者,亦祇誅在獨夫,而無尤於政體。蓋人君朝易,而仁暴夕變。故曰:"文武之道,布在方冊;其人存,則其政舉;其人亡,則其政息也。"(《中庸》十九章)故中國古來之政體,雖為君主政體,實無所謂專制與不專制也。誠如是,故古來學者,咸無廢除君主政體之理想矣。

然假若中國而早行墨子之道,則必不如是。政體必當早有變革,何也? 蓋墨子以尊天之故,遂不得不卑其君父,而為尚同之說,以上同於天為極軌。《尚同中篇》云:

> 里長順天子政而一同其里之義。里長既同其里之義,率其里之萬民以尚同乎鄉長,曰:凡里之萬民,皆尚同乎鄉長,而不敢下比。鄉長之所是,必亦是之;鄉長之所非,必亦非之;去而不善言,學鄉長之善言;去而不善行,學鄉長之善行。鄉長固鄉之賢者也。中略。有率其鄉之萬民以尚同乎國君,曰:凡鄉之萬民,皆上同乎國君,而不敢下比。國君之所是,必亦是之;國君之所非,必亦非之;去而不善言,學國君之善言;去而不善行,學國君之善行。國君固國之賢者也。中略。有率其國之萬民以尚同乎天子,曰:凡國之萬民,上同乎天子而不敢下比。天子之所是,必亦是之;天子之所非,必亦非之。去而不善言,學天子之善言,去而不善行,學天子之善行。天子者固天下之仁人也。中略。夫既尚同乎天子,而未上同乎天者,則天菑將猶未止也。

此文約而言之,即謂萬民皆當上同而不敢下比。上所是必是之,上所非必非之。是非悉以上為準,而下乃無是非之權者也。此其專制為何如邪? 然猶可曰賢也;猶可曰上同於天也。

然而墨子之學，以兼愛之故，勢不能不重實利。實利重則忠愛奪。故《公孟篇》云：

> 公孟子曰：「三年之喪，學吾子之慕父母。」子墨子曰：夫嬰兒子之知，獨慕父母而已。父母不可得也。然號而不止，此其故何也？即愚之至也。然則儒者之知，豈有賢於嬰兒子哉？

是忠愛之薄，墨子既自教之矣。夫好利自私，生物之恆情也。日以仁義之說矯之，猶恐不勝；今乃以薄於忠愛之人，率為實利之是務；墨子雖欲其兼愛，勢亦有不可得者矣。於是上自天子，下至百姓，皆為己而競其實利。墨子雖有上同於天之說，然天之賞罰，本至茫杳而無稽。故天子上同於天之事，不過理想之空談；而天子國君，大權在握，其使民上同之實，乃根深柢固而不可移矣。如是則上肆其專制之威，而下奮其爭利之念；上之壓力愈重，下之痛苦愈甚，而反抗之力乃愈猛；故人人咸感受專制政體之不良，而思有以革除之。而墨子之說，又嘗倡言人君不足以為法，是固使其民富有革命之思想者也。則政體之革命，安能免乎！故曰假使中國而早行墨道，政體必早已有所改變者，此也吾嘗謂墨子以尊天而卑父母，與耶教相近。觀近世歐洲各國政體之改革，或可知吾之假說為不誣矣。

約而言之，孔墨之異，在墨本於天，孔本於父母。故儒家以孝治天下，人民視君如父母，賢君視民如赤子；其治重情感，故利害之計較不甚明，而變化不生。墨家則不然，本之於天而天本無情感者也；故重實利而情感薄，故利害之計較嚴，而變化易起。故孔墨同言孝，同言愛，同言賢，而趨向各各不同，蓋出發之點殊也。

　　若夫老墨之同異,亦有可得言者。司馬談稱"墨者彊本節用,家給人足之道"(《論六家要旨》)。而《漢書》稱道家"清虛以自守,卑弱以自持"(《藝文志》)。蓋自表面觀之,墨近於積極主義,而老近於消極主義,此其異之較然易知者也。然吾嘗求其說亦多有同者焉。如《老子》第六十七章云:

　　　　我有三寶,持而保之:一曰慈,二曰儉,三曰不敢為天下先。

　　此老子之慈,即墨子之兼愛也。老子之儉,即墨子之節用也。老子之不敢為天下先,即墨子之非攻也。此非言之偶同而已也。《道德經》第八章云:

　　　　上善若水,水善利萬物而不爭。

　　第三十章云:

　　　　以道佐人主者,不以兵強天下。師之所處,兵革生焉。大軍之後,必有凶年。

　　第三十一章云:

　　　　夫佳兵者不祥之器,物或惡之,故有道者不處。

　　第四十九章云:

　　　　聖人無常心,以百姓之心為心;善者吾善之,不善者吾亦善之。

第五十三章云：

> 朝甚除（王弼注：“朝，宮室也。除，潔好也。”一説除猶廢，言
> 朝政不舉而廢弛也；一説除借爲“污”，言朝廷非常污穢、敗壞。），田
> 甚蕪（蕪，田地荒廢），倉甚虛，服文綵，帶利劍，厭飲食，財貨
> 有餘；是謂盜夸。

第八十一章云：

> 天之道利而不害，聖人之道為而不爭。

諸如此類，均足以見老子之兼愛節用非攻之宗旨，與墨子同
也。即其立言最相反者，如老子云：“不上賢，使民不爭。”（《老
子》第三章）而墨子乃大倡尚賢之旨，固似甚戾矣。然章炳
麟①云：

> 老聃不尚賢，墨家以尚賢為極，何其言之反也？循名
> 異，審分同矣。老之言賢者，謂名譽談說才氣也。墨之言賢
> 者，謂材力技能功伐也。不尚名譽，故無朋黨；不尊談說，故
> 無游士；不貴才氣，故無驟官。然則材力技能功伐舉矣。
> （《國故論衡·原道中》）

———————————

① 　章炳麟（1869－1936）：初名學乘，字枚叔，易名絳，後改名炳麟，號太炎，浙江餘
杭人。近代民主革命家、思想家、學者，一生經歷頗豐。著《文始》、《國故論衡》
等，著述除刊入《章氏叢書》、《章氏叢書續編》外，部分遺稿刊入《章氏叢書三
編》。上海人民出版社出版過《章太炎全集》。

　　章氏此言甚允,則墨之尚賢與老之不上賢,亦語反而惛合者也。且墨子言法天,而老子亦未嘗不言法天,如第五章云:

　　　　天地不仁,以萬物為芻狗(古代祭祀時用草扎成的狗);聖人不仁,以百姓為芻狗。

第七章云:

　　　　天長地久,天地所以能長且久者,以其不自生,故能長生。是以聖人後其身而身先,外其身而身存①。非以其無私邪? 故能成其私。

第二十五章云:

　　　　人法地,地法天,天法道,道法自然。

則老子未嘗不言法天也。且墨子之《兼愛》論云:

　　　　視人之國若視其國;視人之家若視其家;視人之身若視其身。是故諸侯相愛則不野戰;家主相愛則不相篡②;人與人相愛則不相賊。(《兼愛中》)

　　而《老子》第五十四章云:

----

① 這兩句意思是:所以有道的人把自己退在後面,反而能贏得愛戴;把自己置於度外,反而能保全生命。(陳鼓應《老子今注今譯》,商務印書館,2006 年。)
② 《閒詁》"篡"作"簒",當據改。

修之於身，其德乃真；修之於家，其德乃餘；修之於鄉，其德乃長；修之於邦，原誤作"國"(漢避劉邦諱改)，據《韓非子》(《解老篇》)校改。蘇時學說(見《爻山筆話》)。其德乃豐；修之於天下，其德乃普。故以身觀身，以家觀家，以鄉觀鄉，以邦觀邦，以天下觀天下。

則墨子兼愛學說之成立，似亦原本於老子者。他如墨子云："志不彊者智不達，言不信者行不果。"《修身篇》。又云："知而不爭不可謂忠；爭而不得不可謂強。"《公輸篇》。而老子亦云："強行者有志。"(《老子》第三十三章)又云："知其雄，守其雌。"(第二十八章)凡此皆老墨之所同也。然而墨卒與老大異者，蓋老之天為不仁之天，無意志之天；而墨之天，為有意志之天也。惟老子以為天無意志，故聖人法天而治民，亦當生而不有，為則不恃，長而不宰，絕無容稍存計較利害之心於其間；故不貴難得之貨，使民不為盜；不見可欲，使民心不亂。是以貨利不足以動其心，而慈儉不敢先之三寶，可以持而保之。墨子則不然，以天為有意志，而天之意志不可以信於人；而人之意志反太深。故其兼愛之說，亦陷入自利之塗而不自知。《兼愛下篇》云：

姑嘗本原之孝子之為親度(duó)者，吾不識孝子之為親度者，亦欲人愛利其親與？意欲人之惡(wù)賊(殘害)其親與？以說觀之，即欲人之愛利其親也。然即吾惡(wū,何)先從事即得此？若我先從事乎愛利人之親，然後人報我愛利吾親乎？意我先從事乎惡賊人之親，然後人報我以愛利吾親乎？即必我先從事乎愛利人之親，然後人報我以愛利吾親也。然即之交孝子者，果不得已乎？毋先從事愛利人之親者與？

此段結句"不得已"三字,則計較利害之心,未免太甚矣。此與《孝經》"愛親者不敢惡於人,敬親者不敢慢於人"(《天子章》)之語異。《孝經》之不敢,蓋言敬謹之至,唐蔚芝①師說。非有交易之誼,且儒者不張實利之說,故其弊不與墨子同。而墨子之不及老子廓然大公,則甚昭灼矣。

蓋孔老同時,墨子稍後。墨子之學,受孔子之景響而得其反動,故立說有似同者。如《兼愛》《尚賢》《尚同》之類是也。有絕對相反者,如《非樂》《非命》《非儒》之類是也。而老子之教則務以"天下之至柔,馳騁天下之至剛"(《老子》四十三章)。故墨子暗受其影響,而無反對之論。然老與孔其學同發原於《易》。馬其昶云:

> 老子之言道德,皆原於《易》。其曰"道生一,一生二",與《易》太極兩儀之說合。曰"得一",即《易》所謂"天下之動貞夫一"(繫辭下)。又稱"三寶,曰慈曰儉曰不敢為天下先",要即"乾坤易簡"之旨。"慈"故"易";"儉"故"簡";"不敢為天下先",則坤之"先迷失道,後順得常"也。"常",即老子之"常道"矣。而說者乃謂《易》主陽,老子主陰。是未達陰陽體用之全者也。《易》以道陰陽。陰陽之義,莫大乎扶抑。扶陽以為主,抑陰從之;則陽不愆,陰不慝,而天下治。彼劣陰而欲絕之者,不知《易》者也。乾知始,坤成物。凡乾所始,皆坤成之;而坤則柔道也。此與老子之尚柔何以異?老子豈無陽德哉?孔子擬之於龍。龍陽

----

① 唐蔚芝(1865-1954):名文治,字穎侯,號蔚芝,一作蔚之,晚號茹經,江蘇太倉人。教育家、文學家。1908年當選為江蘇教育總會會長。先後創辦北京實業學堂、無錫國學專修館。著作有《茹經堂文集》、《十三經提綱》、《國文經緯貫通大義》等。

象也。不然，彼且弱且雌矣。尚何成功之足云？是故老子曰："自知者明，自勝者強。"（《老子》第三十三章）此老子之乾道也；而體斯立焉。曰"知其雄，守其雌，為天下谿。"此老子之坤道也；而用斯行焉。扶陽以為主，而抑陰從之。《易》《老》殊無殊旨。《易》象藏舊史官；老子為周守藏史。故其為書也，一本諸《易》；茲非其述而不作，信而好古之一驗歟？（《老子故》序）

可見孔老之學，原本相同。惟孔近於積極，而老近於消極。故墨子非儒而不非老；而老子之徒如莊周，雖非墨道，而亦或稱墨子。《莊子·天下篇》云：

不侈於後世，不靡（浪費）於萬物，不暉（huī，明也，炫耀）於數度，以繩墨自矯，而備世之急；古之道術，有在於是者，墨翟禽滑釐聞其風而說（yuè）之；為之大過，已之大順，作為非樂，命之曰節用，生不歌，死無服。墨子氾愛兼利而非鬭，其道不怒。又好學而博，不異，不與先王同。毀古之禮樂，黃帝有咸池（咸池，古樂名，下"大章"等也是古樂名），堯有大章，舜有大韶，禹有大夏，湯有大濩（hù），文王有辟雍之樂，武王周公作武。古之喪禮，貴賤有儀，上下有等，天子棺槨七重，諸侯五重，大夫三重，士再重。今墨子獨生不歌，死不服，桐棺三寸而無槨，以為法式。以此教人，恐不愛人；以此自行，固不愛己。未敗墨子道。雖然，歌而非歌，哭而非哭，樂而非樂？是果類乎？其生也勤，其死也薄。其道大觳，使人憂，使人悲。其行難為也，恐其不可以為聖人之道。反天下之心。天下不堪，墨子雖獨能任，奈天下何？離於天下，其去王也遠矣。墨子稱道曰："昔者禹之湮（yīn，同"堙"，堵塞）

洪水,決江河而通四夷九州也,名山(當作"名川",大川)三百,支川三千,小者無數;禹親自操橐耜而九雜(匯合)天下之川,腓無胈,脛無毛,沐甚雨,櫛疾風,置萬國;禹大聖也,而形勞天下也如此。"使後世之墨者,多以裘褐為衣,以跂蹻(跂,jī,通"屐",木鞋;蹻,jué,草鞋)為服,日夜不休,以自苦為極,曰:"不能如此,非禹之道也,不足為墨。"相里勤之弟子,五侯之徒,南方之墨者,苦獲,已齒,鄧陵子之屬,俱誦《墨經》,而倍譎不同,相謂別墨;以堅白同異之辯相訾,以觭偶不仵之辭相應;以巨子為聖人,皆願為之尸(主,都願意奉他為主師,陳鼓應《莊子今注今譯》說),冀得為其後世,至今不決。墨翟禽滑釐之意則是,其行則非也。將使後世之墨者,必自苦以腓无胈,脛无毛,相進而已矣。亂之上也;治之下也。雖然,墨子真天下之好也,將求之不得也,雖枯槁不舍也,才士也夫。

此文實譽過於毀矣。孔與墨既同為積極;故墨子遂與孔子抗。今墨子書《非儒》等反孔之論,雖未必盡為墨子的所作,或其徒所為;然以《非樂》《節葬》等例之,《非儒》必為墨子之旨;墨子亦必有《非儒》之論;著《非儒》篇者亦必後於孔子而先於孟子,故無非孟之語。至孟子時,墨學大盛,故孟子特辭而闢之;蓋受墨者非儒之反響也,陳澧云:

　　荀子云:"上功用,大儉約,而慢差等。是墨翟宋鈃也。"(《非十二子》)楊倞①注云:"宋鈃,孟子作宋牼。"韓非子

---

① 楊倞:唐虢州弘農(今河南靈寶縣南)人。憲宗元和十三年(818),官大理評事。武宗會昌(841-846)中,為汾州刺史。注《荀子》。

云:"宋榮子之議,不①鬭爭。"(《顯學》)宋榮亦即宋牼,宋牼說秦楚罷兵,是為設不鬭爭。而其意則在懷利。孟子告之曰:"何必曰利",與首章告梁王同。然則首章"何必曰利"之一言,即距墨氏之要言也。

陳氏此語,可謂深得要領。世人徒知孟子斥墨子無父為闢墨,而不知孟子書開宗明義痛斥言利之禍者,皆受墨子實利主義之反響者也。故太史公《孟荀列傳》亦以義利兩字為經緯,發端即云:

　　余讀孟子書,至梁惠王問何以利吾國,未嘗不廢書而歎也,曰:嗟乎! 利誠亂之始也! 夫子罕言利者,防其原也! 故曰:"放於利而行多怨。"(《論語·里仁》)自天子以至於庶人,好利之弊,何以異哉!

此傳之末即殿以墨子,云"善守禦,為節用",雖有挩文,然亦可知太史公或以其言實利之故,而深抑之。蓋史公之學,尊信道儒兩家,故於墨子深致不滿也。

韓非在老孔墨三家之後,受三家之景響,遂發生法治之學說。韓非嘗著《解老》《喻老》兩篇。其學之出於老子可知。《史記·老莊申韓列傳》(《老子韓非列傳》)云:

　　老子所貴虛無因應,變化於無為,故著②辭稱微妙難

---

① 《東塾讀書記》"不"上有"設"字,當據增。
② "著"下有"書"字,當據正。

識。莊子散道德放論,要亦歸之自然。申子①卑卑(自我勉勵之意),施之名實。韓子引繩墨,切事情,明是非;其極慘礉(hé,苛刻)少恩,皆原於道德之意;而老子深遠矣。

宋儒蘇軾嘗推而論之:

　　自老聃之死百餘年,有商鞅韓非著書,言治天下無若刑名之賢,及秦用之,終於勝廣之亂,教化不足而法有餘,秦以不祀,而天下被其毒。後之學者,知申韓之罪而不知老聃莊周之使然。何者? 仁義之道,起於夫婦父子相愛之間;而禮法刑政之原,出於君臣上下相忌之際;相愛則有所不忍,相忌則有所不敢;不敢與不忍之心合,而後聖人之道得存乎其中。今老聃莊周,論君臣父子之間,汎汎乎若萍浮於江湖,而適相值也。夫是以父不足愛,而君不足忌;不忌其君,不愛其父,則仁不足以懷,義不足以勸,禮樂不足以化。此四者皆不足用而欲置天下於無有。夫無有,豈誠足以治天下哉? 商鞅韓非求為其說而不得,得其所以輕天下而齊萬物之術,是以敢為殘忍而無疑。今夫,不忍殺人,而不足以為仁,而仁亦不足以治民;則是殺人不足以為不仁,而不仁亦不足以亂天下。如此,則舉天下唯吾之所欲為,刀鋸斧鉞,何施而不可? 昔者,夫子未嘗一日易其言,雖天下之小物,亦莫不有所畏。今其視天下眇然若不足者,此其所以輕殺人歟? 太史遷曰:"申子卑卑,施於名實。韓子引繩墨。切事情,明是非;其極慘覈少恩,皆原於道德之意。"嘗讀而思

―――――――――――――――

① 申子(約前385—前337):即申不害,戰國時鄭國(今河南滎陽東南)人,主張法治。《漢書·藝文志》著錄《申子》六篇,現僅存輯錄的《大體》一篇。

之,事固有不相謀而相感者,老莊之後,其禍為申韓。(《韓
非論》)

此論或多非之者。然老子云:"天地不仁,以萬物為芻狗;
聖人不仁,以百姓為芻狗。"蓋以天地為絕對無情者,而聖人亦
當法天之絕對無情以為治也。在老子之意,固在去私情;其言亦
甚美而固無病也。逮至孔墨之末流,則彼此相激,而老學之反動
亦起矣。韓非子《顯學篇》云:

> 墨者之葬也,冬日冬服,夏日夏服,桐棺三寸,服喪三
> 月,盧文弨云:"《墨子·公孟篇》作三日。"(參《羣書拾補·韓非子
> 校正》)世主以為儉而禮之。儒者破家而葬,大毀扶杖(因悲
> 哀而損壞了身體,需要扶杖才能走路),世主以為孝而禮之。夫
> 是墨子之儉,將非孔子之奢也;是孔子之孝,將非墨子之戾
> (lì,違背,此指不孝)也。

則孔學末流之弊,侈於禮樂,而不恤費;而墨學末流之弊,在
乎好利而無恩情。又《五蠹篇》云:

> 儒以文亂法,俠以武犯禁,而人主兼禮之。此所以亂
> 也。夫離法者罪,而諸先生以文學取;犯禁者誅,而羣俠以
> 私劍養。

則孔學之末流,多以文亂法;墨學之末流,多以武犯禁。陳
澧云:"墨子之學以死為能,戰國俠烈之風蓋出於此。"故韓非之學本老
子不尚賢之恉,受孔學文侈之反響;遂與墨子尚賢之恉相合,故
《顯學篇》云:

　　夫視鍜錫①而察責黃②，區冶③不能以必劍；水擊鵠雁，陸斷駒馬，則臧獲(俘虜之為奴隸者)不疑鈍利。發(打開)齒吻(嘴唇)形容(外形體貌)，伯樂不能以必馬；授車就駕，而觀其末塗(通"途")，則臧獲不疑駑良。觀容服，聽辭言，仲尼不能以必士；試之官職，課(稽核)其功伐(功績)，則庸人不疑於愚智。

此與墨子"列德尚賢有能則舉"《尚賢上篇》。之義，正同矣。既尚賢則不能不重功利。故又與墨子之實利主義相合而尚生存競爭。故《五蠹篇》云：

　　古者丈夫不耕，草木之實足食也；婦人不織，禽獸之皮足衣也；不事力而養足，人民少而財有餘，故民不爭。是以厚賞不行，重罰不用，而民自治。今人有五子，不為多；子又有五子，大父未死而有二十五孫；是以人民眾而貨財寡，事力勞而供養薄，故民爭。雖倍賞累罰，而不免於亂。堯之王天下也，茅茨不剪，采椽不斲，糲(lì，粗米)粢之食，藜藿(泛指粗劣的菜)之羹，冬日麑裘(泛指質量差的獸皮衣服)，夏日葛衣；雖監門(守門的小吏)之服，不虧於此矣。禹之王天下也，身執耒(耕地翻土的農具)臿(chā，插地起土的工具，即鍬)，以為民先，股無胈，脛不生毛；雖臣虜之勞，不苦於此矣。以是言之，夫古之讓天子者，是去監門之養，而離臣虜之勞也；古傳天下而不足多也。今縣令一日身死，子孫累世絜駕(大意是累世乘車不徒行)；故人重之。是以人之於讓也，輕辭古之天

---

① 《韓非子集解》"鍜"作"鍛"，當據正。鍛錫，古人冶煉金屬時摻的錫。
② 《韓非子集解》"責"作"青"，當據正。青黃，鍛鍊金屬時的火色。
③ 區(ōu)冶：區冶子，春秋末期越國人，善鑄劍。

子,難去今之縣令者,薄厚之實異也。夫山居而谷汲者,膢
(lú)臘而相遺以水;王先慎云:"《說文》:'膢,楚俗以二月祭飲食
也';'臘,冬至後三戌臘祭百神'。"(《韓非子集解》)澤居苦水者,
買庸而決竇(雇工疏浚水道)。故饑歲之春,幼弟不饟;穰歲
之秋,疏客必食;非疏骨肉愛過客也,多少之心異也。是以
古之易財非仁也,財多也;今之爭奪,非鄙也,財寡也。輕辭
天子,非高也,勢薄也;重爭土橐(王先慎:土,士誤,通仕,橐,通
託,做官的意思;陳奇猷《韓非子新校注》:土橐即橐土,宜於種殖的
土地),非下也,權重也。

此蓋受墨子實利主義之影響,與老子"天地不仁,聖人不
仁"之說所陶染,故主張競爭生存之說。而顯與老子之慈,墨子
之兼愛非攻相反矣。《五蠹篇》云:

> 今儒墨皆稱先王,兼愛天下,則視民如父母。中略。夫
> 以君臣為如父子,則必治。推是言之,是無亂父子也。人之
> 情性,莫先於父母。父母皆見愛而未必治也。君雖厚愛,奚
> 遽不亂?今先王之愛民不過如父母之愛子,子未必不亂也,
> 則民奚遽治哉?

此與其《解老篇》云:

> 聖人之於萬事也,盡如慈母之為弱子慮也;故見必行之
> 道;見必行之道,則其從事亦不疑;不疑之謂勇;不疑生於
> 慈;故曰:慈故能勇。

蓋完全相反矣。《五蠹篇》又云:

　　布帛尋常(八尺曰尋,倍尋曰常),庸人不釋;鑠金百溢(通
"鎰",古代重量計算單位,二十兩爲一鎰,一説二十四兩),盜跖不
掇:不必害則不釋尋常,必害手則不掇百溢;故明主必其誅
也。是以賞莫如厚而信,使民利之;罰莫如重而必,使民畏
之;法莫如一而固,使民知之。

此與老子《道德經》第七十四章云:

　　民不畏死,奈何以死懼之?

　　蓋亦完全相反矣。自此以後,李斯佐秦皇,專尚功利,嚴刑
峻法,果能統一六國;因而焚書坑儒,一切變古,而秦亦以亡。於
是老子所謂"民不畏死,則大威至"七十二章。之言始驗。後之
論者,徒罪秦皇李斯,而不知學說之末流,相激相蕩,有以釀成
之。蓋儒道之弊,激以墨翟,韓非李斯因之,而大變成矣。老子
曰:"執古之道,以御今之有。"(《老子》第十四章)此觀國治亂者,
所當特別注意者矣。

諸子墨論述評

周末學術分裂,諸子百家,各以其術鳴;造詣既精,持論亦或不免於偏;故彼此相非,短長互見。墨子之學,既大行於戰國,乃未幾而日就衰落;則昔時諸子之非難,其立論亦大有可注意者矣。昔孫詒讓《墨子閒詁》附錄《墨語》,有《墨學通論》一篇,最為論墨者之要刪。然於諸子之是非,絕未論定。在彼書體例固應爾。然未足究諸子論難之得失也。茲特重加整理,分別論之,以與學者規蒦(huò,《説文・隹 huán 部》:"蒦,規蒦,商也。")焉。

(一) 對於墨學全體之批評

《莊子・天下篇》云:

不侈於後世,不靡於萬物,不暉於度數,以繩墨自矯,而備世之急,古之道術,有在於是者,墨翟禽滑釐聞其風而說之;為之大過,已之大順。中略。墨子氾愛兼利而非鬭,其道不怒。又好學而博,不異,不與先王同。中略。其生也勤,其死也薄。其道大觳,使人憂,使人悲。其行難為也,恐不可以為聖人之道。反天下之心,天下不堪。墨子雖獨能任,奈天下何? 離於天下,其去王者遠矣。中略。墨翟禽滑釐之意則是,其行則非也。將使後之墨者必自苦。以腓无胈,脛无毛,相進而已矣。亂之上也,治之下也。雖然,墨子真天下之好也!將求之不得也!雖枯槁不舍也!才士也夫!

《荀子·非十二子篇》云:

　　不知壹(壹,齊一)天下,建國家之權稱,上功用,大儉約,而僈差等;曾不足以容辨異,縣君臣;然而其持之有故,言之成理,足以欺惑愚眾,是墨翟宋鈃也。

《荀子·王霸篇》云:

　　今以一人聽天下,日有餘而治不足者,使人為之也。今大有天下,小有一國,必自為之,然後可,則勞苦耗顇(耗,精神耗竭;顇,cuì,憔悴)莫甚焉。如是,則雖臧獲不肯與天子易勢業(王念孫云:"勢者,位也。所居曰勢,所執曰業")。以是縣天下,一四海,何故必自為之?為之者,役夫之道也;墨子之說也。論德使能而官施之者,聖王之道也,儒者之所謹守也。

《荀子·天論篇》:

　　墨子有見於齊,而無見於畸(畸,不齊)。中略。有齊而無畸,則政令不施。

《荀子·解蔽篇》:

墨子蔽於用而不知文。中略。故由用謂之,道盡利矣。

　　莊荀二家所論,可謂深中墨學之利弊。莊子以才士二字稱墨子,可謂塙切之至。周秦諸子,其才如墨子者,蓋無其人焉。其云"以繩墨自矯","為之大過","其道大觳"等語,均可謂深得墨學之精神。又云:"天下不堪,墨子雖獨能任,奈天下何",則墨學之所以不能行於後世者,莊子蓋以見及之矣。又云:"使後之墨者相近而已矣。亂之上也,治之下也。"則墨之流而為俠,韓非所謂"以武犯禁"者,故莊子以為亂之上也。荀子謂"墨子有見於齊,而無見於畸","蔽於用而不知文",批評墨道,尤可謂簡而賅。惟其有見於齊無見於畸之故,是以兼愛無差等,而其愛不足以愛,而卒至於無愛也;惟其蔽於用而不知文,故節用非樂,功利主義之端,而至於自私自利。夫以不足以愛之勢,而處以自私自利之心,則墨學之極弊,勢不至於如楊朱之"拔一毛而利天下不為"(《孟子‧盡心上》)者不止也。是偏弊之過也。雖然,荀子所謂"墨子自為,為役夫之道"(《荀子‧王霸篇》);而以"論德使能而官施之",為儒者之所守;不知墨子之自苦,惟在躬自操作,以養成耐勞及犧牲之精神;至於治天下國家,亦何嘗不設官以治?《尚賢中篇》云:

　　故古者,聖王甚尊尚賢而任使能,不黨父兄,不偏富貴,不嬖顏色。賢者舉而上之,富而貴之,以為官長;不肖者抑而廢之,貧而賤之,以為徒役。是以民皆勸其賞,畏其罰,相率而為賢者,以賢者眾而不肖者寡,此謂進賢。然後聖人聽其言,迹其行,察其所能,而慎予官,此謂事能。中略。故先王言曰:貪於政者不能分人以事;厚於貨者不能分人以祿。

此與荀子所謂"論德使能而官施之"何異？荀子必舉而非之，斥為"役夫之道"，誣矣。

（二）對於兼愛說之反對

《尸子·廣澤篇》：

　　墨子貴兼，孔子貴公，皇子①貴衷，田子②貴均，列子③貴虛，料子④貴別囿⑤；其學之相非也，數世矣，而不"不"字據何焯⑥(zhuō)校增。已⑦，皆弇於私也。

《孟子·滕文公上⑧篇》：

　　楊氏為我，是無君也；墨氏兼愛，是無父也；無父無君，是禽獸也。

《孟子·告子下篇⑨》：

---

① 皇子，《莊子·達生》有"齊士有皇子告敖者"，下文還有"皇子曰"云云，是否是一人還需考證。此皇子成玄英疏："姓皇子，字告敖，齊之賢人也。"
② 田子，即田駢，也稱陳駢，齊國稷下先生之一。《漢書·藝文志》著錄《田子》二十五篇，列於道家，已亡。
③ 列子，即列禦寇，戰國鄭人，善射。《漢書·藝文志》著錄《列子》八篇，列於道家。
④ 料子，疑宋子誤（馬敘倫《莊子天下篇述義》說）。宋子注見前宋鈃。
⑤ 《莊子·天下篇》云："宋鈃、尹文（二者同遊稷下）聞其風而悅之，作為華山之冠以自表，接萬物以別囿為始。"這句話中的"別囿"陳鼓應（《莊子今注今譯》）認為即"去囿"，去除隔蔽。
⑥ 何焯(1661-1722)：字屺(qǐ)瞻，號茶仙，學者稱義門先生。清長洲（今江蘇蘇州）人。先後賜舉人、進士、兼武英殿纂修官。一生好校書，藏書數萬卷。著有《義門讀書記》、《義門先生集》。
⑦ 清汪繼培《尸子》輯校本"己"作"已"，當據改。不已，不止。
⑧ "上"當為"下"。
⑨ 引文在《盡心上篇》。

墨子兼愛，摩頂放踵，利天下為之。

墨子兼愛之說，尸子以謂弇於私，蓋亦謂蔽於私見，猶荀子之所謂蔽也。此百家之所同病也。而孟子斥墨子為無父，然《墨子·兼愛下篇》亦嘗云：

姑嘗本原孝子之為親度者。吾不識孝子之為親度者，亦欲人之愛利其親歟？意欲人之惡賊其親歟？以說觀之，即欲人之愛利其親也。

然則墨子兼愛，未嘗不愛父也。而卒至於無父者，則末流之弊，功利主義之害使然矣。漢武以後，儒學統一，孟子之書盛行，人皆惡無父之名，而遂鮮有敢言墨學者；予墨子以最大之打擊，厥惟孟子矣。

(三) 對於節用說之反對

《荀子·富國篇》：

墨子之言，昭昭然為天下憂不足。夫不足，非天下之公患也。特墨子之私憂過計也。今是土之生五穀也，人善治之，則畝數盆(一種量器)；一歲而再獲之，然後瓜桃棗李一本(楊倞注："一本，一株也。") 數以盆鼓(楊注："鼓，量也。")；然後葷菜百疏以澤量；然後六畜禽獸一而剸車(楊注："剸與專同，言一獸滿一車。") ，黿鼉(yuán tuó，大鱉和揚子鰐) 魚鼈鰌鱣(qiū shàn，泥鰍和鱔魚) 以時別(楊注："別謂生育與母分別也。") ，一而成羣；然後飛鳥鳧雁若烟海；然後昆蟲萬物生其閒；可以相食養者不可勝數也。夫天地之生萬物也，固有餘力足以食人矣。麻葛繭絲鳥獸之羽毛齒革也，固有餘足以衣人矣。

夫有餘不足,非天下之公患也。特墨子之私憂過計也。天下之公患,亂傷之也。胡不嘗試相與求亂之者誰也? 我以墨子之非樂也,則使天下亂;墨子之節用也,則使天下貧;非將墮之也,說不免焉。墨子大有天下,小有一國,將蘧然衣麤(cū,粗劣)食惡,憂戚而非樂;若是則瘠;瘠則不足欲;不足欲則賞不行。墨子大有天下,小有一國,將少人徒,省官職,上功勞苦,與百姓均事業,齊功勞;若是則不威,不威則罰不行。舊本"罰"上有賞字,據盧文弨說刪(參《抱經堂叢書·荀子》)。賞不行則賢者不可得而進也,罰不行則不肖者不可得而退也;賢者不可得而進也,不肖者不可得而退也,則能不能不可得而官也。若是則萬物失宜,事變失應,上失天時,下失地利,中失人和,天下敖然(敖,通"熬",敖然,如受煎熬)若燒若焦。墨子雖為之衣褐帶索,嚽(同"啜",吃)菽飲水,惡能足之乎? 既以伐其本,竭其原,而焦天下矣。故先王聖人為之不然。知夫為人主上者,不美不飾之不足以一民也;不富不厚之不足以管下也;不威不強之不足以禁暴勝悍也;故必將撞大鍾,擊鳴鼓,吹笙竽,彈琴瑟,以塞其耳;必將錭琢刻鏤,黼黻(fǔ fú)文章(皆色之美者)以塞其目;必將芻豢稻粱五味芬芳以塞其口;然後眾人徒,備官職,漸慶賞,嚴刑罰,以戒其心。使天下生民之屬,皆知己之所願欲之舉在是于也;故其賞行。楊注:"'是于'猶言'於是'。"皆知己之所畏恐之舉在是于也,故其罰威。賞行而罰威,則賢者可得而進也,不肖者可得而退也,能不能可得而官也。若是則萬物得宜,事變得應,上得天時,下得地利,中得人和;則財貨渾渾(水流貌)如泉源,汸汸(通"滂滂",水多貌)如河海,暴暴(突起貌)如山丘,不時焚燒,無所臧之。夫天下何患乎不足也？故儒術成行，則天下大（通"泰"）而富使有①功，撞鍾擊鼓而和。《詩》曰："鍾鼓喤喤，管磬瑲瑲，降福穰穰（rǎng，眾多），降福簡簡（大也），威儀反反，既醉既飽，福祿來反。"（《周頌‧執競》）此之謂也。故墨術誠行，則天下尚儉而彌貧，非鬭而日爭，勞苦頓萃而愈無功，愀然憂戚，非樂而日不和。《詩》曰："天方薦瘥（cuó，疫病），喪亂弘多，民言無嘉，憯（cǎn，副詞，曾）莫懲（chéng，儆戒）嗟（語尾助詞）。"（《小雅‧節南山》）此之謂也。

此文鬭墨子尚儉之過，可謂精極。蓋墨子純從消極著想，故對於財政，多偏重節流而不甚及於開源也。荀子之論則純從積極著想，止求人之能善治，則無患乎物力之不足。故衣服宮室非特取其足而已，而又加以文飾焉。於是各盡其力，以從事，隨其力之獲而美與飾有等焉，榮與辱有分焉。則人各競盡其力以求乎美飾。美飾之所至，精巧至焉。然而天下之美飾無有盡，則器物之精巧無有限，而財源之開發亦無有極。由是精器物以開財源，聚財貨以精器物，而人類之進步乃永永無窮矣。荀子所謂"上得天時，下得地利，中得人和，則財貨渾渾如泉源，汸汸如河海，暴暴如山丘"者，誠可謂善於形容者矣。就今日而言之，則以器物之精巧，故天文臺之測驗精塙，而氣候可以預知；是上得天時也。以器物之精巧，故一切農業礦產，獲利無窮，是下得地利也。羣策羣力，以求進步，是中得人和也。而今日財源之發達為何如乎？若從墨子之儉，止求當時之足用而已。則民之勞力，惟耗於日用麤拙之業，烏有進化之可言哉？

---

① 王先謙《荀子集解》"有"作"而"。盧文弨校刊《荀子》本作"有"，楊注："使，謂為上之使也。可使則有功也。"王念孫《荀子雜誌》認為盧非，作"有"涉楊注"有功"誤。王先謙以王說為是。當從二王說作"而"，斷為"大而富，使而功"。

(四) 對於非樂說之反對

《莊子・天下篇》：

　　墨子氾愛兼利而非鬭，其道不怒，又好學而博，不異，不與先王同，毀古之禮樂，黃帝有咸池，堯有大章，舜有大韶，禹有大夏，湯有大濩，文王有辟雍之樂，武王周公作武。①

《荀子・樂論篇》：

　　夫樂者樂也，人情之所必不免也。故人不能無樂；樂必發於聲音，形於動靜，而人之道，聲音動靜，性術之變盡是矣。故人不能不樂；樂則不能無形；形而不為道，則不能無亂。先王惡其亂也，故制雅頌之聲以道之，使其聲足以樂而不流；使其文足以辨而不諰(xǐ)；謝墉②云：“《禮記・樂記》作‘論而不息’，此作‘諰’，乃‘諰’(同‘息’)之訛。”(《荀子箋釋》)使其曲直繁省廉肉節奏，足以感動人之善心；使夫邪汙之氣，無由得接焉。是先王立樂之方也。而墨子非之奈何？故樂在宗廟之中，君臣上下同聽之，則莫不和敬；閨門之內，父子兄弟同聽之，則莫不和親；鄉里族長之中，長少同聽之，則莫不和順。故樂者審一以定和者也，比物以飾節者也，合奏以成文者也；足以率一道，足以治萬變。是先王立樂之術也。而墨子非之奈何？故聽其頌雅之聲，而志意得廣焉；執其干戚，習其俯仰屈伸，而容貌得莊焉；行其綴兆(樂舞的行

---

① 本段校釋可參《墨子與諸子之異同》部分。

② 謝墉(1719-1795)：字昆城，號金圃、東墅，浙江嘉善人。乾隆進士。歷官侍講、侍讀學士、江蘇學政、吏部左侍郎等。通貫經史，亦工詩文。著有《四書義》、《六書正說》、《荀子箋釋》、《安雅堂詩文集》等。

列位置,章詩同《荀子簡注》說),要(合也)其節奏,而行列得正焉,進退得齊焉。故樂者,出所以征誅也;入所以揖讓也;其義一也。出所以征誅,則莫不聽從;入所以揖讓,則莫不從服。故樂者天下之大齊也;中和之紀也;人情之所必不免也。是先王立樂之術也。而墨子非之奈何? 且樂者,先王之所以飾喜也;軍旅鈇鉞(fū yuè,泛指刑具)者,先王之所以飾怒也。先王喜怒皆得其齊焉,是故喜而天下和之;怒而天下畏之。先王之道,禮樂正其盛者也。而墨子非之。柱按:據上文當挩"奈何"二字。故曰:墨子之於道也,猶瞽之於黑白也;猶聾之於清濁也;猶欲之楚而北求之也。夫聲樂之入人也深,其化人也速。故先王謹為之文。樂中平則民和而不流;樂肅莊則民齊而不亂。民和齊則兵勁城固,敵國不敢嬰(侵犯)也。如是,則百姓莫不安其處,樂其鄉,以致足其上矣。然後名聲於是白;光輝於是大;四海之民莫不願得以為師;是王者之始也。樂姚冶(即窕冶,浮躁、輕佻,章詩同《荀子簡注》說)以險(邪也),則民流僈鄙賤矣。流僈則亂;鄙賤則爭。亂爭則兵弱城犯,敵國危之,如是則百姓不安其處;不樂其鄉;不足其上矣。故禮樂廢而邪音起者,危削侮辱之本也。故先王貴禮樂而賤邪音;其在序官也,曰,修憲命,審誅賞,禁淫聲,以時順修,使夷俗邪音不敢亂雅,太師之職也。墨子曰:"樂者聖王之所非也,而儒者為之過也。"①君子以為不然,樂者聖王之樂也,而可以善民心;其感人深,其移風俗易。原作"其移風易俗"。王先謙云:"《史記》作'其風移俗易'(《史記·樂書》),語皆未了,此二語相儷,當是'其感人深,其移風俗易'。"王校是,今據正。故先王導之以禮樂而民和睦。夫民有

---

① 此句今本《墨子》無。畢沅云:"見《荀子》,當是《非樂篇》文。"孫詒讓云:"見《樂論篇》,然似約舉大意,畢以爲佚文,未塙。"

好惡之情，而無喜怒之應，則亂；先王惡其亂也，故修其行，正其樂，而天下順焉。下略。

莊子雖未顯斥墨子非樂之非，然歷引黃帝堯舜禹湯文武周公之樂，則其意可知。至荀子之言，則可謂精闢矣。夫天地之道，一陰一陽，一晝一夜，此天地之所以有生物也。萬物雖原乎陽光之力以生；然亦必有夜之陰以息之，而後可以生長。藉令天地有陽而無陰，有晝而無夜，則必不能生物。何者？不待生而早已焦死矣。萬物之生，本於天地之有陰陽晝夜，故萬物之長，亦不能自違其道，而必有動靜勞逸以為對待，而後生生之理具焉。此不獨人為然，而於人為尤著。蓋人之勞動其身心，比禽獸為甚；故其逸樂亦當比禽獸為甚。故禽獸之樂，止形之於口；而人之樂，則口之外並形於金石矣；此自然之勢也。而墨子必欲去之，無乃逆於生物之原則乎？故墨子之非樂，不特當時諸子非之，即其弟子亦非之。《三辯篇》云：

程繁問於墨子曰：夫子曰："聖王不為樂"，昔諸侯倦於聽治，息於鐘鼓之樂；士大夫倦於聽治，息於竽瑟之樂；農夫春耕夏耘，秋斂冬藏，息於聆缶之樂。今夫子曰："聖王不為樂"，此譬之猶馬駕而不稅(tuō，通"脫")，弓張而不弛，無乃"乃"下原有"非"字，據俞校改。有血氣者之所不能至邪？

此"駕而不稅，張而不弛"二語，最足盡墨學之失。是非樂之說，雖墨子弟子亦不甚尊信之矣。蓋墨子徒見天下之有苦，而不知天下之有樂。夫使天下之人，皆趨於苦而無有樂生之意，尚成何世界乎？善哉，荀子之非墨子也！曰："天下敖然若燒若焦。"楊注："敖"當讀為"熬"。"熬然若燒若焦"六字，可謂切中墨子之道。蓋推墨子之意，必當使天地有晝而無夜，則人亦有作而無息，非使"天下熬然若燒若焦"不止也。

（五） 對於節葬說之反對

《莊子·天下篇》：

> 古之喪禮，貴賤有儀，上下有等，天子棺槨七重，諸侯五重，大夫三重，士再重；今墨子獨生不歌，死不服，桐棺三寸而無槨，以為法式；以此教人，恐不愛人；以此自行，固不愛己。

《韓非子·顯學篇》：

> 墨子之葬也，冬日冬服，夏日夏服，桐棺三寸，服喪三月，世主以為儉而禮之。儒者破家而葬，服喪三年，大毀扶杖，世主以為孝而禮之。夫是墨子之儉，將非孔子之侈也；是孔子之孝，將非墨子之戾也。[①] 今孝戾侈儉，俱在儒墨，而上兼禮之。

此反對墨子節葬之說，其理由固無大足以動聽者。然以韓非之刻，猶以墨子為戾。本陳澧說。則墨子節葬之過，勢必流於殘忍可知。且墨子既節葬，而又明鬼；是矛盾之教也。王充[②]《論衡·案書篇》云：

---

① 此段校釋參《墨子與諸子之異同》部分。

② 王充(27-約 97)：字仲任，會稽上虞(今浙江上虞)人。東漢哲學家。歷任郡功曹、治中(州刺史的屬吏，主管文書案卷，也稱治中從事史)等職。師班彪，好博覽而不守章句。家貧無書，常遊洛陽市肆，一見輒能誦憶。著《論衡》八十五篇。其人其事可看《後漢書·王充王符仲長統列傳》和《王充年譜》(載於新編諸子集成黃暉《論衡校釋》附編二)。

　　儒學之宗,孔子也。墨家之祖,墨翟也。且案儒道傳而
墨法廢者,儒者之道義可為;而墨之法議難從也。何以驗
之? 墨家薄葬右鬼,道乖相反,違其實,宜以難從也。乖違
如何? 使鬼非死人之精也,右之未可知。今墨家謂鬼,審人
之精也;厚其精而薄其屍,此於其神厚而於其體薄也;薄厚
不相勝,華實不相副,則怒而降禍。雖有其鬼,終以死恨。
人情欲厚惡薄,神心猶然。用墨子之法,事鬼求福,福罕至
而禍常來也,以一況百,而墨家為法,皆若此類也。廢而不
傳,蓋有以也。

王充之難,蓋可謂切當。
(六)對於好辯之反對
《莊子・駢拇篇》:

　　駢於辯者,累瓦結繩(聚無用之語,如瓦之累,繩之結,形容
辯者累疊無窮而無意味之言)竄句(穿鑿文句),游心於堅白同異
之間;而敝跬譽(一時的名譽)無用之言,非乎? 而楊墨是已。

《莊子・天下篇》:

　　相里勤之弟子,五侯之徒,南方之墨者,苦獲,己齒,鄧
陵子之屬,俱誦《墨經》;而倍譎不同,相謂別墨;以堅白同
異之辯相訾,以觭偶不仵之辭相應。

此可見墨子之好辯;故後世之墨多以詭辯相勝。
(七) 對於稱道古昔之反對
《韓非子・顯學篇》:

世之顯學,儒墨也。儒之所至,孔丘也。墨之所至,墨翟也。自孔子之死也,有子張氏之儒,有子思氏之儒,有顏氏之儒,有孟氏之儒,有漆雕氏之儒,有仲良氏之儒,有孫氏之儒,有樂正氏之儒。自墨子之死也,有相里氏之墨,有相夫氏之墨,有鄧陵氏之墨。故孔墨之後,儒分為八,墨離為三;取舍相反不同,而皆自謂真孔墨。孔墨不可復生,將誰使定世之學乎?孔子墨子俱道堯舜,而取舍不同,皆自謂真堯舜;堯舜不復生,將誰使定儒墨之誠乎?殷周七百餘歲,而不能定儒墨之真;今乃欲審堯舜之道於三千歲之前;意者其不可必乎?無參驗而必之者,愚也;弗能必而據之者,誣也。故明據先王,必定堯舜者,非愚則誣也。

此非儒墨之復古也。韓愈云:"儒墨同是堯舜,同非桀紂。"而不知儒墨所言之堯舜之名雖同;而所以為堯舜之實者蓋不同也。

總而論之,非墨者大約為儒道法三家。《淮南子·氾論訓》:"兼愛、尚賢、右鬼、非命,墨子之所立也,而楊子非之",是楊朱亦非墨也。道家如莊周則毀譽各半;而對於墨子之人格則極稱道之。法家如韓非,雖非之亦不甚力。惟儒家之孟荀非之最甚;而荀卿為尤辯。蓋墨之非儒最力,故儒之非墨亦最力。各欲為其術爭勝,故破堅陷敵之詞雖多,而兩怒溢惡之言,亦時所不免也。然至漢之儒者,則頗有持平之論。

《史記·自序》,司馬談《論六家要指》:

墨者儉而難遵,是以其事不可徧循。然其強本節用,不可廢也。中略。墨者亦尚堯舜道,言其德行,曰:"堂高三尺,土階三等,茅茨不剪,采椽不刮;食土簋,啜土刑,糲粱之

食,藜藿之羹;夏日葛衣,冬日鹿裘;其送死桐棺三寸,舉音
不盡其哀。"①教喪禮必以此為萬民之率,使天下法若此,則
尊卑無別也。夫勢異時移,事業不同,故曰:儉而難遵。要
其彊本節用,則人給家足之道也。此墨子之所長,雖百家弗
能廢也。

《漢書・藝文志》云:

　　　墨家者流,蓋出於清廟之守;茅屋采椽,是以貴儉;三老
五更,是以兼愛;選士大射,是以上賢;宗祀嚴父,是以右鬼;
以孝視天下,是以上同;此其所長也。及蔽者為之,見儉之
利,因以非禮;推兼愛之義,而不知別親疏。②

此漢儒之論,司馬談父子或言其貴黃老而非儒,然《史記》列孔子
於世家,稱為至聖,則亦儒也。可謂切中。豈非以漢武以後,儒術獨
尊,墨學已微,語非對敵;故易得其平歟? 然自此以後,稱之者亦
少,惟昌黎韓愈奮起於唐,以孔墨並稱,曰:"辯生於末學,非二
師之道本然。孔子必用墨子,墨子必用孔子;不相用不足為孔
墨。"(《讀墨子》)韓氏固最服膺孟子者,而獨於此則不復顧孟子
無父之斥,禽獸之稱,毅然斥為末學之辯。其言雖無當於墨學。
要不可謂無愛於墨子者矣。

─────────

① 此段話畢沅《墨子佚文》云:"又見《文選》注、《後漢書》注,文皆微異,今《韓非
　　子》雖有之,然疑《節用》中下篇文。"孫詒讓云:"此司馬談約引《墨子》語,似未
　　必即《節用》中下篇佚文","疑並據《史記》展轉援引,非唐本《墨子》書實有此
　　文也"。
② 此段校釋參《墨子與諸子之異同》部分。

歷代墨學述評

　　孟子言楊朱墨翟之徒盈天下,而《呂氏春秋・尊師篇①》亦言孔墨之"徒屬彌眾,弟子彌豐,充滿天下";則墨子之學其於戰國之際,蓋曾與楊朱共奪儒家之席。及楊氏學衰,亦嘗與儒家中分天下,其盛蓋可知矣。及秦焚書坑儒,而墨與諸子百家亦同受其厄。然漢興,仲尼之言遂縣諸日月,而諸子之籍亦漸見重於後世。老莊之徒,其盛萬萬不及墨子!然自漢以降,為老莊之學者亦幾並孔孟。獨墨子之書則傳之者絕少,幾有滅絕之憂,何哉?豈以其非樂節用,以"自苦為極,而其行難為"二語見《莊子・天下篇》歟?抑亦老子所謂"柔弱勝剛強(《老子》第三十六章),強梁者不得其死(第四十二章)",故墨衰而老盛歟?韓非子曰:"儒以文亂法,而俠以武犯禁。"儒者之文,於秦則為亂法,故痛絕之;自漢以後,則一變而為"隨時抑揚,譁眾取寵",二語見《漢書・藝文志》。故世主特尊寵之;豈真能尊孔子之道哉?至於墨者之學,則俠也;陳澧云:"墨子之學,以死為能事,戰國俠烈之風蓋出於此。"詳《東塾讀書記》。其自苦既為學者所難能,而以武犯禁,又為法綱

─────────────

① 當爲《當染篇》。

所甚惡；且其名理異同之辯，已為學術統一後所不需；器械攻守之具，尤為國家統一以後所大忌；則其學雖欲不微，其可得乎？

《墨子·公輸篇》，墨子說楚王曰："臣之弟子禽滑釐三百人，已持臣守圉之器，在宋城上而待楚寇。"此蓋墨子之高弟，常隨侍左右者；猶孔子之有七十子，非墨子之弟子止於三百也。其後淮南王書亦稱墨子服役者百八十人（《淮南子·泰族訓》）。其弟子姓氏可考者，據孫氏詒讓所考有十有六人；一禽滑釐，二高石子，三高何，四縣子碩，五公尚過，六耕柱子，七魏越，八隨巢子，九胡非子，十管黔敖（也作澉），十一高孫子，十二冶①徒娛，十三跌鼻，十四曹公子，十五勝綽，十六彭輕生子②。再傳弟子三人：一許犯，二索盧參，皆學於禽滑釐；三屈將子，學於胡非子。三傳弟子一人：田繫，學於許犯。此二十人皆傳授可考者也。而此二十人中，魏越原非人名，詳見拙書《墨子閒詁補正》。則可考者十九人而已。其餘墨學名家，有田俅子，相里子，相夫氏，鄧陵子，苦獲，已齒，五侯子，我子，纏子之徒，墨家鉅子有孟勝，田襄子，腹䵍。其墨學雜家，又有夷之，謝子，唐姑果之屬。皆見孫氏《墨語》（《墨子後語》卷上）。就中惟隨巢子著書六篇，胡非子著書三篇，田俅子著書三篇，我子著書一篇，見於《漢書·藝文志》；相里子著七篇，鄧陵子亦有著書，見於《姓纂》（唐林寶撰《元和姓纂》）引韓子語；纏子有著書，見於《意林》（唐馬總輯）。其餘皆未聞有著述。即此諸家所著述，其書亦皆已不傳。今墨子書五十三篇，在宋為六十三篇，在漢為七十一篇，則其亡者亦多矣。今墨子書蓋皆不盡墨子作；或者墨子弟子之作，亦有所附益歟？古之著書，非同後世之為名也。故為某家之學者，其所為文，即往

---

① 《閒詁》"冶"作"治"。張純一《墨子集解·耕柱》"治徒娛"下云："王本（王闓運《墨子注》）作'冶徒娛'，注云：'冶徒氏，蓋以工為姓。娛其名也。'"

② 彭輕生子，孫氏對其是否為墨子弟子存疑。

往附於本師。故管子之書非盡管子之作，為管子之學者均有焉。莊子之書亦非盡莊子之作，為莊子之學者均有焉。此非古人之偽增也，其風尚體例蓋如此也。周秦之書，蓋大氐類是。其學可為一家之學，其文多非一手之文，故居今日而讀古書，以謂某書必為某人一手之作者非也；見其偶有牴牾，則遂斥以為後人之偽者亦非也。故吾於墨子之書，其醇粹（精純不雜，《楚辭·遠游》："精醇粹而始壯。"）者固可定為墨子之語；而年代偶有差誤，言語或有駁雜者，亦可知其為後之為墨學者之所增益；後之為墨學者之書雖不傳，然亦可由是而睹其一斑矣。

古之為學者，有自鳴其一家之文；無為其師說作章句之書。故荀孟不聞為孔子書作注疏。孔子之於《易傳》，亦止明大義而已。《韓非子》有《解老》《喻老》，墨子書有《經說》，皆說大義，非章句之學也。故墨子一傳再傳諸弟子之書雖不傳，然其必無章句之書則可知也。

章句之學，始於漢儒。然無為墨子作注者。至晉魯勝[①]始為《墨辯》作注。《墨辯》者，墨子書之一部分，即今之《經》上下及《經說》上下四篇也。茲錄其敘云：

名者所以別同異，明是非，道義之門，政化之準繩也。孔子曰："必也正名，名不正則事不成。"（《論語·子路》）墨子著書，作《辯經》以立名本。惠施公孫龍祖述其學，以正別孫星衍校改"刑"。名顯於世。孟子非墨子，其辯言正辭，則與墨同。荀卿莊周等皆非毀名家，而不能易其論也，名必有形，察形莫如別色，原"必"上無"名"字，"察"下無"形"字，從

---

① 魯勝：字叔時，西晉代郡（今河北蔚縣北）人。少有才操，為佐著作郎（後改為著作佐郎）。元康（291-199）初，遷建康令。精天文，作《天正論》，又注《墨辯》，今僅存其序。《晉書·隱逸傳》有傳。

孫詒讓校增。故有堅白之辯。名必有分明,分明莫如有無,故有無序之辯。是有不是,可有不可,是名兩可。同而有異,異而有同,是之謂辯同異。至同無不同,至異無不異,是謂辯同辯異。同異生是非,是非生吉凶;取辯於一物,而原極天下之汙隆,名之至也。自鄧析①至秦時名家者,世有篇籍,率頗難知,後學莫復傳習;於今五百餘歲,遂亡絕。《墨辯》有上下《經》,《經》各有《說》,凡四篇,與其書眾篇連第,故獨存。今引《說》就《經》,各附其章,疑者闕之。又采諸眾雜集為《刑名》二篇,孫詒讓云:"'刑'當作'形'。"略解指歸,以俟君子。其或興微繼絕者,亦有樂乎此也!《晉書·隱逸傳》。

名學為一切學術之基本,故孔孟老莊荀墨之徒,莫不討論其學。蓋以非此則其學說無由而成立。此西人所以謂名學為科學之科學也見王國維②譯英國隨文《辨學》(即耶方斯的"Elementary Lessons in Logic: Deductive and Inductive",直譯為"邏輯的基礎教程:演繹和歸納")。然至於漢儒已不為所重,故諸子名學之書皆不顯。唯晉魯勝獨能致意及此。墨子之書,世儒之所輕也;而《墨經》上下,《經說》上下四篇,則輕中之尤輕者也;彼魯勝者,獨能為

---

① 鄧析(前545–前501):春秋末鄭人,與子產同時。曾任鄭國大夫。《荀子·非十二子》記載:"不法先王,不是禮義,而好治怪說,玩琦辭,甚察而不惠,辯而無用,多事而寡功,不可以為治綱紀。然而其持之有故,其言之成理,足以欺惑愚眾,是惠施、鄧析也。"《漢書·藝文志》有《鄧析》二篇,列於名家。錢穆《先秦諸子繫年考辨·鄧析考》可以參看。

② 王國維(1877–1927):字靜安,一字伯隅,號觀堂,浙江海寧人。早年從事哲學、文學研究,著有《靜安文集》。1907年起,從事中國戲曲史和詞曲研究,著《宋元戲曲考》《人間詞話》等。1913年起從事古器物、古文字學研究。1927年投頤和園自盡。生平著作共62種,收入《海寧王靜安先生遺書》42種,某些考證文章匯成《觀堂集林》。

之於舉世不為之日,懷興微繼絕之志,豈非人傑之士乎? 然推求其因,或亦受釋老之影響,與夫當日清談之風氣使然歟? 陳澧《東塾讀書記》於"堅白異同之說"條注云:"後世談元談禪者,皆有類於此。"然魯勝書據其序則當甚可觀,而其書亦已不傳,豈非以世儒學重浮華,崇文而棄質故邪? 故晉人所注之《老莊》至今完好,而《墨辯》之注闕焉。

雖然,魯勝之書,止墨子書之四篇而已。其為全書作注者則概乎其未之有聞。至宋鄭樵①《通志‧藝文略》始言有《樂臺注》,其書已亡,無由論述。迄清乾隆間,碩學輩出,考證之學大興;學者始以治經之餘,校注子籍;注《墨》之書,畢沅實為之導其先路。其《自序》云:

> 先是仁和盧學士文弨,陽湖孫明經星衍,互校此書,略有端緒;沅始集其成,因徧覽唐宋《類書》古今《傳注》所引,正其譌謬;又以知聞疏通其惑。

此畢書之大略也。孫星衍序之云:

> 弇山先生于此書,悉能引据傳注類書,匡正其失;又其古字古言,通以聲音訓故之原,豁然解釋。是當與高誘注《呂氏春秋》,司馬彪注《莊子》,許君②(許慎)注《淮南子》,

---

① 鄭樵(1104-1162):字漁仲,南宋興化軍莆田(今福建莆田)人。青年時不應科舉,筑草堂於夾漈山上,刻苦讀書三十年,學者稱夾漈先生。於經、史、禮、樂、天文、地理、文字、音韻等無不究通,皆有論著。生平著作達八十四種,但大多散佚。代表作有《通志》、《爾雅注》、《夾漈遺稿》等。

② 許慎(約58-約147):字叔重,東漢汝南召陵(今河南漯河)人。曾任郡功曹、太尉南閣祭酒等。為我國最有名的文字學家,時人稱之為"五經無雙許叔重"(《後漢書‧儒林列傳下》)。著有《說文解字》、《鴻烈閒詁》、《五經異義》,後二書已經亡佚,清陳壽祺輯有《五經異義疏證》。

張湛①注《列子》，並傳於世。其與②楊倞盧辯③空疏淺略，則偶然過之。時則有仁和盧學士抱經，大興翁洗(xiǎn)馬覃谿④，及星衍三人者，不謀同時為其學，皆折衷於先生。(孫星衍《墨子注後序》，著錄於畢沅《墨子注》後)

足以見此書當時之價值矣。然疏失之處，亦正不少。

一，好以儒言傅會。如：《親士篇》，"君子進不敗其志，內究其情"。畢云："舊脫'不'字，據上增；疚究同，猶云'內省不疚'。"而不知古文"退"字作"衲"，從"內"聲，"內"即"衲"之渻艮。俞樾謂："'內'當作'衲'。"其說是也，其改字非也。"進不敗其志，而退究其情"，正足見墨子進退勇於為道之決心；非內省不疚之消極主義也。又《親士篇》云："雖雜庸民，終無怨心。"畢注云："言遺佚不怨。"而不知此謂志在救世，雖窮而在野，與庸民雜居，亦無怨也。凡此皆傅會儒言之失。

二，引據類書尚多漏略。如《法儀篇》云："昔之聖王禹湯文武兼愛天下之百姓。"畢注云："舊脫'愛'字，以意增。"而不知《羣書治要》所引正有"愛"字也。劉師培說。《七患篇》，"大臣不足以事之"。畢注云："舊脫'以'字，一本有。"而不知《羣書治要》所引正有"以"字也。見孫氏《閒詁》。

三，徵引尚多未備。古字古言，通以聲音訓故之原，為畢書得意之作。如《耕柱篇》云："古者周公非關叔。"畢注云："'關'

---

① 張湛：字處度，東晉高平(今山東金鄉西北)人，歷官中書侍郎、光祿勛。注《列子》。後人考定，其所注《列子》實偽作。

② 《墨子注後序》"與"作"視"，當據改。

③ 盧辯(? -約557)：字景宣，北朝時范陽涿縣(今河北涿州)人。初為太學博士，注《大戴禮記》。后歷官驃騎大將軍、尚書令等。

④ 翁方綱(1733-1818)：字正三，號覃谿，直隸大興(今屬北京)人。乾隆進士。歷任編修、學政、內閣學士等。長於考證、金石之學。著有《石經殘字考》、《粵東金石略》、《兩漢金石記》、《復初齋詩集》、《復初齋文集》。

即'管'字叚音；一本改作'管'，非是。《左傳》云：'掌其北門之管'，即關也。"畢說是也。然《說文·木部》："棺，關也，从木，官聲。"管亦从官聲，則从官聲有關義可知。此"關""管"相通之最要義證，而畢氏未之及焉。

此外疏漏尚多。讀孫氏《閒詁》，自能知之。兹不復一一。至其對於墨子之評論，則尤為非是。其自敘（即畢沅《墨子注敘》）云：

> 非儒則由墨氏弟子尊其師之過，其稱孔子諱及諸諱①詞，是非翟之言也。案他篇亦稱孔子，亦稱仲尼，又以為孔子言亦當而不可易，是翟未嘗非孔子；孔子之言多見《論語》《家語》及他緯書傳注，亦無斥墨之詞。

據畢說則墨子殆不道孔子諱，必事孔子如師也。有是理乎？孫星衍承其說而為之敘其書，竟引《淮南子·要略訓》云，"墨子學儒者之業，受孔子之術，以為其禮煩擾而不說（通"悅 tuō"，簡易也，王念孫說），厚葬靡財而貧民，久服傷生而害事，"久"字舊脫，據王念孫校增。故背周道而用夏政"，以為墨出於儒之證。而不知淮南之所謂"受"與"學"者，蓋猶今之所謂"讀"；讀其書而知其是非，非必師事之也。

孫星衍，盧文弨二家之注已見畢書中。畢書集其成，而其簡略尚如前之所云，則盧孫之簡略，更不足論矣。

同時又有汪中，亦治墨學。其書今不傳，惟見其序於《述學》耳。然就其敘言之，其書必大有可觀者。其序略云：

---

① 《墨子注敘》"諱"作"毀"，當據改。

　　《墨子》七十一篇,亡十八篇,今存五十三篇。明陸穩所敘刻,視它本為完,其書多誤字,文義昧晦,不可讀。今以意粗為是正,闕所不知;又采古書之涉於墨子者,別為表微一卷。

　　今定其書為內外篇;又以其徒之所附著為雜篇;倣劉向校《晏子春秋》例,輒於篇末述其所以進退之意,覽者詳之。

　　則汪書之內容,與諸家之不同,蓋可知矣。至其持論亦比畢孫為精通。

　　墨子之學,其自言者曰:"國家昏亂,則語之尚賢尚同;國家貧,則語之節用節葬;國家喜音沈湎,則語之非樂非命;國家淫僻無禮,則語之尊天事鬼;國家務奪侵陵,則語之兼愛非攻。"此其救世亦多術矣。《備城門》以下,臨敵應變,纖悉周密,斯其所以為才士與? 傳曰:"世之學老子者,則絀儒學;儒學亦絀老子。"(《史記·老子韓非列傳》)惟儒墨則亦然,儒之絀墨子者孟氏荀氏;自注:《藝文志》董無心一卷(即《董子》一卷,入儒家),非墨子,今亡,《孔叢·詰墨》偽書,不數之。荀之《禮論》《樂論》,為王者治定功成盛德之事;而墨之《節葬》《非樂》所以救衰世之敝;其意相反,而相成也。若夫,兼愛特墨之一端;然其所謂兼者,欲國家慎其封守而無虐其鄰之人民畜產也。雖昔先王制為聘問弔恤之禮,以睦諸侯之邦交者,豈有異哉? 彼且以兼愛教天下之人子者,使以孝其親,謂之無父,斯已枉矣。後之君子,日習孟子之說。而未睹墨子之本書,其以耳食,無足怪也。世莫不以其誣孔子為墨子皐。雖然,自今言之,孔子之尊,固生民以來所未有矣;自當日言之,則孔子魯之大夫也,而墨子宋之大夫也,其位相埒(liè)，其年又相近，其操術不同，而立言務以求勝，雖欲平情覈實，其可得乎？是故墨子之誣孔子，猶孟子之誣墨子也，歸於不相為謀而已矣。吾讀其書，惟以三年之喪為敗男女之交有悖於道；至其述堯舜，陳仁義，禁攻暴，止淫用；感王者之不作，而哀生民之長勤；百世之下，如見其心焉。《詩》所謂"凡民有喪，匍匐救之"(《邶風·谷風》)之仁人也。其在九流之中，惟儒足與之相抗；自餘諸子，皆非其比。歷觀周漢之書，凡百餘條，並"孔墨""儒墨"對舉；楊朱之書，惟貴放逸，當時亦莫之宗，躋之於墨，誠非其倫。自墨子沒其學離而為三，徒屬充滿天下；呂不韋再稱鉅子；自注：《去私篇》《尚德篇》。韓非謂之顯學；至楚漢之際而微。《淮南子·氾論訓》。孝武之世，猶有傳者，見於司馬談所述。於後遂無聞焉。惜夫！以彼勤生薄死，而務急國家之事，後之從政者，固宜假正議以惡之哉？

其謂墨子之誣孔子，猶孟子之誣墨子，雖似太過；然當時諸子尚未定於一尊，則互相非距，不免流於偏激，亦勢所必然者。故墨子之不尊孔子，本不宜為墨子諱；汪氏之見，蓋卓於畢孫遠矣。

汪氏持論雖精於畢孫。然其注今不傳，未知其果能勝畢書否？自畢以後，則有王念孫，其書成於道光閒。王氏為遜清考證學鉅子，故其成就尤遠在諸家之上。今節錄其《墨子雜誌敘》如下：

是書錯簡甚多。盧氏所已改者，唯《辭過篇》一條。其《尚賢下篇》，《尚同中篇》，《兼愛中篇》，《非樂上篇》，《非命中篇》，及《備城門》，《備穴》二篇，皆有錯簡；自十餘字至三百四十餘字不等;其佗脱至數十字,誤字,衍字,顛倒,及後人妄改者,尚多;皆一一辨正之,以復其舊。此外脱誤不可讀者尚復不少。

蓋其書有四大特色:(一)改正錯簡。如自敘所舉諸篇是也。(二)發明古義。如《非儒篇》云:"曩與女為苟生,今與女為苟義。"(《非儒下篇》)畢氏讀為苟且之"苟",而王氏以《說文》訓"自急敕之苟"正之,是也。(三)因傳寫之譌以考見古字。如《尚賢中篇》,"賤傲萬民"。"賤傲"二字,義不可通。王氏以"賤"為"賊"之譌;"殺"字古文作"放",與"敕"相似,知"放"譌作"敕",又譌作"傲",是也。(四)闡明同聲通假之字。如《尚賢中篇》:"故不察尚賢為政之本也。"王氏引《管子·侈靡篇》"公將有行,故不送公",以明"故""胡"通用,是也。有此四者,故墨書至王氏而大略可讀矣。然其誤解者亦時或有之。茲舉一二例如下:

一,《天志中篇》,"雷降雪霜雨露"。王注云:"'雷降雪霜雨露',義不可通。'雷'蓋'霣'字之譌,'霣'與'隕'同,《春秋經》莊七年'星隕如雨',《公羊》'隕'作'霣'。"按王氏改"雷"為"霣",非也。考《說文·雨部》,霣下云:"齊人謂雷為霣,從雨,員聲。""雷",《說文》作"靁",籀文作"𩇩",云:"靁閒有回,靁聲也。"蓋"回""員"雙聲,故"雷""霣"同字;叚"霣"為"隕",為同聲之叚;叚"雷"為"隕"為雙聲之叚;其理同也。王氏必以"雷"為"霣"之誤,此於古音考之未審之過也。

二,《非攻下篇》,"以諍諸侯之斃"。王云:"'諍'涉下文諸字從言而誤,今改。"按王氏改"諍"為"爭",非是。《說文·言部》,"諍,止也。"《支部》,"救,止也。"然則"諍""救"同義。"以諍諸侯之斃",猶云"以救諸侯之斃",義自可通,何勞改字?

此於古義考之未審之過也。

墨子書雖至王氏而略已可讀。然《經》上下及《經說》上下四篇，函義既奧博，訛脫尤眾；畢王之書，尚未能得其十之一二也。武進張惠言則有《墨子經說解》，以專釋此四篇。其書據其後敘，成於乾隆五十七年(1792)。然其書未嘗刊布，至光緒丁未(1907)，孫詒讓始得校寫本，以其說入於《閒詁》；乙酉①歲，國學保存會②，始有景印本。其書先列《經上》旁行為一篇，而後以《經說上》附《經上》為一篇，為上卷；《經下》旁行為一篇，又以《經說下》附於《經下》為一篇，為下卷。其注均用單行小字。其書之得失，孫詒讓論之甚允。孫氏云：

> 余前補定《經下》篇句讀，頗自矜為剙(同"創")獲；不意張先生已先我得之；其解善談名理；雖校讎未寀，不無望文生義之失；然顧③有精論，足補余書之闕誤者。(載於《墨子閒詁·總目》後)

至其後序立論尤多精闢。今節錄如下：

> 當孟子時，百家之說眾矣。而孟子獨距楊墨。今觀墨子之書，《經說》、大小《取》盡同異堅白之術；蓋縱橫名法家惠施公孫龍申韓之屬皆出焉。然則當時諸子之說，楊墨為統宗。孟子以為楊墨息而百家之學將銷歇而不足售也。獨有告子者與墨為難而自謂勝為仁。故孟子之書亦辯斥之。

---

① "乙酉"當爲"己酉"(1909)之誤。
② 1905年鄧實、黃節等人在上海成立國學保存會，以"研究國學，保存國粹"為宗旨，發行《國粹學報》。
③ 《閒詁》"顧"作"固"，應據正。

嗚呼！孰知其後復有烈於是者哉！墨子之言，詩於理而逆於人心者，莫如非命非樂節葬；此三言者偶識之士可以立折，而孟子不及者，非墨之本也。墨之本在兼愛；而兼愛者，墨之所以自固而不可破。兼愛之言曰："愛人者，人亦愛之，利人者，人亦利之；仁君使天下聰明耳目，相為視聽；股肱畢強，相為動宰。"此其與聖人所以治天下者復何以異。故凡墨氏之所以自託於堯禹者兼愛也。尊天，明鬼，尚同，節用者，其支流也。非命，非樂，薄葬，激而不得不然者也。天下之人惟惑其兼愛之說；故雖悖於理不安於心，皆從而和之，不以為疑；孟子不攻其流而攻其本，不誅其說而誅其心，斷然被之以無父之罪，而其說始無以自立。(《墨子經說解》後張惠言書)

其論孟子闢墨不闢其他說，而獨闢兼愛，可謂得擒賊先擒王之旨者矣。張氏之外，治經說四篇者，尚有丁小山[1]，定本《墨子閒詁》作"小疋"，聚珍本作"小山"。柱按：據孫志祖[2]《讀書脞錄(脞 cuǒ 錄，猶雜錄)》作"小山"，則定本誤也。許周生[3]二家之書，見孫志祖《讀書脞錄》。小山名杰，周生名宗彥，並德清人，孫詒讓云：然其書今皆未流布，不知尚存否也。(見孫氏對《墨子經說解》後張惠

---

① 丁杰(1738–1807)：原名錦鴻，字升衢，號小山、小雅，室名小西山房(字號參楊廷福、楊同甫編《清人室名別稱字號索引》)，浙江歸安(今湖州)人。乾隆進士。官寧波府學教授。肆力經史，旁及《說文》、音韻、算數。長於校讎。曾與翁方綱補正朱彝尊《經義考》，與許宗彥闡釋《墨子》上下經。著有《大戴禮記繹》、《漢隸字原考正》、《小西山房文集》等。

② 孫志祖(1737–1801)：字詒穀，號約齋，浙江仁和(今杭州)人。乾隆進士。曾官刑部主事、江南道監察御史等。著《讀書脞錄》、《家語疏證》、《文選考異》、《文選注補正》、《文選理學權輿補》，輯《風俗通逸文》。

③ 許宗彥(1768–1818)：原名慶宗，字積卿，一字固卿，又字周生，浙江德清人。嘉慶進士，授兵部主事，就官兩月告歸。通經史、精天文。有《鑑止水齋集》。

言書的案語）

繼畢王而為全書校釋者，有蘇時學，著有《墨子刊誤》。其書刊於同治丁卯（1867）。孫詒讓《與梁啓超書》，見《籀高述林》①，原題梁卓如（原全稱為《與梁卓如論墨子書》）。稱其書為專門之學。陳澧為之跋云：

> 蘇爻山以所著《墨子刊誤》見示，正譌字，改錯簡，渙然冰釋，怡然理解②；而《備城門》以下尤詳。墨子以善守稱，《備城門》諸篇，乃其法也。此又兵書之最古者。墨子之書害道；而爻山乃能取其長，探其奧，真善讀古書者。

觀陳蘇兩家所稱道，則其書之足重可知。然以余觀之，亦有鉅失。

一，篤信偽《尚書》，故往往據偽《尚書》而誤解《墨子》。如《非命中篇》，"《仲虺之誥》曰：我聞有夏人，矯天命，布命於下；帝式是惡，用闕師。"蘇氏云："此與上下二篇所引，略見孔書（指的是《偽古文尚書》），而其詞稍異；所引《太誓》亦然；真古文也。而世必以古文為偽，何歟？豈作書者不能雷同以徵信，反加點竄以致疑歟？抑孔書不足信，而墨子亦不足信歟？"此說孫氏《閒詁》未載入。其篤信古文如此。故於《非命下篇》，"為鑑不遠，在彼殷王"，蘇云："'殷'宜作'夏'。《泰誓》曰：'厥鑑惟不遠，在彼夏王。'"引《偽書》欲改"殷"為"夏"。而不知作書者勦（chāo）襲墨子。墨子所引之《泰誓》，乃伐紂後告誡之辭，此簡朝亮說，見《尚書集注述疏》卷末偽古文。而作偽者乃以為伐紂時之言，故改

---

① 高，音 qǐng，《說文·高部》"高"的或體作"廎"，所以《籀高述林》又可作《籀廎述林》。

② 《墨子刊誤》"解"作"順"，當據改。

“殷”為“夏”也。

　　二,小學非其所長,故所說時或不免於陋。如《親士篇》云：“豀陝者速涸”,蘇注云：“陝與狹通”,此說孫氏《閒詁》不錄。而不引《說文·𨸏(fù)部》“陝(xiá),隘也”為釋,以明狹為陝之俗。《尚賢篇》,“是在王公大人為政於國家者,不能以尚賢事能為政也”(《尚賢上篇》)。蘇注云：“事當為使,二字形近而誤。”而不知古“事”“使”同為一字,見於金文也。見吳大澂①《說文古籀補》。

　　至其本書校勘之疏,尤為他書所罕見。如“則子西易牙豎刁之徒是也”,乃《所染篇》之文,而錄入《法儀篇》。《修身篇》“雖勞不圖”,而注竟以“啚”為“圖”,皆未改正。刊書艸率,未免太甚。餘詳余所著《〈墨子刊誤〉刊誤》。茲不贅。

　　蘇書,孫氏《閒詁》,採取甚眾。然亦閒有不錄者,如上所舉二例之類是也。然蘇書行世甚少,世之得見其書者蓋亦寡矣。

　　與蘇氏同時而治墨學者,有鄒伯奇②、陳澧,孫詒讓《與梁啓超書》稱其學云：

> 　　《經》《經說》上下及大小《取》六篇,文義既苦奧衍,章句又復譌舛。昔賢率以不可讀置之。爻山即蘇時學刊誤,致力甚勤;而於此六篇竟不著一字;專門之學,尚復如是,何論其他？唯貴鄉先達蘭甫陳澧特夫鄒伯奇兩先生,始用天算光重諸學發其恉。惜所論不多,又兩君未遘精校之本,故不無望文生訓之失。

---

①　吳大澂(1835-1902)：原名大淳,避清穆宗載淳諱改,字止敬、清卿,號恆軒,又號愙齋,江蘇吳縣(今蘇州)人。同治進士,授編修,后出為陝甘學政。長金石學,著有《字說》、《說文古籀補》、《愙齋集古錄》、《古玉圖考》等。

②　鄒伯奇(1819-1869)：字特夫,又字一鶴,廣東南海人。對天文學、數學、光學、地理學等都很有研究。他自己動手製作照相機並拍攝照片,著有《春秋經傳日月考》、《攝影之器記》、《格術補》。阮元《疇人傳》介紹其科學成就甚詳。

　　蓋以泰西科學釋《墨經》,實始於鄒陳二君矣。鄒說多載於陳氏《東塾讀書記》,孫氏《閒詁》採之,多題為陳說;此學者所當知者也。陳氏對於墨子,亦有極精闢之言。茲節錄其三則如下:

　　　諸子之學,皆欲以治天下。而楊朱之計最疏,墨翟之計最密。楊朱欲人不貪,然人貪則無如之何;老子欲人愚,然人詐則無如之何;商鞅韓非皆欲人畏懼而自禍其身;墨翟兼愛非攻,人來攻則我堅守;何以為守? 蕃其人民,積其貨財,精其器械;而又志在必死,則可以守矣。此墨翟之所長也。
　　　孟子謂墨子無父,嘗疑其太甚;讀墨子書而知其實然也。墨子書云:"公孟子曰:'三年之喪,學吾子之慕父母。'子墨子曰:'夫嬰兒子之知,獨慕父母而已。父母不得也,然號而不止,此其故何也? 即愚之至也。然則儒者之志①,豈有賢於嬰兒子哉?'"自注:《公孟篇》。此之謂無父。
　　　韓非子云:"墨者之葬也,冬日冬服,夏日夏服,桐棺三寸,服喪三月。儒者破家而葬,服喪三年,大毀扶杖。夫是墨子之儉,將非孔子之侈也,是孔子之孝,將非墨子之戾也。"自注:《顯學篇》。韓非猶以墨子為戾,孟子謂之無父,不亦宜乎? 蓋專欲富國強兵,遂至於戾而無父而不顧,是則墨子之學矣。

　　其論墨學之得失,可謂深得要領矣。繼蘇氏之後而為全書之考證者,有俞樾,著有《墨子平議》,刊布於同治庚午(1870)。其書精博與王念孫書等;且後出於王書,故足補王書之所未備者甚眾。然疏失之處,亦時或不免。姑舉一二如下:

────────

① 《東塾讀書記》"志"作"知",《閒詁》亦作"知"。

　　一,《兼愛中篇》云:"雖然,天下之難物于故也。""于"舊本作"於"。俞云:"'于故'二字疑衍。"而不知"於"《道藏》本作"于";"于"有大義,故从"于"之字,均有大義。《說文·大部》"夸,奢也,从大,亏①聲。"段玉裁注(《說文解字注》)云:"奢,張也。"是"于"有張大之義。《艸部》,"芌(yù),大葉實根駭人,故謂之芌也;从艸,亏聲。"段注云:"《口部》'吁,驚也',《毛傳》曰:'訏,大也',凡于聲②多訓大。"然則"于故"猶言"大故"也。《呂氏春秋·節喪篇》,"不以便死為故",《注》(高誘《呂氏春秋注》)云:"故,事也。""大故"猶"大事"也,"難物""大事",正相對為文,豈得謂之衍字乎? 此俞氏於古人語根未及深求之過也。

　　二,《節用上篇》云:"冬加溫,夏加清者,芊組;不加者,去之。""芊組"二字,學者多不得其解。俞云:"'芊組'疑當作'鮮且'。'鮮且'者,鮮黼也。《說文·黹部》:'黼,合五采鮮色;从黹,盧聲。'鮮色謂黼;故合而言鮮黼。"而不知《中篇》皆作"則止"③。"鮮黼"或可誤為"芊組",而斷無可誤為"則止"之理。予以謂俞氏以"芊組"為"鮮且",其字則是,其義則非也。"鮮""斯"雙聲,古多通用。《易·繫辭》"君子之道鮮矣"(《繫辭上》),《詩》"鮮民之生"(《小雅·蓼莪 lù é》),"鮮"均當為"斯"之轉。《說文·且部》,"且,所以薦也;从几④,足有二橫,一,其地下⑤也。㠯,古文且字,又以為几字⑥。"几者人之所止,故且有止

<hr />

① 亏,yú,同"于",《說文·亏部》:"亏,於也。象氣之舒亏。"徐鉉校:"今變隸作于"。
② 段注"聲"下有"字"字,當據增。
③ 例如:"夏服絺綌之衣,輕且清,則止。"
④ 冂,當爲"几"。
⑤ "地下"大徐(徐鉉)本作"下地",當據改。
⑥ "㠯,古文且字,又以為几字",這句話大徐本無,出自小徐(徐鍇)本(《說文繫傳》),原文為:"㠯,古文以為且,又以為几字。"

義。如阻沮等均有止義。然則此文之"鮮且",其義猶云"斯止"也。詳拙著《墨子閒詁補正》。若俞氏之說,則未免深求之過矣。

自畢氏至俞氏八九十年間,墨學已日臻完備。然自畢書外,汪書不傳,其餘均不列入《墨子》原文。故著者雖眾,散見各家之書,未便學者研討;其於墨學猶未為大功也。後俞書二十五年,乃有孫詒讓之書,取許叔重(許慎)題注淮南王書曰《鴻烈閒詁》之義,名其書為《墨子閒詁》;博采諸家之說,錄入《墨子》本文之下。俞樾序其書云:

> 唐以來,韓昌黎外無一人能知墨子者;傳誦既少,注釋亦稀;樂臺舊本,久絕流傳;闕文錯簡,無可校正;古言古字,更不可曉;而墨學塵薶終古矣。國朝指遷清鎮洋畢氏始為之注;嗣是以來,諸儒益加讎校,涂徑既闢,奧窔(yào)粗窺;墨子之書,稍稍可讀。於是瑞安孫詒讓仲容,乃集諸書之大成,著《墨子閒詁》;凡諸家之說,是者從之,非者正之,闕略者補之;至《經說》及《備城門》以下諸篇,尤不易讀;整紛剔蠹,蠔(同"脈")摘無遺;旁行之文,盡還舊觀;訛奪之處,咸秩無紊。蓋自有《墨子》以來,未有是書也。

俞氏之說,誠非溢美之談。然孫氏書實有兩種。一為聚珍本,於光緒乙未(1895)在蘇州毛上珍①印行(此本《墨子大全》稱為初本);二為定本,即今通行之本,鏤版於光緒丁未(1907)。兩者各有長短,孫氏自書定本云:

> 余續勘得賸義百餘事,有誤讀誤釋,覆勘始覺之者,咸

① 毛上珍為清末蘇州最有名的刻書家。

隨時迻錄別冊存之。此書最難讀者莫如《經》《經說》四篇。余前以未見皋文（張惠言）先生《經說解》為憾。一日，得如皋冒鶴亭孝廉廣生①書云："武進金湉生運判武祥②，臧有先生手稿本。"急屬鶴亭馳書求迻錄。金君得書，則自寫一本寄贈，得之驚喜纍日。既又從姻戚張文伯孝廉之綱③許段得陽湖楊君保彝《經說校注》，亦聞有可取。因④張解並刪簡補錄入冊。

是定本所網羅。殆富於聚珍本矣。然就版本之校勘而論，則聚珍本之錯誤少於定本。茲略舉一二如下：

一，本文之脫誤。如《尚同中篇》，"以求興天下之害"。"興"下脫"天下之利除"五字。本作"以求興天下之利，除天下之害"。各本均同。聚珍本不脫，而此獨脫。

二，注文之脫誤。如《尚賢上篇》，"文王舉閎夭泰顛於罝罔之中"。注引畢云："或以《詩·兔罝》有公侯腹心之詩而為之說"云云。"之"字下"詩"字，畢本原作"語"；此誤為"詩"，而聚珍本則不誤。

---

① 冒廣生（1873-1959）：字鶴亭，又字鶴汀，號疚翁，別署疚齋、小三吾亭長，江蘇如皋人。光緒舉人（明清舉人雅稱孝廉）。曾任刑部郎中、農工商部郎中等職。中華人民共和國成立后，任上海文史館館員。著有《小三吾亭詩集》、《小三吾亭文集》等。其後代編有《冒鶴亭詞曲論文集》。

② 金武祥（1841-1924）：原名則仁，字湉生，號粟香，一號菽鄉，又號陶廬，江蘇江陰人。1882年，應鄉試中舉。1884年任廣東督糧道。1885年起，至廣西梧州任兩廣鹽運使。民國初年，出任《江陰縣續志》分纂。有《粟香隨筆》、《陶廬雜憶》、《瀤江雜記》、《粟香室叢書》等。

③ 張之綱（1844-1915）：字文伯，號君輔，自號謝村老民，浙江永嘉人。光緒舉人。歷官內閣中書、製造局僉事。與孫詒讓友善。晚年喜金石文，著有《毛公鼎斠釋》、《契亭金文校釋》、《池上樓詩稿》等。（參蘇步青：《浙江古今人物大辭典（續編）》，方誌出版社，2001年，第309頁。）

④ 《閒詁》"因"下有"與"字，當據增。

此則聚珍本比定本為優者矣。然亦有聚珍本誤而定本不誤者,要在少數而已。玆略不舉焉。

孫書內容共四種。一閒詁十五卷,二目錄一卷,三附錄一卷,四後語二卷,共十有九卷。於墨學之故訓及學說等,可謂甚備。蓋不獨孫氏之學力使然,亦時勢所使然也。蓋治《墨子》日多,其說亦日備,故孫氏得以集其大成之功耳。

孫書所采,則前此治《墨》者尚有洪頤煊[1]及戴望;其說無多,今不論焉。

至孫氏之對於墨子學說,亦頗有持平之論。其自序云:

> 身丁戰國之初,感悕於獷暴淫侈之政,故其言諄復深切,務陳古以剴(kǎi)今,亦喜稱道詩書,及孔子所不修《百國春秋》;唯於禮則右夏左周,欲變文而反之質;樂則竟屏絕之;此其與儒家四術六藝必不合者耳。至其接世務為和同,而自處絕艱苦;持之太過,或流於偏激,而非儒尤為䔺盭(同"乖戾"),然周季道術分裂,諸子舛馳;荀卿為齊魯大師,而其書《非十二字[2]篇》,於游、夏、孟子諸大賢,皆深相排笮(排笮 zé,排擠)。洙泗齗齗(洙泗,魯二水名,洙泗之間為孔丘傳授儒學場所;齗齗,yín,爭辯貌),儒家已然;儒墨異方,跬武千里,其相非寧足異乎?綜覽厥書,釋其紕駮(bó),甄其純實可取者,蓋十之六七;其用心篤厚,勇於振世救敝,殆非韓、呂諸子之倫比也。

---

① 洪頤煊(1765-1833):字旌賢,號筠軒,晚號倦舫老人,浙江臨海人。好聚書,家藏善本書三萬餘卷,碑版二千餘通,有《倦舫書目》。著有《讀書叢錄》(內有關於《墨子》論說)、《管子義證》、《諸史考異》、《筠軒文鈔》等。

② 《閒詁》"字"作"子",當據改。

　　稍後於孫氏而研究墨學者，有章炳麟，梁啓超。章氏精訓詁及佛乘，故所言多獨到之處。惟無專書。略見於《國故論衡·原名篇》而已。如云：

　　　　《墨經》曰："知而不以五路，說在久。"（《經下》）《說》曰："智者若瘧病之之於瘧也，自注：上"之"字訓者。智以目見而目以火見，而火不見，惟以五路知，久，不當以目見，若以火。"（《經說下》）此謂瘧不自知，病瘧者知之；火不自見，用火者見之；是受想之始也。受想不能無五路；及其形謝，識籠其象，而思能造作。見無待於天官，天官之用亦若火矣。五路者若浮屠所謂九緣：一曰空緣，二曰明緣，三曰根緣，四曰境緣，五曰作意緣，六曰分別緣①，七曰染淨依，八曰根本依，九曰種子依。自作意而下，諸夏之學者不亟辯，汎號曰智。目之見，必有空明根境與智；耳不資明；鼻身不資空；獨目為具五路。既見物已，雖越百旬，其像在；於是取之，謂之獨影。獨影者知聲不緣耳，知形不緣目，故曰不當。不當者不直也。是故賴名。曩令所受者逝，其想亦逝，即無所仰於名矣。此名所以存也。

　　其解說頗精，大氏類此。

　　然自畢氏以來，為墨學者或整理全書，或書中之一部分；雖各有精審之處，然大氏皆訓故章句之學；而於墨子之學說，評論者不過廖廖千百言之敍文，略見己意而已。言墨子之非者，固自有其卓識；而言墨子之是者，亦多遊移於孟墨之間；未有大聲疾呼，提倡墨子學說者也。有之，自梁啓超始。其於清末撰《新民

① 《國故論衡·原名篇》"緣"作"依"。

叢報》時,曾作《墨學微》①。其發端敘論云:

> 新民子(梁氏自號)曰:今舉中國皆楊也。有儒其言而楊
> 其行者;有楊其言而楊其行者;甚有墨其言而楊其行者;亦
> 有不知儒,不知楊,不知墨,而楊其行於無意識之間者,嗚
> 呼!楊學遂亡中國!楊學遂亡中國!今欲救之,厥惟學墨;
> 惟無學別墨,而學真墨;作《子墨子學說》。(初載《新民叢報》
> 1904 年第 1 號)

以墨學為救國之學說,雖似言前人所未言,然俞樾於序孫氏
《閒詁》云:

> 嗟乎!今天下一大戰國也!以孟子反本一言為主;而
> 以墨子之書輔之,倘亦足以安內而攘外乎?

則俞氏早已見及此。唯俞氏之說,似偏於戰守之具,而梁氏
則大倡其學說耳。梁氏書第一章《墨子宗教思想》,第二章《墨
子之實利主義》,第三章《墨子兼愛主義》,言論頗為清晰。胡適
謂其能引起多數人對於墨學之新興趣,其言良是。梁氏至民國
十年(1921),復刊行其《墨子學案》,蓋為清華學校演講而作者。
其書第一章《總論》,第二章《墨子之根本觀念》,第三章《墨子之

---

① 梁啟超在《新民叢報》1904 年第 1、2、4、5、9、10 號《學說》欄上連載《子墨子學
　　說》,在《新民叢報》1904 年第 1、2、3《談叢》上連載《墨子之論理學》(論理學即
　　邏輯),上海商務印書館 1916、1922 年版彙編稱《墨學微》。二書(《墨子之論理
　　學》附在《子墨子學說》後)及《墨經校釋》、《墨子學案》均收入《飲冰室專集》
　　(見《飲冰室合集》第 8 冊,中華書局 1989 年版),《墨子大全》第 26 冊全部收
　　錄。梁氏《墨子學案·自序》云:"吾昔年曾為《子墨子學說》及《墨子之論理學》
　　二篇,坊間有彙刻之名為《墨學微》者。"

實利主義及其經濟學說》，第四章《墨子之宗教思想》，第五章《墨子之新社會組織法》，第六章《實行的墨家》，第七章《墨家之論理學及其他科學》，第八章《結論》，並附有《墨者及墨學別派》，《墨子年代考》。梁氏自序謂與《墨學微》全異其內容云①。

梁氏又別有《墨經校釋》，刊布於民國十一年（1922）。其書一《自序》，二《凡例》，三《餘記》，四《正文》，五《旁行原本》，六《經上之上　經說上之上》，七《經上之下　經說上之下》，八《經下之上　經說下之上》，九《經下之下　經說下之下》，十《胡（胡適）序》。此為張惠言後專釋《墨經》之鉅著。蓋梁氏前二書為提倡墨子學說之論述；後一書為校釋《墨子》一部分之著作。前者近於義理之學；後者近於考據之學也。茲將梁書分別論之。先略舉《墨學微》及《墨子學案》之一二例如下：

一，梁氏於《墨學微》論墨子之政術（參第四章），及《墨子學案》論墨子之新社會組織法，均引墨子《尚同上篇》選立天子之說，以為與盧梭民約絕相類；謂選立為人民選擇而立。其《墨學微》云：

> 其謂明乎天下之亂生於無正長。故選擇賢聖立為天子，使從事乎一同。誰明之？民明之。誰選擇之？民選擇之。誰立之？誰使之？民立之，民使之也。然則墨子謂國家為民意所公建，其論甚明。中國前此學者言國家所以成立，多數主張神權起源說，家族起源說；惟墨子以為純由公民②意所造成，此其根本的理想與百家說最違異者也。

---

① 梁啓超《墨子學案·自序》云：“吾昔年曾為《子墨子學說》及《墨子之論理學》二篇，坊間有彙刻之名為《墨學微》者。今茲所講，與少作全異其內容矣。”
② 《子墨子學說》“民”下有“同”字，當據增。

　　其《墨子學案》且舉墨子建立鉅子之法,以為例證;而不知此乃大謬特謬。孟勝之傳鉅子,全為個人之傳授;不足以明其為民選,適足證其為獨斷也。余以謂墨子之所謂選立者,乃言天之選立,非謂由人民選立也。舉證如下:

　　甲,《墨子·尚同上篇》云:"古者民始生未有刑政之時,蓋其語人異義,是以一人則一義,二人則二義,十人則十義,其人茲眾,其所謂義者亦茲眾,是①人是其義而非人之義,故交相非也;是以內者父母兄弟作怨惡,離散不能相和合;天下之百姓皆以水火毒藥相虧害;至有餘力不能相勞,腐朽餘財不以相分,隱匿良道不以相教;天下之亂若禽獸然。夫明虖天下之所以亂者,生於無政長;是故選天下之賢可者,立以為天子;天子立以其力為未足,又選擇天下之賢可者,置立之以為三公;天子三公既以立,以天下為博大,遠國異土之民,是非利害之辯,不可一二而明②,故畫分萬國,立諸侯國君;諸侯國君既已立,以其力為未足,又選擇其國之賢可者,置立之以為正長。"此段諸"選立"字,且置其選立天子之說而不論;而論其他之選立三公,立諸侯國君,選立正長;果為誰之選立乎? 其云"天子立以其力為未足",又云"天子三公既以立,以天下為博大",又云"諸侯國君既以③立,以其力為未足"云云;此諸所謂"以為"者,天子三公以為也,諸侯國君以為也。其文義甚明。然則下文接言"選立",乃天子選立三公;天子三公立諸侯國君;諸侯國君選立正長;甚明。此皆由尊立卑,則墨子之意,以選立天子歸之於天,可知。

　　乙,《墨子·天志上篇》云:"庶人竭力從事,未得次己(次,

---

① "是"下應有"以"字,下文的"而非人之義"的"而"應為"以","父母"的"母"應為"子",詳見《墨子之文學》部分校勘。

② 《閒詁》"明"下有"知"字,當據增。

③ 《墨子閒詁》"以"作"已"。

“恣”省，畢沅說。次己，即放任自己，王煥鑣譯）而為政，有士正之；士竭力從事，未得次己而為政，有將軍大夫政之；將軍大夫竭力從事，未得次己為政，有三公諸侯政之；三公諸侯竭力聽治，未得次己而為政，有天子政之；天子未得次己而為政，有天政之；天子為政於三公諸侯士庶人，天下之士君子固明知；天之為政於天子，天下之百姓未得之明知也。”此文云“有天政之”，云“天之為政於天子”，是明以天為天子之上司。而此文所云，亦皆為以尊政卑，與《尚同上篇》所云以尊選卑者，文同一例。則彼雖不明言天選立天子；而以此文例之，則墨子之意，固以天選立天子，甚明也。

　　丙，《尚同下篇》云：“此皆是其義，而非人之義，是以厚者有鬭，而薄者有爭。是故天下之欲同一天下之義也；是故選擇賢者立為天子。”孫詒讓云：“上‘天下’二字，疑當作‘天’。”柱按孫說是也。然則，此豈非墨子以選立歸之天之塙證乎？又《尚賢中篇》云：“然則富貴為賢以得其賞者誰也？曰若昔者三代聖王堯舜禹湯文武者是也。所以得其賞何也？曰：其為政乎天下也，兼而愛之，從而利之；又率天下之萬民，以尚尊天事鬼，愛利萬民；是故天鬼賞之，立為天子，以為民父母。”此則明明言天鬼立天子矣。尚可謂之民選邪？尚可謂為無神權說邪？

　　丁，《尚同上篇》既云“一人一義，二人二義，十人十義”，倘選立者為人民，則一人選一人，二人選二人，十人選十人，安能選出一人，立以為天子者乎？

　　要之，墨子此論，假令以為民選天子，則亦決非初民政治所能，有違事實；如以為天選，亦遠不及柳子厚《封建論》為有合於理；梁氏於此等處，均未闡發，不免多阿所好之言。

　　一、梁氏《墨子學案》第三章論“墨子之實利主義及其經濟學說”有一段云：

　　我想現在俄國勞農政府治下的經濟組織，很有幾分實行墨子的理想。內中最可注意的兩件事：第一件：他們的衣食住，都由政府干涉；任憑你很多錢，要奢侈也奢①不來；墨子的節用主義，真做到徹底了。第二件：強迫勞作，絲毫不肯放鬆；很合墨子"財不足則反諸時"（《墨子·七患》）的道理。雖然不必"日夜不休，以自苦為極"，但比諸從前工黨專想減少工作時刻，卻是強多了。墨子說："安有善而不可用者。"看勞農政府居然能觳（gòu，同"夠"）實現，益可信墨子不是幻想家了。

　　依梁氏此說，則墨子直二千年以前勞農政府之先達矣。然梁氏謂"墨子的節用主義，真做到徹底了"一語，考墨子之《節用中篇》所言"聖王制為節用之法"云云，下文皆繼之曰"諸加費不加於民利者聖王弗為"，此皆於民對言，則其法為專對在位者而言可知。且云"聖王弗為"，而不云聖王禁民不為；所稱者亦為古聖王，則古聖固未有絕對干涉人民衣食住之事者，則墨子此言，亦必非如梁氏所說，都由政府干涉可知。然墨子"尚同一義"，則節用之義，亦必欲強天下之同；是梁氏之言，似亦未為大過；唯言墨子之於衣食住，盡主由政府干涉，則終屬肛測，而無顯證耳。

　　至梁氏又謂"徧查《墨子》書中並沒有一個字說君位要世襲"云云，尤為不然。考《天志上篇》云："然則禹湯文武其得賞何以也？子墨子言曰：其事上尊天，中事鬼神，下愛人，故天意曰：此之柱按：'之'通'知'。我所愛，兼而愛之；我所利，兼而利之。愛人者此為博焉；利人者此為厚焉，故使貴為天子，富有天

_____

① 《墨子學案》"奢"下有"侈"字，當據增。

下,業萬世子孫(疑為業萬子孫,業與世同,世字衍,孫詒讓說。業萬子孫,萬代子孫)。"以業萬世子孫為善,非贊成君主世襲而何?梁氏於是乎疏矣。

　　要之,近人之學,頗似商賈趨時,好以外國學說,皮傅(以膚淺的言辭牽強附會)古書;往時人喜談盧梭,故以盧梭說傅會之;今人喜談勞農政府等,故又以勞農政府等傅會之。此乃近世學者之長技也。其學術之能聳動聽聞者在此,其短處亦正在於此。

　　至於《墨經校釋》,長在文字明晰,能引人入勝;依魯勝之例,引說入經,各附其章;又以校與釋分而為二;均極便學者研究。至其疏失,亦可得而言。

　　一:拘守《經說》必牒舉《經》文首一字以為標題之說。故多妄加妄減。而不知《經》文①固多牒《經》文首字為題,而亦有牒舉兩字者,有首句《說》與《經》文有同字而遂不舉者;不必拘守一律,以削趾就履也。此條胡適已論之②。

　　二:本前人之說而不出前人之名。如《經上》云:"勇志之所以敢也。"《經說》云:"勇以其敢於是也命之;不以其不敢於是③也害之。"張惠言云:"人有敢,亦有不敢;就其敢於此者,則命之'勇'矣。"孫詒讓云:"'名'猶'命'也,言因敢得'勇'名。"④而梁氏則云:"'命'猶'名'也。言因敢得'勇'名。人有敢,亦有不敢;就其敢於此即命曰'勇';雖不敢於彼,仍不害其為'勇'也。"其說全本張、孫。又句下校釋之語,亦多此類。如《經說下》云:"極勝重也。"孫注云:"《說文・木部》云:'極,棟也。'屋

---

① "《經》文"當作"《經說》"。
② 見《墨經校釋》胡序。在胡序中,胡適針對梁啟超提出的"凡《經說》每條之首一字,必牒舉所說《經》文此條之首一字以為標題"等說法,認為"這條公例定的太狹窄了",梁啟超亦有回應之詞,見《墨經校釋》三《餘記》之《復胡適之書》。
③ 《閒詁》"是"作"彼",應據正。
④ 《閒詁》作:"'命'猶'名'也,言因敢得名。"

棟為橫木,引申之凡橫木通謂極。"梁注云:"《說文》云:'極,棟
也。'屋棟為橫木,引申之凡橫木通謂之極。"梁氏此注亦全本孫
氏。如是之類,未免有攘美之譏。

三:援引多謨。如《經說上》云:"不若金聲玉服。"梁云:
"'不若'之'不',孫云疑衍",然今考孫書本云"不"疑當作
"必。"而無"疑衍"之文。《經上》云:"繻間虛也。"梁本改"繻"
作"櫨"。云:"'櫨'字從孫校。"然考此條孫注引王引之云:
"'繻'乃'櫨'之借字。"是當云從王校而不當云從孫校也。又
梁氏引張惠言云:"但就虛處則謂之櫨。"今考張原本作從糸之
"繻",不作從木之"櫨";而梁氏既改經文"繻"為"櫨",並改張
注之"繻"為"櫨",誤矣。凡此皆著書不小心,或削趾就履之過。

四:改字太多之病。如《經上》云:"同異而俱於之一也。"
《說》云:"侗二人而俱見是楹也,若事君。"梁校云:"'侗'疑當
作'同'。'楹'字當為'相盈'二字分寫之謨。'人'字涉上人旁
而衍。'見'字涉上文①'是'字形近而衍。'事君'二字不可
解。"是《說》文十二字,而梁氏疑改者幾過半數。如此解釋古
書,其意難美,恐非古人之意也。不知此文本無一誤。"侗"與
"同"同,猶"侒"與"安"同。墨子之意,謂當立一以為法儀。
"於",依也。"之",此也。謂人人雖異而俱依此一以為法儀也。
《說》云:"二人而俱見是楹",則譬此"一"為"楹";以此"楹"為
標準,雖二人之不同,而"俱見是楹",以是"楹"為標準則同。
"若事君"者,謂若萬民之事君,而志無不同也。舉"二人"為言,
即仁從二人之意,多數之稱也。此即《法儀》《尚同》《天志》之
恉,不須改字而本文自通。

五:文字之學本疏。故於古音義,無所證明。如《經下》云:

---

① 《墨經校釋》"上文"作"下",當據改。

“謂而固是也。”《說》云：“未有文名也。”梁氏以牒《經》文首字標題之例，改“未”為“謂”，其義是也。然而不知“未”即“謂”之音轉。桓二年《公羊傳》云：“若楚王之妻媦”，《解詁》(何休《春秋公羊經傳解詁》)云：“媦，妹也。”按“媦”從胃聲；“妹”從未聲。“媦”“妹”聲近義同。則“謂”從胃聲，故轉而為“未”。此《經》作“謂”而《說》乃作“未”之證也。蓋梁氏之於小學，似非所長；故其書除刪改文字外，於古音義，無所闡發也。

　　雖然，梁氏提倡墨子，前後著書三種，其功可謂勤矣，可謂墨子之功臣矣。

　　自梁氏提倡墨子之後，有胡適，章士釗，皆喜以名理說墨子。胡氏著有《墨辯新詁》；然刊布者只《小取》一篇(即《〈墨子·小取篇〉新詁》，載《北京大學月刊》第1卷第3號，1919年3月)，其書甚有條理。此外於《中國哲學史大綱》上卷，有《墨子》及《別墨》兩篇，幾占全書之大部分。然惟別墨之論，與梁氏不同，其餘則梁氏之《墨學微》，實已開其塗徑。胡氏據《莊子·天下篇》“俱誦《墨經》，而倍譎不同，相謂別墨”之語；以《經》上下、《經說》上下及《大取》《小取》六篇，為別墨之書，或為公孫龍惠施之徒所作。而不知莊子所謂“倍譎不同”者“相謂別墨”；則謂雖誦《墨經》而背於《墨經》者，乃謂之別墨；是別墨乃背于《墨經》之稱，安得反謂《墨經》為別墨之書乎？“別”之古文為“八”。《說文·八部》：“八，別也。象分別相背之形。”重之則為“公”。《說文·八部》云：“公，分也。从重八。《孝經》曰：故上下有別。”虞翻[1]說《尚書》“分北三苗”，“北”古別字。蓋“北”篆文作“𠈌”，亦象二人分別相背之形。則“北，八，公，別”四字，古音義相近相同。

_____

[1]　虞翻(164-233)：字仲翔，會稽餘姚(今浙江余姚)人，三國東吳經學家、政治家。初任孫策功曹，後任富春縣長，策死，孫權以之為騎都尉。精通《易學》，著有《易注》九卷，已佚。《三國志·吳書》有傳。

則"別墨"猶云"背墨"。"相謂別墨"乃彼此互相誹斥之詞;故下文接云:"以堅白異同之辯相訾,以觭偶不仵之辭相應",言其彼此相非難也。《韓非子・顯學篇》云:"孔墨之後,儒分為八,墨離為三;取舍相反不同,而皆自謂真孔墨。"韓云"取舍相反不同",猶莊云"倍譎不同"也。韓云"自謂真孔墨",此斥其自是;莊云"相謂別墨",乃斥其相非。是己則非人,非人則是己;其言不同,其實一也。夫見誦《墨經》而背《墨經》者,因謂《墨經》為背墨者之作;是何異於見稱誦孔墨,而背孔墨者,因謂孔墨為背孔墨者之學乎?且"倍譎不同"者"相謂別墨",則別墨非一人;而《墨經》者乃所俱誦者也。若以《墨經》為別墨之書,則屬別墨中何墨之書乎?為此一別墨之書,則彼一別墨必不誦,何云俱誦乎?凡此於論理有不可通者。而世人乃大共尊信之。是真大惑不可解者矣。至章士釗乃反其說,以《墨經》為墨家與施龍辯難之書,一立一破。學者又或共相尊信之,以為最新之發明品。章氏所著有《名墨訾應論》,《名墨訾應考》,最為學者所稱道。又有《章氏墨學》①,皆闡發其訾應之義。然其"訾應"二字,本於《莊子》書,而所徵引者為《墨經》,則是以《墨經》為訾應之辭矣。其說之不可通者有二。一,莊子所謂"訾應",指誦《墨經》者之互相訾應,非謂與名家訾應。而章氏題云:名墨訾應。是命題已非其實矣。二,莊子之言,謂以誦《墨經》不同之故而訾應;則訾應之言,當別有書;決不能以《墨經》為訾應之書。猶自漢以來誦《春秋》者有三家,倍譎不同,學者互相駁詰;其駁詰之

---

① 《名墨訾應論》,載《東方雜誌》第 20 卷第 21 號(1923 年);《名墨訾應考》,載《東方雜誌》第 21 卷第 2 號(1924 年);《章氏墨學》,載於《甲寅周刊》第 1 卷第 15、16、17、18、19、20、21、22、23(以上 1925 年),25、27、29、31(以上 1926 年),40、42(以上 1927 年)號,嚴靈峰編輯《無求備齋墨子集成》第 31 冊將《名墨訾應論》、《名墨訾應考》、《名學他辨》(載於《東方雜誌》1920 年第 17 卷第 20 號)輯在一起,題為《名墨論集》。

辭,亦當別有其書;不能指《春秋》為其駁詰之書也。而章氏乃
以《墨經》為墨者訾應之詞,是何以異於謂《春秋》為後儒駁難之
文乎? 此其不可通也明矣。

　　章氏釋《墨經》,其精警之處固多,其牽強之處亦復不少。
茲舉一例如下:

　　　　《經上》云:"盈莫不有也。"《說》云:"盈,無盈,無厚,
　　　於尺無所往而不得二。"自注:原衍一得字

章釋之云:

　　　　盈,說在盈否之盈。以釋兼愛主義。但盈矣,以詞害
　　　意,而別無說以通之;是將受攻者以柄,而大義終莫明也。"
　　　故《說》曰:"盈,無盈。"《墨經》與《說》以正負兩面相互而
　　　明一義,其例有之。如《經》"厚有所大也"。《說》"厚惟無
　　　所大",是。惟"無盈"之說亦然。夫"無盈"者非"無盈"
　　　也。盈而吾見其有閒,可得將吾意以入之也。雖有間矣,而
　　　其閒前於區穴而後於端,為域極細,不容一髮;必吾將以入
　　　之者無厚,而後游刃有餘;此莊生所以稱屠牛垣①以無厚入
　　　有間者也。果無厚矣,凡遇整然成形,渾然一致之物,無往
　　　而不可分;分尺得二,是為顯證。由是兼愛而適然愛其一體
　　　何害? 愛其一體而仍無損於兼愛,抑又何難? (《章氏墨學》,
　　《甲寅周刊》第 1 卷第 18 號,1925 年)

　　章氏謂《經》與《說》以正負兩面相互而成一義,其例有之,

---

① 《章氏墨學》"垣"作"坦",當據改。坦,屠牛者之名。如《管子·制分》:"屠牛
　坦朝解九牛。"

其言誠當；與余不謀而合。其解說則病添字太多。如訓"無盈"
為"非無盈盈而吾見其有間可得將吾意以入之也"。訓"無厚"
為必將吾之所入者無厚而後游刃有餘云云，添字已如許之多，此
外尚須加許多枝節之語，皆原文所無之義。如此釋古書，將何說
而不可乎？余按前條釋纑，"纑"即"虛"之借；詳見拙著《墨子閒詁
補正》。上云"虛閒虛"，即一無所有；此云"盈莫不有"，即無一
不有；義實相反。然惟其相反，故恐人以為非盈則虛；是以非
"莫不有"即為"無所有"，此乃大誤。故《經說》釋之曰："無盈"
猶"無厚"也。蓋既已謂之"無厚"矣，如刀刃然，無論如何之薄，
必有厚者存；若云真無，便是無刃，不得謂之刃矣。是故既已謂
之刃矣，則必有刃之厚存。"於尺無所往而不得二"（《經說上》），
謂如"一尺之棰，日取其半，萬世不竭"，無所往而不得以二分之
也。世所謂"無厚"之"厚"，即此不竭之二，於論理決不能謂之
無也。惟"盈"亦然，雖與"虛"相反；然此與"有無"之相反不
同。如云"無有"，則其為"無"可知。若云"無盈"斯虛，斯乃大
謬。蓋既云"盈"矣，則所謂"無盈"者，無論如何之微，必有
"有"存焉，而不得謂之無有，猶"無厚"之不得謂之無"有"也。
此節蓋論"積極名詞"與"消極名詞"之關係。"積極名詞"示一
性質之存在，如"金類的"，"有機的"，是。其相當之"消極名
詞"，則示此性質之不存在，如"非金類的"，"無機的"，是。凡
"消極名詞"，往往加以消極冠字於"積極名詞"之上，是為消極
名詞之形式。然亦有"無消極之形式"而有其性質者，如"虛"之
一語，乃"盈"之消極語是也。有"有消極之形式"而不必即有消
極之性質者，如"無盈"之於盈是也。此猶"無厚"之於"厚"也。
異乎非金類之於金類，有消極之形式，又有消極之性質者矣。參
考王國維譯《辯學》。

　　稍前於梁氏而與孫並時治《墨》而不為後人所注重者，尚有

四家：一王樹枏①，二吳汝綸，三王闓運，四鄭焯。鄭書自以為過孫氏《閒詁》，今不存。王樹枏有《墨子校注補正》，以萬曆本校《墨子》，足補孫氏所未逮。吳書雖注重文章，然訓釋亦頗有足以正畢王之說者，略舉二例如下。

一，《尚同下篇》云："若苟義不同者有黨，上以若人為善將賞之。"畢云："賞舊作毀，一本如此。"吳云："'毀'字是。'將毀之'者百姓將毀之也。承'有黨'為文。故有'百姓'字。下'將罰'之'罰'乃'譽'之譌耳。"

二，《尚賢下篇》："今也天下言士君子。"王云："'言'當為'之'。"吳云："'言'助句之詞，《爾雅》與'之'同，訓閒也。王改非。《所染篇》，子墨子言見染絲者而歎，與此同也。"諸如此類，頗為精審。其子闓生，亦時加有案語，固頗有可采者；然如《兼愛上篇》云："必知亂之所自起焉能治之。"闓生注云："男謹案，焉猶乃也。"夫"焉"字訓"乃"，王念孫父子早有此說；而闓生竟未出王氏之名，言之如己出，何邪？豈王氏之書亦竟未之讀邪？諸如此類，亦不可殫舉。

王闓運書刊行早於吳書，王書於光緒甲辰（1904）刊於江西官書局，吳書於吳氏歿（mò）後刊於宣統元年（1909）。闓運本詞章家，考證非其所長；除武斷妄改外，並多襲前人之說。然亦有足以補諸家之闕者。如：

《非攻中篇》，欲以抗諸侯以英名攻戰之速。

此"英名"二字，諸家均忽略無釋；而闓運注云："當作莫

---

① 王樹枏（nán，1852-1936）：字晉卿，號陶廬，直隸（今河北）新城人，光緒進士。官至新疆布政使。入民國後，為國史館協修、編纂處總纂，曾參加編修《清史稿》。著有《墨子斠注補正》、《陶廬文集》等。

若",實為至當不可易。其書自《備城門》以下校釋比諸家為詳,可謂能詳人之所略;又於《經》篇引《說》就《經》,復《經》上下旁行之舊;亦其善於諸家者也。

與王闓運同時治墨者,尚有曹耀湘①,著有《墨子箋》,刊布於民國四年(1915)。王闓運深稱之。其書於每篇之末,皆略論其大義,亦頗有膽識。如書《兼愛篇》云:

> 墨子之學,其為儒者所詆訾,在於兼愛。孟子至比之於禽獸,以為無父。究其實則忠孝之理所由推行而盡利也。人必視天下猶一家,中國猶一人,萬物猶一體;然後可以得親順親,為人為子。故《孝經》曰:"愛親者不敢惡於人,敬親者不敢慢於人。"又曰:"合萬國之歡心以事其先王,合百姓之歡心以事其先君"(《孝治章》),又曰:"先之以博愛而民莫遺其親"(《三才章》),蓋重之以申明之,聖人之訓炳若日星矣。儒者即欲自別於墨氏,獨不思《孝經》之言乎? 孟氏之書其自蹈於偏蔽者歟? (書於《兼愛上篇》後)

在前清老儒,能發為此言,顯斥孟子,王闓運《墨子注》自敘云:"吾友曹郎中耀湘。"又題曹書,稱為鏡初先生(見曹耀湘《墨子箋》書後載王闓運《讀墨要指》)。亦可謂異於常流者。然其引《孝經》云云,豈果與墨子之兼愛同乎?《孝經》一則曰萬國,曰先王;再則曰百姓,曰先君;三則曰君;蓋皆指天子國君有位者而言,非墨子之教人"愛無差等","愛人親若其親"者比也。又如書《大取篇》後云:

---

① 曹耀湘:字鏡初,湖南長沙人。著有《曾文正公年譜》、《墨子箋》、《讀騷論世》、《春秋說》等。

　　按《墨子·經上》、《經下》、《經說》上下、《大取》、《小取》凡六篇,篇第相屬,語意相類,皆所謂辯經也。《大取》則其所辯者較大,墨家指歸所在也。凡墨子之說,其為儒家所排斥,世情所畏惡者三端:節葬也,非樂也,非儒也。有為儒家所排斥①世情不以為惡者,兼愛也,非命也。有為世情所畏惡而儒家不以為非者,尚同也,非攻也,節用也。有與儒術相合而亦不違乎世情者,則尚賢也,天志也,明鬼也,與夫親士貴義修身之說,皆是也。既與人情有違。則行之不能無窒;與儒術有異,則言之不能無爭。墨子述大禹箕子之教,修內聖外王之術,思以易天下;故必為辯經,博極萬事萬物之理,窮其源而竟其委;使天下後世咸曉然於易知簡能之故,則亦有不得已焉者矣。其宗旨則略具於此篇,所辯者大,故曰大取也。

　　此說可謂深知墨學之要領矣。其校改亦頗有卓見。如:

　　《親士篇》,焉可以長生保國。

　　"長生"二字,諸家皆不留意;而曹本改"生"為"世",云:"原訛作生"。則"長世保國",其義實比"長生保國"為長。蓋世古作卋,與生形近而譌也。又如:

　　《節葬下篇》,曰必捶塗差通壟雖凡山陵。

　　此文諸家校釋,多未安。曹校改為"曰凡山陵必埮涂②差通

---

① 《墨子箋》"斥"下有"而"字。
② 《墨子箋》"埮涂"作"捶塗"。

罋隧。"注云："'雖''隧'音近而譌。"文義遂似可讀。其書於《大取》頗詳，而略其攻①城門以下。其言云：

> 自《備城門》以外，存文十一篇，譌脫特甚，今亦不復校錄其文。墨子以非攻為教；若非詳明守禦之法，則世之溺於功利之說者，未必因口舌而為之沮止。故其止楚勿攻宋，亦示之以能守之實用，而後楚人信之；非僅以空言感動暴人也。老子稱"兵者不祥之器，有道者不處"（《老子》第三十一章），若墨子專言守禦，猶是仁人之事也。唯是古賢之書，有言理言事之別。言理者可以救一時之人心，此心同，此理同，俟諸百世而不惑也。言事者，則視乎其時，視乎其地；可以捍此時之患，未必可以行人之彼；可以捍一時之患，未必可以推之於後世。故墨子《備城門》諸篇，縱使文義完足，在今日實為已陳芻狗；況其訛脫不可讀乎？倘泥古法，逞臆說，以斷爛殘缺之簡記，疑誤後人，殃民覆國。仁人必不忍出此。豈墨子之志乎？與其過而存之，毋寧過而缺之。倘亦有當於先聖之教邪？（書於《備城門》以下十一篇後）

其言固似持之有故。然天下學問，有求行求知二者之別。研尋古人之至理名言，是求行者也。研尋古代之事蹟，則多屬之於求知而已。泥古以行，固大可不必。然若以為不能行者，則概不當論述；則古史之事迹，其為吾輩所不應究者不已多乎？

與曹書同年刊布者，尚有胡兆鸞②之《墨子尚書古義》，其自序略云：

---

① "攻"似當以作"備"為是，且應將"備城門"加書名號。
② 胡兆鸞：字律孫，湖南長沙人。著有《西學通考》、《墨子尚書古義》、《淮南子周易古義》等。

　　欲證古書,必求古籍。墨子生孔子後,在孟子前。其時
真本具存。墨子出遊,關中載書甚多;則亦勤於稽古之士。
《呂覽·當染篇》,稱墨子學於史角之後。《淮南·要略訓》
又稱墨子學儒者之業,受孔子之術。其稱《尚書》者必孔子
刪定之本。閻氏若璩,王氏鳴盛①,江氏聲,魏氏源②,程氏
廷祚③,陳氏喬樅,皆嘗引之;或略而不詳,或辨而不精,讀
者不無遺憾。兆鷟幼承家學,粗涉經術,於趨庭之暇,時有
所獲;輒依墨子篇第,編輯《尚書古義》。凡前之說,一一明
稱,亦義未安,亦不敢曲和。古書奧邃,難以強通,義從蓋
闕,不復詮釋。

　　蓋專取墨子說《尚書》之一部分以治《書》,於墨學經學,均
為別開生面者矣。余著《墨子之經學》,成後方於友人陳鐘凡④處得閱
胡書。然其引淮南王書,遂謂墨子所引《尚書》皆孔子所刪定者,
則殊未然。淮南書所稱,蓋謂墨子讀孔子之書耳,非以墨子為孔
子弟子。墨子非孔子弟子,故其立說務與孔子反。孔子言"焉

---

① 王鳴盛(1722-1797):字鳳喈,號禮堂,又號西莊,晚號西沚,乾隆進士。授翰林
　院編修,擢侍讀學士,官至內閣學士兼禮部侍郎。著有《十七史商榷》、《尚書後
　案》、《西沚居士集》等。
② 魏源(1794-1857):原名遠達,字默深,又字默生、漢士,清湖南邵陽人。道光進
　士。曾任內閣中書。從劉逢祿學《公羊春秋》。一生著作甚豐,輯有《皇朝經世
　文編》,編有《海國圖志》,另有《老子本義》、《詩古微》、《公羊古微》等,今有《魏
　源集》。
③ 程廷祚(1691-1767):原名默,字啓生,號綿莊,自號青溪居士,江蘇上元(今江
　寧)人。於天文、食貨、河渠、兵農、禮樂之事,皆能竟委探源。補諸生,鄉試不
　利。乾隆初,應博學鴻詞科不第。著有《易通》、《尚書通議》、《論語說》、《青溪
　詩說》等。
④ 陳鐘凡(1888-1982):又名中凡,字斠玄,號覺元,江蘇鹽城人。著名文學史家。
　歷任東南大學、廣東大學、東吳大學等校教授。著有《中國文學批評史》、《中國
　韻文通論》、《古書讀校法》、《兩宋思想述評》、《諸子通誼》等。

能事鬼"，而墨子獨"明鬼"；孔子言"天何言"，而墨子獨言"天志"；孔子重喪葬而墨子獨"非葬"；孔子言"親親之殺"(《禮記·中庸》)，而墨子獨言兼愛無差等；孔子"聞韶三月不知肉味"，而墨子獨"非樂"，皆受孔子之反響而為反孔之論者，當時，孔子雖刪書以授弟子，其未刪者猶在天下。墨子既多反孔之論；則其所讀之書，安能謂其必在孔子所刪之內者乎？

　　稍後曹書而為全書訓詁者，又有尹桐陽①，其書成於民國八年(1919)。大氐祖述王闓運之說。然絕不出王闓運姓氏，是可異也。然其書以《親士》《脩身》《非儒下》《經上》《經說上》《經下》《經說下》《大取》《小取》為《墨經》，為卷一；其餘《所染》《法儀》《七患》以至《非命下》等，為墨論，為卷二；《耕柱》以下為雜編，為卷三；則與王異。注釋句讀亦間有與王異者。且能徵引古書以證明王說，信可為王氏功臣矣。亦頗能以近世科學釋《墨經》。如：

　　　　《經上》云："止，以久也。"《經說》云："止無久之不止。"

尹云：

　　　　久從人象後有②止之。因以為稽留之詞。運動之物體，不受作用於外力，必不變其運動之狀態。止之故必須有久也。無久則可推定永動不止耳。(《墨子新釋》)

---

① 尹桐陽：字侯青，湖南常寧人。著有《商君書新釋》、《禮記箋》、《墨子新釋》、《諸子論略》等，集為《起聖齋叢書》。
② 《墨子新釋》"有"下有"迫而"二字。

　　凡若此等,皆能發前人所未發者。

　　此外最近刊布者則有四家:一劉師培,二陶鴻慶①,三張純一②,四李笠。今分別論之。

　　劉師培所著有《墨子拾補》。其卷上已發表於《國學叢刊》③(載第 2 卷第 2 期,1924 年 6 月);卷下予於友人鹽城陳斠玄鐘凡叚讀之。斠玄,劉高弟,故得鈔錄其稿本也。其書重檢《治要》《六帖》《文選注》《類聚》《御覽》等,均足以補孫氏《閒詁》之缺遺。其釋義亦多精塙。如:

　　《天志中篇》,撽遂萬物而利之。

劉云:

　　"撽"為"交"字叚音。《詩·小雅·桑扈》,"彼交匪敖",《漢書·五行志中》,引"交"作"徼"。《論語·陽貨篇》,"惡徼以為智者",《釋文》(陸德明《經典釋文》)云:"徼鄭作絞";《莊子·庚桑楚篇》,"交食交樂",《徐無鬼篇》作"徼食徼樂"。自注:此用《平議》(《諸子平議》)說是敫聲之字古與交通。此文叚"撽"為交,"撽遂"猶云交育也。《國語·齊語》云:"遂滋民。"韋《注》云:"遂,育也。"《管子·兵法篇》,"定宗廟,遂男女。"是遂育義同。"交遂萬物",

────────────

① 陶鴻慶(1859-1918):字瘦石,號艮齋,江蘇鹽城人。著有《讀禮志疑》、《左傳別疏》、《讀諸子札記》(包括《讀墨子札記》等 17 種)。

② 張純一(1871-1955):字仲如,號定盧,湖北漢陽人。曾在南開大學、燕京大學等校任教。抗日勝利后,致力於佛學哲理的探索,中華人民共和國成立后,任中南文史館館員。著有《晏子春秋校注》、《墨子集解》、《墨子閒詁箋》、《老子通釋》、《墨學與景教》等。

③ 1923 年東南大學國學研究會在南京創辦,主要負責人是陳中凡。

"交"與上語"兼"字對文。猶他篇所云"兼愛相，交相利"也。

其精審多類此；蓋劉氏為近代考證大家，其書信非淺學之徒所能幾也。

陶鴻慶著有《讀墨子札記》(載《國學叢刊》第 2 卷第 1 期，1924年 3 月)，說亦精卓。如：

《大取篇》，大人之愛小人也薄於小人之愛大人也；其利小人也厚於小人之利大人也。

陶云：

此當云"大人之愛人也，薄於小人之愛人也；其利人也，厚於小人之利人也。""愛人""利人"即指下文以臧愛利其親，以樂愛利其子言之。上文云："天之愛人也，薄於聖人之愛人也；其利人也，厚於聖人之利人也。"與此文同一例。如今本則不成義。

其書頗足與劉書相頡頏。

張純一所著有《墨子閒詁箋》，刊布於民國十一年，至十二年復有補校之刊行。章炳麟序其書，謂精卓之義，往往有諸家所未發者。然而李笠則頗多非議之。云：

純一自言注《墨》都二十餘萬言。此編專輯其訂正《閒詁》者，特其一部分耳。笠繕寫《校補》方竟，適友人伍君叔儔①，寄贈此書。亟加考覈，則校勘之功甚疏，旁參之本絕少；肊說孤證，時所不免；空言充牣(rèn，滿)，余頗病之。又其校語與王景羲②諸家同者數見不鮮，亦閒有與余暗合者。(見李笠《定本墨子閒詁校補》書前《校勘引據各本書目提要》)

李氏斥之雖太過。然謂其校勘之功疏，旁參之本少，則良然。如：

　　《兼愛下篇》，然即敢問不識將惡也家室奉承親戚。

此文孫氏《閒詁》所校既有未安。張氏校云："'惡'下當從俞說增'從'字。'也'字衍，當刪。疑當作'然即敢問有室家者，不識將惡從奉承親戚'。"意雖不誤，語氣大非周秦，不知明萬曆本原無"敢問不識惡也"六字；焦竑③校本(指《墨子品彙釋評》)、陳仁錫本④(指《墨子奇賞》)亦均無此六字。證以後文云："然則敢問今歲有癘疫，萬民多勤苦凍餒轉死溝壑中者，既已眾矣，不識將擇之二君者，將何從也。"與此句上下⑤文云："然則敢問今有平原廣野於此，被甲嬰冑將往戰，死生之權，未可識也。又有君大夫之遠使於巴越齊荊，往來及否，未可識也。然即敢問不識將

① 伍叔儻(1897-1966)：原名伍俶、伍俶，字叔儻，室名暮遠樓，浙江瑞安人。詩人、學者，先後任教於上海聖約翰大學、中山大學、重慶大學等。生前未有著作，遺作有《暮遠樓自選詩》、《窮照錄》等。
② 王景羲(1860-1916)：字子詳，浙江瑞安人，一作永嘉人。著有《墨商》等。
③ 焦竑(1540-1620)：字弱侯，號漪園，又號澹園，明江寧(今江蘇南京)人。萬曆年間進士。授翰林院修撰。編著有《二十九子品彙釋評》、《國朝獻徵錄》、《焦氏筆乘》、《老子翼》等。
④ 下文亦涉《墨子》諸多版本，可參《閒詁》附錄《墨子篇目考》、《墨子校注》附錄《墨子舊本經眼錄》、《墨子集解·墨子傳本》所列諸本，不再一一出注。
⑤ "下"字疑衍。

惡也家室奉承親戚提挈妻子,而寄託之。不識於兼之有是乎?
於別之為是乎?"此兩段文雖詳略不同,其文例當一。而後文不
重"敢問"二字,然則此文萬歷本、陳仁錫本無此六字者是也。
張氏以參證本之少,故於俞孫諸家所不照者,多無能匡正。
又如:

　　《親士篇》,逝淺者速竭。

　　此"逝"字,王引之謂當作"遊",俗書"游"字作"遊";俞氏
謂當作"濇"。張云:"《論語‧子罕篇》'逝者如斯夫','逝'即
川流意。不必破'逝'為'遊'。"李笠云:"張說謬。《論語》'子
在川上,曰,逝者如斯夫',何晏《集解》引包①(包咸)曰:'逝,往
也。言凡往也者,如川之流。'邢昺②《疏》亦云:'言凡時事往
者,如此川之流。'則'逝'字實為感歎時事之往,非謂川流之往。
又'游''流'字並从水,含有水義。故可云'淺'云'竭';而與
'濇'字對文。且《論語》'逝者如斯',上有'川'字;即如張說,
義或可通;離'川'言'逝',以為水流可乎?張《箋》引《四子
書》③,多用朱熹④《注》(即朱熹《四書章句集注》);取材既卑,毋怪
其陋。"李氏此言,又未免斥之太過。唐以前詩文已有逝水之
名,王褒《尉遲綱墓碑》:"逝水詎停,光陰不借。"則以"逝"為指川流,

――――――――

① 包咸(前6-後65):字子良,東漢初會稽曲阿(今江蘇丹陽)人。建武(25-56)
　　中,入授皇太子《論語》,又為其章句。歷任諫議大夫、大鴻臚等職。《後漢書》
　　有傳。
② 邢昺(932-1010):字叔明,北宋曹州濟陰(今山東定陶)人,歷任國子祭酒、禮部
　　尚書等。疏解《論語》、《孝經》等,收入《十三經注疏》。
③ 指《論語》、《大學》、《中庸》、《孟子》四部儒家的經典。此《四書》是孔子、曾子、
　　子思、孟子的言行錄,故合稱《四子書》。
④ 朱熹(1130-1200):字元晦,號晦庵,南宋徽州婺源(今江西婺源)人。任泉州同
　　安主簿、秘閣修纂等職。著有《詩集傳》、《楚辭集注》等。

自是唐以前之古義。惟不應離川言逝,以為水流耳。又《說文·㫃部》,"游,旌旗之流,从㫃人,汙聲。"此"游"字取義於"流"字之證。李不引此以證王駁張;而云遊从水,故有水義;殆亦自失於陋矣。夫"游"字《說文》入《㫃部》,可云"从㫃人从汙",寧可云"从水从斿"邪?

李笠所著有《定本墨子閒詁校補》,觀其敘,蓋成於民國十一年,而於十四年十二月始刊布。茲節錄其自敘云:

笠卝(guàn)年(幼年)年受書,便私淑孫氏。甲寅(1914)之歲,初讀《墨子閒詁》,輒為舉正數字。辛酉(1921)春月,館邑之南鄙。索居無聊,取定本《閒詁》與聚珍本、畢刻本對勘,至有不合,定本之挩譌尤多。自注:自脫一字至五六字不等。因念孫氏《閒詁》,斟酌諸本,至為勤劬(qú,勞)。重刻之後,便有差跌。則孫氏引據諸本,庸無差跌乎?孫氏所未見者,不更有差跌乎?盡較書掃葉之功,伸大儒未竟之緒,積累之事,談何容易?其時亡友楊君則剛[1]嘉亦體斯恉,會獲明茅坤校本及《百家類纂》(明沈津纂輯)本,竝孫氏所未見者,更取孔本陳本俞本《北堂書鈔》(唐虞世南撰),與定本《閒詁》互勘,頗有匡益。笠每欲合楊君所校,及王氏《墨商》,撰為墨子校勘記,以為讀《閒詁》者之助。頗以事牽,終年未暇。今歲在王氏家塾,為諸生講授《墨子》,參讀梁啟超《墨經校釋》,見其中有因定本《閒詁》致誤者,為之不怡累日。如《經說下》,"或不非牛而非牛也,則或非牛或牛而牛也,可";聚珍本《閒詁》"則"上原有"可"字,《道藏》本,茅本,畢本,王本,張本,楊本並同。定本偶挩"可"字,而梁

---

[1] 楊嘉(1846-1921):字則嘉, 則剛, 號鞜鄦(zōng xǔ)、夢湘,室名鞜鄦樓,浙江瑞安人。有《鞜鄦樓遺稿》、《曝書隨筆》、《周易困學錄》等。

氏云:"孫本無此字,據嘉靖本增。"胡適後序,便詡為創獲,曰:
"梁先生的《校釋》,有許多地方與張惠言孫詒讓諸人大不相
同。"又曰:"梁先生這一條,乃是用嘉靖本校《墨》的第一次。"
噫何其出言之悖,而厚誣孫張諸人歟? 又本篇:"謂有智焉有
不智焉也。"定本"也"譌作可,而梁氏承之,以為涉上文而衍;
不復據嘉靖與茅、張、畢、王諸本改;胡序亦不及正。夫梁胡二
人並邃墨學,轉展承誤,則篤信定本《閒詁》之過也。蓋《閒詁》
為學人崇奉久矣,因陋就簡,將有不自覺者;則校勘之役,庸可
緩歟? 因復重理鉛槧(qiàn,鉛槧,指寫作,校勘),別取張、楊《經
說》,影嘉靖本,顧校本,王注本,暨孫籀廎、王子祥朱墨校本,稽
覈異同,推尋誼恉,更取則剛所校附入編中,間有差失,輒為審
定。蓋論學無私見,亦孫氏治《墨》之矩也。

李書大略已盡於此。其書采獲自比張書為多。蓋自《閒
詁》以後,能博采諸家以注《墨》者,惟李書而已。其功亦豈時流
所及乎? 然採錄雖勤,發明則少;《墨辯》部分,李氏自謂別撰集
解,今且勿論;大小《取》以下,所採亦陋;除王闓運及楊嘉校語
外,幾無物矣。至其採錄王景羲之語,尤多鄙陋可笑者。

此外尚有胡韞玉、劉昶①二家,胡箸有《墨子經說淺釋》,止
畢《經上》,及《經說上》;又有《墨子學說》,均刊布於所編《國學
彙編》②。《墨子學說》,分總論,非攻說,節用說,非樂說,節葬短

---

① 劉昶:字載賡,湖北漢川人,著有《續墨子閒詁》。
② 20世紀20年代初,胡韞玉與友人在上海成立國學研究社,社刊為《國學周刊》,
　每半年滿二十六期即合刊或合編為合訂本,稱作《國學彙編》。(參汪欣:《國學
　研究社與〈國學彙編〉》,《南京理工大學學報(哲學社會科學版)》,1997年第5
　期。)《墨子經說淺釋》著錄於《國學彙編》1924年9月第2集,《墨子學說》著錄
　於1924年1月第1集。《無求備齋墨子集成》第28冊收錄《墨子經說淺釋》和
　《墨子學說》,乃影印《國學彙編》本。

喪說,尚同說,法天說,雜論等,頗多新穎之議論。其《經說淺釋》亦引《說》就《經》,於梁啓超之說,頗多非難。其釋義亦頗有發明。如:

> 《經上》云:"儇(xuān)禭秖(zhī)。"《說》云:"儇昫(xù)民也。"胡改"禭秖"為"稘(jī)牴"。依孫說改"民"為"氏"。釋云:"'儇'為'環'之借字。《周禮・樂師》環拜以鍾鼓為節。司農(鄭眾)《注》'環,旋也',《說文》,'稘,復其時也。《虞書》稘三百有六旬有六日。'(《禾部》)蓋歲一周為稘也。《說文》'牴,觸也'(《牛部》)。引申之為接觸之稱。言環者如歲之一周而相接觸也。《說文》'昫,日出晟(同溫)也。'(《日部》)'氏,下也。'(《日部》:"昏,日冥也。從日,氏省。氏者,下也。")日出晟者,日初出也。日初出以至氏下,即環之義。《經》以一年釋'環'。《說》以一日釋'環'。"

其新穎處多類此。

劉昶箸有《續墨子閒詁》,其書亦刊布於民國十四年,頗能以小學闡發古義。其凡例略云:

> 通叚之例,必徵於字句間,分作雙行,免與正文相混。墨學多古字古誼,每與《說文》相發明;故宗主許書,而以段桂朱三家之說(段玉裁《說文解字注》、桂馥《說文義證》、朱駿聲《說文通訓定聲》)輔之。形誤之字,必列篆隸;其沿革稍繁者,則比而識之,非敢於變更也。

其解釋之新穎者,如解《經說》"久彌異時"條云:

舊本

（段）　　　　（誤）

久彌異是①也守彌異所也《經上》

（到）（誤）　（正）

今久古今且②莫宇東西家南北《經說上》

今釋

（正）　　　　　（正）

宙彌異時也宇彌異所也

（順）（正）　（俗）

宙今古亼③旦暮宇東西家南北

《莊子·庚桑楚篇》"有實而無乎處者宇也。有長而無
本剽者宙也。"《注》（郭象注）"宙為古今之長，而古今長無
極；宇有四方上下，而上下四方未有窮處。"《三蒼》④云：
"宙雖增長，不知其始末之所至；宇雖有實，而無定處可
求。"（見《經典釋文》引《三蒼》）此異時異所之說也。是則
"久"乃"宙"之音段。自注：《經下》"說在長宇久"亦是段"久"作
"宙"，蓋"宙""久"一聲之轉耳。"守"即"宇"之形誤。自注：當
從《說》以正《經》。孫云："舊本'久'上有'今'字"，昶案以下
句為例，當是"久"下有"今"字。"今且莫"當是"亼旦暮"。
自注："亼"乃集合之正字，俗人不知"亼"即"集"字，疑為
"今"之殘文，轉寫作"今且莫"，則顛倒誤萃於一句矣。

---

① 《續墨子閒詁》"是"作"時"。
② "且"字上《續墨子閒詁》標注"（誤）"。
③ "且"字上《續墨子閒詁》標注"（正）"。
④ 《三蒼》也作《三倉》，古字書名。漢初，合李斯《倉頡篇》、趙高《爰曆篇》和胡母
　敬《博學篇》為一書，統稱《倉頡篇》。後將《倉頡篇》（包括《爰曆篇》、《博學
　篇》）定為上卷，揚雄《訓纂篇》定為中卷，賈魴《滂喜篇》定為下卷，合稱為
　《三倉》。

蓋地體自轉，此旦則彼暮。自注：俗莫字。行南陸則晝長，行北陸則宵長。今古人旦暮而成，故云“彌異時也”。地為圜體，無在不是中央，無在不有四方，亦無所可稱為何方；如圖，次於③家，則④家謂為北，①家謂為西，②家謂為東，⑤家謂南；而自③家言之，莫不相反，任何遷徙，而中央四方，從無定稱。故不曰東西中南北，而曰東西家南北，斯為彌異所也。《經下》云：“謂此南北過而①已為然，始也謂此南方，故今也謂此南方。”（《經說下》）《淮南·齊俗訓》：“西家之謂東方，東家之謂西方；雖皋陶②為之理，不能定其處。”皆斯義也。

```
            東
            ○
        ○①○
    北○⑤○③○④○南
        ○②○
            ○
            西
```

　　觀此一條，可見其書之內容矣。然其所釋亦往往有前人所已言者。如《親士篇》，“甘井近竭，招木近伐”。劉引《莊子·山木篇》“直木先伐，甘井先竭”，小注云：“俞曲園（俞樾）謂‘近為先之形譌’，當以此語正之。”而不知孫氏《閒詁》已引之矣。又《大取篇》“益其益，尊其尊”。劉云：“尊乃劗（zǔn）之音叚，減也。”而不知《閒詁》已引俞云“尊當讀為劗。《說文·刀部》‘劗，減也。’‘劗’有減損之義，故與‘益’對文成義。”然則劉氏之續，不已複乎？凡此之類，可見劉氏續《閒詁》，而於《閒詁》尚未細讀也。

---

① 《續墨子閒詁》“而”下有“以”字，當據增。
② 皋陶：一作咎繇、咎陶，偃姓。傳說中少皞氏支裔，舜時掌刑法之官（也就是理官）。禹即位，因皋陶最賢，欲禪位於他，未及禪，皋陶卒。春秋時英（今安徽金寨東南）、六（今安徽六安東北）之君即其後裔。見《史記·夏本紀》。

　　此外注《墨子》者尚眾。有張子晉①之《墨子大取釋義》,章炳麟為之序;有張子高之《墨經注》,邢子述②之《墨子玄解》,均見稱於章士釗。又有張純一之《墨子分科》,其書均未得見,想尚未刊布,未能論列。其餘討論墨學者有釋太虛③《墨子平議》,勝義甚多;有伍非百《名墨訾應考》④,辨正章說,蔚然可觀;又有《墨經原本非旁行考》,《墨辯釋例》,《墨辯定名答客問》,《評梁胡樂(樂調甫)墨辯校釋異同》⑤等篇。其《非旁行考》,余於前篇論《墨經之體例》已辯之矣。然伍氏諸篇,要均甚有價值之作,無疑也。又有錢穆⑥著《墨辯探原》,明《墨辯》之恉,在乎兼愛,可謂洞見本源之論。　又如汪鎰甫之《墨家名稱派研究》,　汪馥

---

① 張之銳(?-1924):字子晉,室名求等齋,河南鄧縣人。光緒進士。歷任河南省資政院議員、汝寧府知府。1920 年任河南省實業廳長。著有《易象闡微》、《求等齋文錄》、《新考正墨經注》、《墨子大取篇釋義》(載《哲學》第 7 期,1922 年 10月。章炳麟序無"篇"字,見《制言》第 39 期)。

② 邢子述:山西沂州人,著有《墨辯玄解》。張其鍠《墨經通解》梁啓超敘云:"尚有山西邢君一書,偶忘其名。什九引幾何學、物理學相緣附,未敢苟同。"當即此人。

③ 釋太虛(1890-1947):俗姓呂,乳名淦(gàn)森,學名沛霖,出家后法名唯心,字太虛。浙江崇德(今屬桐鄉)人(生於海寧)。曾任中國佛教整理委員會主任委員等職。有《太虛大師全書》。《墨子平議》1915 年撰,載《太虛法師文鈔》初集第二編。

④ 載於《東方雜誌》第 21 卷第 17 號,1924 年 9 月 10 日。原作《名墨訾應考辨正》,乃辨正章氏《名墨訾應考》。

⑤ 《墨經原本非旁行考》、《墨辯釋例》、《墨辯定名答客問》及《評梁胡樂墨辯校釋異同》分別載於《學藝》第 4 卷第 4 號(1922 年 10 月)、第 3 號(1922 年 9 月)、第2 號(1922 年 8 月)及第 5 卷第 2 號(1923 年 6 月)。又載於《墨辨論文集》(《墨子大全》第二編第 27 冊)。《墨經原本非旁行考》,《學藝》作《辯經原本章句非旁行考》。

⑥ 錢穆(1895-1990):字賓四,江蘇無錫人。中國現代歷史學家,歷任國立雲南大學、無錫私立江南大學等校教授,1948 年任中華民國中央研究院院士。著有《先秦諸子繫年》、《中國近三百年學術史》、《國史大綱》、《史記地名考》等,著作輯為《錢賓四先生全集》。《墨辯探原》載於《東方雜誌》第 21 卷第 8 號,1924年 4 月 25 日。

炎①《堅白盈離辨》,無觀之《〈墨子〉與科學》,李毅裹《墨學衰微的緣故》②等作,亦不無可取,各有所長。江瑔《讀子巵言》,陳鍾凡《諸子通誼》,均有論墨之作,並多獨到之言。墨子之學,蓋於斯為盛矣。

然天下之事,為之太過,必有反響;而學術尤甚。有漢儒之考據,則必有晉人之清談;有唐人之注疏,則必有宋人之空疏;有宋人之空疏,則必有清人之徵實。在一學派獨盛之時,亦必有一二人極力反對,以為異時一變其學之先導。《墨學》亦何能外是。是故《墨學》自孟子辭而闢之之後,晦暗二千餘歲;雖唐之昌黎,一倡其學,以孔墨同視,而世亦莫之應。以至清乾嘉之間,漢學盛行,注經者已次第臻於極盛;故學者又別開生面,以治子書;而墨子始為人所注意。然猶多不敢顯稱墨子,以違孟子。唯汪中獨以墨之誣孔,猶孟之誣墨為說。則已受孟學極盛之反響矣。至於清末,文網已弛,言論自由,學者遂一反而詆孔孟,尊墨子;梁啓超箸書且稱為大聖人;學者向風慕義,而墨子之學遂如日之中天矣。於是有二人焉,遂箸書以力詆今之治《墨子》者。柳詒徵③作《讀墨微言》。其略云:

① 汪馥炎(1891–1940):江蘇武進人。畢業於日本東京政法大學,回國后,歷任北京政府國務院法政局參事,私立北京中國大學、私立復旦大學等校教授。譯著有《比較憲法綱要》、《國際公法論》、《歐洲近代文學思潮》等。

② 《墨學衰微的原故》、《〈墨子〉與科學》、《墨家名稱派研究》分別載於《學燈》(上海《時事新報》副刊)1923 年 9 月 13 日,1923 年 11 月 2、6 日,1924 年 3 月 27、28 日。《堅白盈離辨》載於《東方雜誌》第 22 卷第 9 號,1925 年 5 月 10 日。

③ 柳詒徵(1880–1956):字翼謀,亦字希卭,號劬堂,又號希非、知非,江蘇鎮江人。史學家、目錄學家,曾主辦《學衡》雜誌,創辦《史地學報》等。曾創辦過思益小學堂,任過北京女子大學等校教授。1948 年被聘為中央研究院院士,中華人民共和國成立后,任上海市文物保管委員會委員。曾主編《國學圖書館圖書總目》,作有《中國文化史》、《國史要義》等。(其人可參孫永如《柳詒徵評傳》,百花洲文藝出版社,2010 年版)《讀墨微言》原載《學衡》第 12 期(1922 年 12 月),上海古籍出版社 1991 年出版《柳詒徵史學論文續集》亦將此文收錄。

　　今人多好講墨學，以墨學為中國第一反對儒家之人；又其說多近於耶教，揚之可以迎合世人好奇騖新之心理，而又易得昌明古學之名。故講國學者莫不右墨而左孔，且痛詆孟子距墨之非。然世界自有公理，非憑少數人舞文弄墨，便可顛倒古今之是非也。墨子之道，本自不能通行。自戰國以來，墨學久絕者，初非舉數千年若干萬億人，皆為孟子所愚。實由墨子之說，拂天性而悖人情，自有以致之耳。

　其論取證甚詳，不能具錄。墨子《兼愛下篇》言別士兼士之分，柳氏駁之，以謂兼之與別，豈止兩端；見人飢寒，衣之食之，不若吾身吾親可也；未必不若吾身，不若吾親，即是飢即不食，寒即不衣。《兼愛下篇》，有先愛利人之親然後人愛利吾親之說，柳氏斥之，以謂墨子之意，專為交易起見；人人以市道相交，必至真誠盡泯。皆為精絕之論。柳氏外有孫德謙①作《釋墨經說辯義》。其略云：

　　吾於諸子，字句之間，謹守多聞闕疑之義；不欲曲為之解，以失其真。墨子之書，其中最難通者，莫如《備城門》以下，與《經》上及《大小取》六篇。《備城門》諸篇，論兵家守城之法，為墨子非攻之說見諸實用者，而可以私意穿鑿之之②乎？如以私意穿鑿，將貽害無窮矣。《經上》、《經下》、《經說》上下、《大取》、《小取》，此六篇者，其中"難""飄"等

---

① 孫德謙(1873-1935)：字受之，又字益庵，晚號隤堪居士，江蘇元和(今蘇州)人。歷任江蘇通志局纂修，私立蘇州東吳大學、私立上海大夏大學等校教授。著有《諸子要略》、《太史公書義法》、《古書讀法略例》、《文選學通誼》、《釋墨經說辯義》(載於《學衡》第25期，1924年1月)等。

② "之"衍。

字,他書不經見;又其所言之義,亦多有索解不得者;故如墨子之《經》,吾一以闕疑歸之。

凡吾之所謂闕疑者,以考據家之治諸子,往往求之訓詁而其道幾窮,不曰衍文,則曰脫文;再不然,則曰傳鈔之誤。語云:"君子於其所不知,蓋闕如也。"(《論語·子路》)則無有為此者矣。其所以不能闕疑者,乃將以便其輕改古書耳。夫古書而可以任我輕改,則讀古人書,亦太易矣。

觀於今日,其釋《墨經》也,以"一少於二而加於五"(《經下》)謂論算學;以"平同高也,中同長也"(《經上》),謂之論形學;以"景之大小說在地岳①遠近"(《經下》)謂之論光學;以"力形之所以奮也"(《經上》)謂之論力學。自注:此外尚有心理學等,不備舉。如其說,未嘗不持之有故,言之成理。然形光諸學,近世乃聞;墨子遠在戰國,豈已預知之乎?夫天下事虛理可以推測;學問之道,後人所為者,必謂前人早言及之;墨子雖自成一家,亦未必創造此種學說也。

此皆與今之治墨者,以痛切之譏評者也。夫古書固不可輕改;然謂古書決不可以改一字,則是謂古書之傳,必無脫衍,必無傳鈔之誤,亦豈盡然乎?今人箸文刊書,自經手校,尚不免於譌脫而不自知者;況傳世久遠之書,而謂其一無譌挩,可乎?墨子之學,固不能預知今世之科學,然焉知墨子之必不見及此,而為古今不謀而同者乎?孫氏之說,亦不可以不辯也。

余幸生俞孫諸賢之後,得與近世治墨者同時;又性好考證之學,讀書每有疑難,輒好博覽羣言,以求其是;不得,則自為取證,不敢妄逞肊說。諸子之中,於墨書覃誦尤久,時作時輟,近乃略

---

① 《閒詁》"岳"作"岳",岳,古"正"字。當據改。

有所成；其關於討論墨學者則此十篇之論，是也。其關於考證者，則有《〈墨子刊誤〉刊誤》，及《定本墨子閒詁補正》。《補正》成書數十萬言，並附以近人論墨名箸，名曰《墨學討論集》。自今以前，為墨子之學者，自一言一字之訓詁以至宏篇鉅製之討論，其大略均見於此矣。書成，錫山唐蔚芝先生許為孫氏之功臣，侯官陳石遺①先生許為孫氏之畏友，獎掖後進，既感且愧。卷帙浩繁，刊行有待。謹將序例略錄於下，以俟博雅君子教正焉。

《定本墨子閒詁補正自序》②：

　　自孟子闢墨氏為無父，而世儒遂交非墨子，同目為禽獸。不得與於人之列，遑問其學之得失哉？然自近人表彰之後，墨子且為天下大聖人，孔子尚不敢望，則又相與尸祝神明之不暇矣。是二者何其反邪？其皆是邪？其皆非邪？曰：皆是也。皆非也。曰：何也？曰：皆一偏之見也。夫各就一偏之見以立論，則安得不各有其是，各有其非者哉？吾嘗以為墨氏之書，其言兼愛，亦本於欲人愛利其親，故愛利人之親。《兼愛下篇》："姑嘗本原孝子之為親度者，吾不識孝子之為親度者，亦欲人愛利其親與？意欲人之惡賊其親與？以說觀之，即欲人愛利其親也。然即吾惡先從事，即得此，若我先從事乎愛利人之親，然後人報我以愛利吾親乎？意我先從事乎惡人之親，然後人報我以愛利吾親乎？即必先從事乎愛利人之親，然後人報我以愛利吾親

---

① 陳衍(1856-1937)：字叔伊，號石遺，詩論家，福建侯官(今福州)人。光緒舉人。曾入臺灣巡撫劉銘銘傳幕。後任京師大學堂教習、無錫國學專修館教授等。著有《石遺室叢書》(包括《石遺室文集》、《石遺室詩集》、《石遺室詩集補遺》等)、《石遺室詩話》等，還編過《福建通志》。

② 載於《學衡》第 56 期，1926 年 8 月；《國學輯林》第 1 卷第 1 期，1926 年 9 月。

也。然即之交孝子者，果不得已乎？毋先從事愛利人之親者與？"①
其《經篇》亦曰："孝利親也。"(《經上》) 其貴孝如此，豈無父
者比哉？曰：然則孟子之說非與？曰：是何言也？吾之所
言，墨子之心也，情也。孟子之所言，墨子之學也，勢也。墨
子之心，未嘗不孝其親；墨子之情，未嘗不愛其親；然而以墨
子之學，求遂墨子之孝，則其勢必不可得；既必不可得，則其
勢必將有不能孝，或舍其親而不顧者矣。奚以明其然邪？
今設有人於此，月得百金。有教之者，曰：爾親當與之半，爾
兄弟當五之一，爾妻若子亦當五之一，其餘十之一以濟窮
之，則從之者必甚易。是何也？其勢可為也。今墨子則不
然，教之曰：愛人之身若愛其身，愛人父兄若其父兄，愛人妻
子若其妻子。說本《兼愛上篇》。夫所謂人者何邪？非所謂
天下之人者邪？然則雖累千萬，猶不能給；區區百金，豈能
有濟乎？是故愿者從其說，則均分其金而其親之所得將不
及秋毫之末；其狡者為之，則不特不能視人之親若視其親，
乃反而視己之親若人之親矣。是從墨子之說，將不至凍餓
其親不止矣。然則欲愛涂之人如愛其親者，墨子之心與情
也；其卒也則反而視其親如涂之人焉，則又墨子之學之必至
之勢也；雖不謂之過不可得也。此墨子之兼愛無差等，所以
為世疵病；而儒者之學本於親親之殺，所以易行而鮮敝也。
豈非然哉？且夫墨子之兼愛無差等，則不能不重實利；重利
之過，則親死不足悲；《公孟篇》："公孟子曰：'三年之喪，學吾子
之慕父母。'子墨子曰：'夫嬰兒子之知獨慕父母而已，父母不可得
也，然號而不止。此其故何也，即愚之至也。然則儒者之知，豈有賢
於嬰兒子哉？'"而不能不力疾從事，唯利之是務。故其究也，

---

① 此段校注可參看《墨子與諸子之異同》部分。

則利之所在，將重於其親。死者即不足悲，生者又安足事？是其勢又不至於無父不止也。孟子之闢，又豈足謂之過乎？且夫，愛從何生？非生於其身之最親切者邪？天下之親切者，孰有過於父母者乎？以最親切之父母，尚以實利故，亦有不暇悲，不暇事，況於兄弟乎？況於朋友乎？況於涂之人乎？是墨子之學，其究也不特不能兼愛，且將無一焉可愛，而唯愛其身而已。此又其勢之必然者也。曰：然則墨子之學，不亦可廢乎？曰：是又不然，莊生有言：“墨子天下之好也，將求之不得也，雖枯槁不舍也，才士也夫”(《莊子·天下篇》)，是可謂知墨子之心者矣。夫孟子蓋懼墨子之末流，其勢將為天下禍，故不得不辭而闢之。若夫，原墨子之心，則所謂“國家昏亂，則語之尚賢尚同；國家貧，則語之節用節葬；國家喜音沈湎，則語之非樂非命；國家淫辟無禮，則語之尊天事鬼；國家務奪侵陵，則語之兼愛非攻”《魯問篇》語者。當此人欲橫流，爭城爭地之世，倘能以墨子之義告之；則亦捄(同“救”)時之良藥矣。豈可忽哉？然則尊墨子為大聖人者非也。距(同距) 其說而不考者亦非也。墨子之書，見於《漢志》者七十篇，今存五十三篇。自漢以後，耳食之儒，既本孟子之言，變本加厲，深相疾惡，無有治之者；中閒魯勝《墨辯注》及《樂臺注》，其書皆已不傳。蓋墨子之書，二千餘年來，若存若亡，亦已久矣。至清畢尚書沅，始開涂徑。迄於王張蘇俞諸家，尤多闡發。於是瑞安孫君仲容，乃集諸說之大成，著《墨子閒詁》；採取既博，所得亦精；蓋信乎治墨書空前之作矣。然自是至今，治墨子書者亦何啻數十家，綜其所得，蓋亦必有足以補孫氏所未逮者矣。予自志學之年，好治子部，其於《墨子》，尤所用心；孫君之書，摩尋尤舊。鼎革以後，子學朋興；《六藝》之言，漸如土苴；余性好矯俗,乃轉而治《經》,其於《墨子》亦棄之久矣。乙丑(1925)之春,兼上海大夏大學講席,車中無事,聊取《閒詁》觀之,忽有所得,至則筆而記之;自是以為常,一兩月間,乃裒(póu)然成巨冊矣。於是發憤為孫書作補正,遂博覽群書,鉤稽異本;而後益知孫氏之說,尚多未備;補正之作,更不容緩。略陳其慨,蓋有九耑:一曰:解釋尚多未備也。如《明鬼下篇》云:"武王逐奔入宮,萬年梓株,折紂而繫之赤環,載之白旗(把紂首掛在白旗上),以為天下諸侯僇。"此"萬年梓株"四字,孫注云:"未詳。"此句文義,固甚難通;故近人吳汝綸王闓運諸家,亦均無敢下筆。張純一云:"疑為鹿臺之財之屬,上有捝文。"說亦非是。按此文當讀為"萬人宰誅"。《說文》"年"作"秊",从"千"聲。(《禾部》)"千"作"𠦜",从"人"聲。(《十部》)故"年""人"聲近。"年"變為"人",亦猶《節用上篇》"子生可以二三年矣","二三年"亦為"二三人"之變也。"梓"《說文》从木宰省聲(《木部》,"梓"的或體作"榟")。故"梓"借為"宰"。《漢書·宣帝紀》"損膳省宰"注(顏師古注):"宰為屠殺也。"則"宰"有殺義。"株""誅"同聲,皆殊之借。"萬人宰誅",謂萬人爭宰殺紂也。下文"折紂而繫之赤環"。《說文》"折"作"𣂚",斷也。(《艸部》)即宰殺而裂其體,繫之赤環也。兩句義正相應。凡茲之類,形聲相假,有當亟待補入者,一也。二曰:註誼尚有謬誤也。如《尚賢中篇》云:"無故富貴面目美好者則使之"。此"無故富貴"四字,注引俞樾說,以"無"為衍文。謂當作"'故富貴',謂本來富貴者也"。其說之不當,孫氏已知之。然又謂"無故"為"無攻","攻"即"功"之借字。今按《說文·攴部》云:"故,使為之也。"本書《經上》云:"故所得而後成也。"是"故"者有"所使"有"所得"之謂。凡富

貴皆當有得於功業,皆有功業使之然;若"無故富貴",則是
無功業而富貴者,貴戚之類是也。然則"無故富貴",義自
可通,何必改字? 凡滋之類,不免求之太過,有當亟為訂正
者,二也。三曰:古訓尚有未明也。如《尚同中篇》云:"靡
分天下,設以為萬國諸侯國君。"注引俞樾云:"'靡'當為
'歷'字之誤也。《大戴·五帝德篇》'歷離日月星辰',文
義正同。若作'靡'字則無義矣。"按俞說非也。《周禮》
"匪頒之式"(《天官·大宰》),鄭《注》云:"匪,分也。"(鄭玄注
引鄭司農語)此"靡分"即"匪頒"之異文。《說文·糞(pú)
部》,"鐢(bān),賦事也。从糞八聲;讀若頒。一曰,讀若
非。"段玉裁云:"凡从非之字,均有分背之意;讀頒又讀非
者,十三十四部與十五部合韻之理。"(《說文解字注》)今按
"匪頒"連綿字;"匪""靡"聲相轉;"頒"從分聲,"匪頒"與
"靡分"皆即"分"字之義,《廣雅》靡,離也。是"靡"亦分
也。惟《周禮》用於賞賜之事,此則言域分天下耳。此古語
之僅存者,而俞說妄易"靡"為"歷",孫氏引俞說而不能證
其非。凡茲之類,有亟待闡發者,三也。四曰:折衷尚多未
當也。如《天志中篇》云:"今夫兼天下而受之,撽遂萬物而
利之,若豪之末非天之所為也,而民得而利之者,則可謂否
矣。"注引蘇時學云:"'否'義未詳,疑當作厚。"俞云:
"'否'義不可通,乃后字之訛;后讀為厚,謂若豪之末,無非
天之所為也,而民得利之,則可謂厚矣。"孫注以俞說為是。
今按蘇俞之說,字異義同,其實皆非也。此文"否"字本自
無誤,"否"猶無也。謂若有豪末之小,非天所為,而民得而
利之者,則可謂無也。意謂人之所利,無一非天之所為者
也。"天之所為"下,下篇無"也"字,義更明顯。墨子書
"也"字,往往作"者"字用。《天志下篇》:"昔也三代聖

王。"又云:"昔也三代之暴王。""也"均讀為"者"。則墨子
此文猶云"若豪之末,非天所為者,而民得而利之,則可謂
無矣。"文義更顯。其"否"字之不誤,更明矣。孫氏於此,
無暇細審,誤從謬說。凡茲之類,有亟當訂正者,四也。五
曰:獨見尚須旁證也。如《尚同中篇》云:"是以先王之書,
術令之道,曰:唯口出好興戎。"孫注云"'術令'當是'說
命'之叚字。《禮記·緇衣》云:'《兌命》曰:惟口起羞,惟
甲胄起兵,惟衣裳在笥,惟干戈省厥躬。'鄭《注》云:'兌當
為說,《尚書》篇名也。'此文與彼引《兌命》字義相類。
'術''說''令''命',音並相近,必一書也。晉人作偽古文
不悟,乃以竄入《大禹謨》。近儒辨《古文尚書》者,亦均不
知其為《兌命》逸文,故為表出之。"按孫說是也。然"術"
"說"相通,"令""命"同字,尚未列證。劉師培云:"古籍
'兌''隧'通用。《左傳》襄二十三年,'夜入且于之隧'。
《禮記·檀弓下》,鄭《注》引之云:'隧'或為'兌'。'隊'
'術'亦通用,如本書《耕柱篇》'不遂'即'不述',《備城門
篇》'衝述'即'衝遂',是也。說叚為遂,因叚為術矣。"至
"令""命"二字,古金文以為一字。吳大澂《說文古籀補》,
于"命"下注云:"古文命令為一字。""令"字下又云:"古文
以為命字。"則"術令"之為"說命",其說塙矣。孫氏雖闡發
其說,而尚未及證明,凡茲之類,有亟當錄補入者,五也。六
曰:訓故尚當增訂也。如《所染篇》云:"五入必而已,則為
色矣。"孫注云:"'必'讀為畢。左隱元年《傳》'同軌畢
至',《白虎通義·崩薨篇》,引'畢'作'必',是其證。"按孫
讀"必"為"畢",是也。然"必"即畢盡之"畢"之本字。《說
文·苹(bān)部》"畢,田网也;从田,苹象形。"(見《說文解字
注》)是"畢"本無盡義。《八部》"必,分極也;从八弋,八亦

聲。"分極有盡義,是"必"乃畢盡之本字,"畢"乃同聲叚借字也。故《說文·王部》琗之古文作玽,是其證。又《說文·攴部》"攽(bì),盡也"。此叚"畢"為"必"後起之本字。凡茲之類,有亟當訂補者,六也。七曰:校訂尚多屚略也。如《法儀篇》云:"其賊人多。""其賊"舊作"賊其"。俞云:"當作'其賊人多',與上文'其利人多'相對。"孫氏據俞校乙。是也。然考《治要》所引,正作"其賊"。而俞孫二家,據《治要》以校《墨子》,均未之及。未免屚略。凡茲之類,有亟當據補者,七也。八曰:刊印不免譌謬也。如《天志中篇》,"雷降雪霜雨露"。注引王念孫云:"'雷降雪霜雨露',義不可通。'雷'蓋'霣'字之義,霣與隕同。"今考王氏《讀書雜誌》"義"字本作"誤"字。孫氏聚珍本尚不誤。此乃譌"誤"為"義"。校者未及細勘。凡茲之類,有亟當校正者,八也。九曰:體例尚未有善也。德清俞氏,稱孫氏此書,謂"旁行之文,盡還舊觀,訛奪之處,咸秩無紊",斯固足以當之無愧色。然《經上》《經下》,考定旁行,止附篇末;篇中章句,尚仍舊觀;明知其譌,沿而不改;雖矜慎重,實礙尋覈。斯又亟當改正者,九也。凡此九者,或獨申己見,或博采古今;或足補闕遺,或足資參考。至諸本異同,可供慎擇,今茲所撰,亦並錄焉。昔孫君序其書云:"此書甫成,已有旋覺其誤者;則其不自覺而待補正於後人,殆必有倍蓰於是者。"然則吾今日《補正》之作,其亦孫君之志乎;自春徂夏,已至《經篇》,英夷難作,爰歸定省。家居二月,復稍增益,方待成書,忽又就道。至滬之日,閱商務書館目錄,知瑞安李笠,已有《校補》之作,奇其命名之相似;復於《學衡》得讀其序,乃甚偉其書,以為孫君之功臣,非夫今日之淺學者所能一二也。乃廢書而歎曰:昔李翰見杜佑《通典》,歎曰:

"翰嘗有斯志,圖之不早,竟為善述者所先",今吾於孫書,亦云然矣。遂閣筆不理者數月,已而李書竟已宣佈,取而讀之,則猶覺多有未稱意者。李君為孫君同鄉,參校之本,固甚有本原;然略疏之譏,恐亦未免。蓋有本譌而不覺其譌者。如《尚賢下篇》"昔伊尹為莘氏女師僕"句,注引《淮南子·時則篇》云:"其曲樸菅筐。"聚珍本其作具,與《淮南子》本書同。此誤為"其",宜據訂正;而李書忽之。又有以不譌為譌者。如《尚賢下篇》"晞夫聖武知人"句,注引蘇云:"'晞'當从口作'唏','唏夫'歎詞,猶嗚呼也。"李云:"注'唏夫'譌'晞大',當從聚珍本正。"今考"唏"譌為"晞",是也。若"夫"字則定本並不譌"大",商務景印本亦仍作"夫",字均不誤。而李書竟以為誤。夫以聚珍本校定本,李氏所沾沾自喜者,而漏誤猶如此;至於故訓之精奧,形聲之展轉,發冢解難,尤多未備。則吾書又不可不卒成之矣。于是重理舊業,繼續論撰,都為若干卷,布之海內,求正通人;艸創既定,爰書其始末於此;並略論墨學得失之所在,以告讀者,庶幾舍短取長,有益於身心國家云爾。

　　民國十五年五月一日北流陳柱柱尊父序於無錫國學館

墨子刊誤刊誤

重刊《墨子刊誤》序

　　此書不為世所知久矣。瑞安孫詒讓箸《墨子閒詁》，多徵引
其說。至近年墨學大顯，而蘇君之書始為學者所重視。然版燬
已久，無由得覯其原書。且或有以孫君所引，大略已備，無事他
求者。余以暇日，偶取孫書與蘇書對勘，知其未備者固多，而所
引譌謬大失蘇書本意者亦頗不少。因怪縝密如孫君，其失也尚
如是，則甚矣學者之讀古書，必當一一求其原書，比而讀之而後
可以言學，有如是夫。則夫學者苟非甘為孫書所囿，其於蘇氏原
書，殆有不可忽者矣。然蘇氏原書校勘之疏，亦無與倫比。因取
往年所校，命曰《〈墨子刊誤〉刊誤》者，附於書末，刊而布之。凡
孫書徵引之譌挩與夫蘇書刊印之疏失，概已見於附錄中，茲不贅
焉。其蘇書本文則悉依同治丁卯仲夏羊城客寓校刊本，由中華
書局精校外，復由柱重勘，並命門人臨川黃謨泰逐字校對，以力
求不失原書之舊焉。此書原本為蘇君族姪戒迷所詒，屬謀刊行。
至今三年，始布於世。亦可見此書之由晦而顯之難也。

　　中華民國十有七年三月北流陳柱柱尊父序於上海大夏大學

《墨子刊誤》刊誤卷一　據同治丁卯仲夏羊城客寓校刊本

　　吾桂藤縣蘇攷山先生時學箸有《墨子刊誤》，瑞安孫仲容先生詒讓稱為專門之學，多采其說入《墨子閒詁》。學者多已習聞其說矣。然《刊誤》一書，世甚鮮傳本。學者咸以不得一覿蘇氏原書為恨。余去年得攷山族姪蘇君戒迷郵寄同治丁卯仲夏羊城客寓校刊本，即欲為之刊布，以廣流傳。唯其書譌挩甚多，非重加校勘不可。而教務鞅掌，未暇及也。今秋友人胡樸安、陳乃乾①兩教授主編《國學月刊》，首期即刊布是書②，所據者云是陳蘭甫(陈澧)所錄本。閱之狂喜，然謬誤亦不能免。因取各本彼此參勘，紀為此篇，名曰《〈墨子刊誤〉刊誤》云爾。月日。柱識。

修身弟二

　　雖勞必不圖。

---

① 陳乃乾(1896–1971)：名乾，字乃乾，以字行，浙江海寧人。著名版本學家、目録學家、文史學家、出版工作者。撰有《慎初堂所藏書目》，編有《室名索引》等。
② 《墨子刊誤》原刊於《國學月刊》1926 年第 1、2 期。

案①，啚，謀也。

柱按，"啚(bǐ)"在《說文》亩(lǐn)部，訓嗇，俗人以為"圖"字之渻，當正。

所染弟三

> 宋康(宋王偃，諡康)染於唐鞅(宋康之相)、田不禮(宋臣)。
> 中山尚(中山國君)染於魏義、偃長(二者無考)。

柱按，"中山尚"條應在"宋康"條之上，此到。陳澧手錄本亦誤。以後渻偁陳本。

法儀弟四

> 則子西(春秋時楚鬭宜申，蘇時學說)、易牙、豎刁(二者為齊桓公近臣)之徒是也。

柱按，此《所染篇》之文，應在"中山尚"條之下，此誤入《法儀篇》末，應正。陳本亦誤。

七患弟五

> 今有負其子而汲者，隊(同"墜")其子於井中，其母必從而道之。

---

① "案"為蘇時學案語，"柱案"爲陳柱案語，下同。

案,道之道①與"潦"同。

柱按,"潦"當作"導"。

尚賢上弟八

不辟貪賤。

柱按,原文極模糊,似"貪"字。應作"貧"字。

尚賢中弟九

蓄錄不厚。

"錄"當從上篇作"祿"。

柱按,各本無作"錄"者,不知蘇据何本。

共予憂恤,誨女序鬱。孰能執熱,鮮不用濯。

柱按,"共予"各本均作"告女","恤"各本作"卹",此誤,應
正。陳本"共"上多"詩曰"二字。"卹"字陳本亦作"恤"。

古者聖王唯毋得②而使之。

案,此書多用"毋"字。

---

① "道之道"應作"'道之'之'道'",《國學月刊》本不誤。
② 《閒詁》"得"下有"賢人"二字,《國學月刊》本亦有。

柱按，"母"當作"毋"。古金文以母為毋，然非所以語此也。

傳曰："求聖君哲人，以裨補而身。"

案，《伊訓》云："敷求哲人，俾補於爾後嗣。"與此略同。
柱按，"於"當作"于"。

尚同中弟十一①

曰：其為正長至猶未廢天下，而天下之亂者，何故之
以也。

柱按，此段校正本文，末二句"猶未廢乎天下，而天下之之②
亂者，何故之以也"，"而天下"之上應有"也"字。陳本有。

兼愛下弟十六

譬之猶以水救火也，其說必將無可焉。

柱按，《墨子》原文作"將必"，此到。陳本亦誤。

人與（當作"又與"，蘇時學說，意"又如"）為人君者之不
惠也。

柱按，此條當列在"譬之猶以水救火"條上。陳本不誤。

---

① "十一"當爲"十二"，《國學月刊》本不誤。
② "之"字衍，《國學月刊》本不衍。

　　然即敢問不識將惡也家室。

　　案，句有脫誤，"也"字疑當作"托"。
　　柱按，"托"當爲"託"，"托"俗字。陳本亦作"托"。

　　非唯小子敢行稱亂。

　　案，二語今見《湯誓》，"惟"作"台"（yí，第一人稱代詞我）。
　　柱按，各本"唯"作"惟"，校語云："惟作台"，知蘇氏所据本亦作"惟"。此作"唯"，誤。陳本亦誤。

　　其直若矢，其易若底。

　　柱按，"底"各本作"厎"。此作"底"，誤。陳本亦作"底"。考《說文·广（yǎn）部》："底，止凥（jū）也。据段校。一曰，下也。"《厂（hǎn）部》："厎①，柔石也。" 或體作砥。《墨子》此文本《詩·大東篇》"周道如砥"，則字當作"厎"。

非攻中弟十八

　　東方有莒之國者（莒，故址在今山東莒縣），其爲國甚小，間於大國之間，不敬事大國，大國亦弗從而愛利至計莒之所以亡於齊越之間者，以是攻戰也。

　　柱案，畢本"甚小"下作"間"，餘二均作"閒"，不作"間"。

---

① "底"當作"厎"，《國學月刊》本不誤。

孫氏《閒詁》均作"閒"。下"齊越之閒","閒"誤作"聞"。"不
敬事於大國,大國亦弗之從而愛利",畢氏、孫氏《閒詁》"大國大
國"四字作"大大國"三字。陳仁錫本不重"大國"二字。此重
"大國"二字,不知據何本。陳本亦與刊本同。

　　　　雖北者中山諸國(中山國,故址在今河北定州、唐縣一帶),
　　　其所以亡於燕代胡貉①(mò)者,亦以攻戰也。

　　案,中山之亡當魏文侯(前445-前396在位)世,墨子與子夏
之門人同時,此事當猶及見之。今畢注引《史記》趙惠文王五年
(前294)滅中山(見《趙世家》),非是。
　　柱按,各本"胡貉"下有"之閒"二字。與上文"訂②莒之所
以亡於齊越之閒者"文例一律。疑蘇錄誤挩二字。又畢注趙惠
文王三年,此誤"三"為"五"。陳本"貉"下有"之閒"二字,"三"
亦誤"五"。

　　　　古者有語曰:"君子不鏡水而鏡於人。"

　　柱案,各本"水"上有"於"字,此挩。陳本亦挩。

非攻下弟十九

　　　　昔者熊麗(《史記·楚世家》:"鬻熊子事文王,蚤卒。其子曰
　　　熊麗")始詩畢曰:"字當為封"此雖上之間。

_____

① 王煥鑣:"燕、代:古代北方國名。燕國在今河北北部和遼寧西部。代國在今河
　北蔚縣東北。胡、貉(貉為貊的俗字——引者注):古代北方的部族名稱。"
② "訂"當為"計",《國學月刊》本不誤。

柱按,各本作"始討此雎山之閒"。此誤"討"為"詩",誤"山"為"上"。陳抄本亦誤"山"為"上"。

節用上弟二十一①

其所以寡人之道也與("與"字屬下讀)。

柱按,各本"其"作"此"。陳本亦作"其"。

天志中弟二十七

而不知其為不仁不詳也。

案,"祥"誤"詳"。
柱按,各本原文均作"祥"。

天志下弟二十八

而況有踰於人之牆垣,担格人之子女者乎?

柱按,"況"畢本作"況","况"俗字。

母大聲以色,母長夏以革。

案,《詩·大雅·文王篇②》二"母"字作"不"。

---

① 《墨子閒詁·節用上》屬於第二十篇。
② 在《大雅·皇矣篇》,不在《文王篇》。

柱按，"母"均當作"毋"。

明鬼下弟三十①

祩子杖楫出。

柱按，"祩"當作"祩"。"楫"當作"揖"。陳本不誤。

自（當作"且"，轉折連詞，孫詒讓說）夫費之，特②注之汙
（wū）壑而棄之也。

意（通"抑"，抑或）不中（zhòng，符合）親之利，而害為孝
子乎？

柱按，此兩條次弟誤到。陳抄本不到。

非樂上弟三十二

昔者齊康公興樂萬（萬舞），萬人不可衣短褐，不可食糠
糟，曰："食飲不美，面目顏色不足觀也；衣裳不美，身體從
容醜羸不足觀也。"

柱按，各本作"面目顏色不足視也"。此誤作"觀"。陳本
不誤。

---

① "三十"當爲"三十一"，《國學月刊》本不誤。
② 一本"特"上有"非"字。俞樾云："'非'字則必當有。"

故惟使雄不耕稼樹藝,雌亦不紡績紝①(rèn),衣食之財固已具矣。

案,"唯"當作"雖"。

柱按,本文"故惟"各本作"故唯"。蘇氏所據本亦當作"故唯",校語作"唯"可證。陳本不誤。

非命下弟三十七

惡乎君子,天有顯德,其行甚彰。

柱按,"彰"各本作"章",此誤。陳本亦作彰。

大取弟四十四

以故(事由)生,以理長,以類(類比、類推)行也者。

案,據下文,當作"辟以類行者也"。
柱按,據下文,"辟"當作"辭"。

故浸淫之辭,其類在鼓栗。

----

① "績"下奪"織"字。"紝"《閒詁》作"紅",同"紝",《集韻·侵韻》:"紝,織也。"。蘇氏《刊誤》亦作"紝",不知是否一本如此。《說文·衣部》:"紝,衣裣也。"用在文中不通。但古音紝、紅聲韻均同,作"紝"也可以看作是"紅"的假字,但這又涉改經,不可取。紡績織紝,概言即紡織。

　　案，此下言"其類"者十有三，語意殊不可曉，疑有說以證①明之。

　　柱按，"証"當作"證"。"証"《說文》云"諫也"，俗以為"證"之省字。

小取弟四十五

　　　　之馬之目盼，則謂之馬盼；之馬之目大，而不謂之馬大。

　　案，"之馬"猶言"是馬"。盼，視也。
　　柱按，諸"盼"字各本均作"盼②"。陳本亦作"盼"。

耕柱弟四十六

　　　　子夏之徒問於子墨子曰。
　　　　人不見而(你)耶(疑"助"之訛，孫詒讓說。"人不見而耶"意爲未見人助你。)，鬼不見而富。

　　柱按，此二條次弟誤到。陳本不到。

　　　　墨子謂魯陽文君曰。

　　案，魯陽文君即魯陽文子也。《國語》曰："惠王以梁與魯陽文子。"是文子當楚惠王時，與墨子時勢相值。

---

① "證"當作"証"，《國學月刊》本不誤。
② 顧廣圻校作"眇"，一目失明也。

柱按，"墨"上挩"子"字。又孫氏《閒詁》所引"國語"下多"楚語"二字。"魯陽文子"下有"文子辭，與之魯陽"七字。考陳本亦無"楚語"二字及此七字。又陳本"墨"上並有"子"字。

人之其不君子者，古之善者不誅，今也善者不作。其次不君子者，古之善者不遂，已有善則作，欲善之自己出也。

柱按，"已有善則作"下各本有"之"字，此挩。陳本不挩。

貴義弟四十七

獻惠王以老辤。

柱按，"辤"各本作"辭"，校語亦作"辭"，足證蘇氏所據本原作"辭"也。陳本不誤。

公孟弟四十八

欲攻伐無罪之國有之(據有它)也。君得之則必用之矣，以廣僻土地，著稅偽財(猶云籍歛貨財，孫詒讓說)。

案，"有之"以下十一字當在上文"然而大人之利"句下，誤錯於此。此文當云"欲攻伐無罪之國，以廣僻土地，著稅偽財"。柱按，"僻"字各本均作"辟"，此誤。校語亦誤。陳本不誤。

國之富，從事，故富也。從是廢，則國之富亦廢。

柱按，"國之富"下各本有"也"字，此挩。陳本亦挩。

今吾事先生久矣，而福不至。意者(或許)先王之言不善乎？鬼神不明乎？

案，上作"先生"是也，下"先王"亦當作"先生"。

柱按，下嘉靖本、陳仁錫本、畢本俱作"先生"，無作"先王"者。

二三子復於子墨子曰："告子曰言義而行甚惡，請棄之。"

案，"告子曰"之"曰"當作"日"，或為口字之訛，下墨子言告子"口言而身不行"是其証也。

柱按，"証"當作"證"。

魯問第四十九

魯君之嬖人死，魯君為之誄(lěi，古代用以表彰死者德行並致哀悼的文辭)，魯人因說(yuè)而用之。

案，弟二句"君"子當作"人"，弟三句"人"字當作"君"，傳寫誤也。

柱按，校語"君子"當作"君字"，陳本不誤。

《墨子刊誤》刊誤卷二

備城門弟五十二

　　　　各為二幕(當作"幎",覆蓋,孫詒讓說)二,一鑿而繫繩,長四尺。

　　案,"幕二"之"二"疑衍。《雜守篇》云:"各為二類,一鑿而屬繩,長四尺,大如指。"
　　柱按,《定本閒詁》引此文重"繩"字,聚珍本亦重。陳本不重。不知孫據何本。

　　　　門者皆無得挾斧、斤、鑿、鋸、椎。

　　案,此五者,防有變也。已上言城門關鎖之法。
　　柱按,《定本閒詁》引此注作"城關關鎖之法",誤也。陳本及聚珍本均作"城門",與此同。

　　　　夏(當為"夐",即"覆"之省文,吳毓江說)蓋其上。

柱按,"其"各本均作"丌",此誤。

百步一井,井十罋(wèng,陶製容器),以木為繫連。

繫連所以繫罋而汲也。

柱按,《墨子》本文作"罋",則校文亦宜作"罋",此誤作"甕"。陳本正文及校語均作"甕",誤。《閒詁》引作"罋",蓋孫氏所改正。

百步一積雜秆。一本作杆。

案,"秆"字誤作"杆",是也。

柱按,陳本"字"下挩"誤"字。

俾倪(pì nì)。

案,即"睥睨",《釋名》云:"城上垣曰睥睨,言於孔中睥睨非常也。"(《釋名·釋宮室》)

柱按,《定本閒詁》引作"睥睨一切"。聚珍本仍作"睥睨非常"。陳本亦作"非常"。

五十步一堞(dié,城上齒狀矮牆,又名"女牆"),下為爵穴(城堞上的孔穴),三尺而一。

案,堞,女墙也。當爲"五步一堞","十"字衍,下言"五步一爵穴"可証。

柱按,校語"証"當作"證"。

　　　與其進左右所宜處。

　　柱按，“其”各本正文均作“丌”，此誤作“其”。陳本亦誤。

　　　四尺為倪。

　　案“倪”上當脫“俾”字。
　　柱按，《定本閒詁》引此“脫”作“挩”。陳本作“脫”，聚珍本引亦作“脫”。依蘇書例，本當作“脫”也。

　　　為之奈何？子墨子曰：“問穴土之守耶，備穴者，城內為高樓，以謹。”①

　　柱按，“耶”嘉靖本、畢本均作“邪”，“耶”俗字。此誤。陳本亦誤。

　　　令吏民皆智知之。

　　案，“智”當爲“習”之訛。
　　柱按，《定本閒詁》引“訛”作“誤”，陳本、聚珍本引均作“訛”，與此同。

　　　參分其疏數。

　　柱按，“其”當作“丌”，此誤。陳本亦誤。

_____

① 《閒詁》依王引之說將此二十四字移入《備穴》。

城上為爵穴,下壘三尺,廣其外(爵穴比女牆低三尺,孔穴外大里小)。

案,此言爵穴之法,廣外則狹內,令下母見上,上見下也。
柱按,"母"當作"毋"。陳本不誤。

凡絜①輕重所為,吏(通"使")人各得其任。

柱按,"其"當作"丌"。

備高臨弟五十三

備梯弟五十六

問雲梯之口耶。

柱按,"口"當作"□②","耶"當作"邪"。陳本亦誤。

從之以急,母使生慮。

案,言兵貴神速,久則變生。
柱按,"母"當作"毋"。《定本閒詁》引"變生"作"生矣③",

① "絜"《閒詁》作"挈"。岑仲勉《墨子城守各篇簡注》:"挈者等於每個人力所能舉之重量。"
② "□"表示缺字的意思。王念孫、蘇時學認為所缺之字是"守"。蘇時學《墨子刊誤》本作"口",當是排印錯誤。
③ 清宣統二年刻定本作"變矣",陳氏云作"生矣",不知所據定本版本不同還是陳引有誤。

誤。陳本及聚珍本引均作"變生"。

　　　　擊遺師。

案，"遺"蓋"潰"之誤，《備蛾傳篇》同。
柱按，"傳"當作"傅"。陳本亦誤作"傳"。

備水弟五十八

　　　　徧下，令耳畢曰：疑為瓦其內。

柱按，"其"當作"丌"。陳本亦誤。

備突弟六十一

　　　　下輔而鼓之。

柱按，"鼓"各本均作"塞"，此涉下文"鼓橐而熏之"之"鼓"
而誤。陳本不誤。

備穴弟六十二

案，此篇有脫簡。
　　柱按，陳本"篇"作"編"，或排印之誤。

大鋌(疑"鋋"之誤,小矛也,孫詒讓說),前長尺。①

案,此下至"墙七步而一",凡七百言,俱襍②論守城之法。
柱按,"襍"陳本作"雜","雜"俗譌體字也。

室以樵。

案,室,寔也。言以薪實之。
柱按,校語"室,寔也","寔"當爲"實",故下文云"言以薪實之"。孫氏聚珍本及《定本閒詁》均作"寔",惟陳本不誤。蓋俗以"寔"爲"實"之省體字,故刊本致誤,孫注引亦不及更正也。《說文·宀部》云:"寔,正③也。从宀,是聲。""實,富也。从宀貫。貫爲貨物。"是"寔"爲寔是之寔,"實"爲充實之實,義自別也。古故或叚寔爲實,然此文下明云"言以薪實之",不用叚字。則上亦不合用叚字也,應正。

樓四植(即四柱,蘇時學說),皆為通寫(xì,同"礎",柱下石。蘇時學說。"通寫,謂兩植同一寫也",孫詒讓說)。

柱按,本文當重"植"字。

樹渠毋傑(xiè),堞三丈。④

────────────────

① 《閒詁》依顧(廣圻)、蘇(時學)說將此句移至《備城門》,下"室以樵"、"樓四植,皆為通寫"、"樹渠毋傑,堞三丈"同。
② "雜"當爲"襍",《國學月刊》本不誤。
③ "正"字段注云:"各本作'止',今正。"
④ 王引之云:"'樹渠毋傑,堞三丈',當作'樹渠毋傅堞五寸',謂渠與堞相去五寸也。"

柱按，"母"當作"毌①"，作"母"誤。陳本亦誤作"母"，並誤"傑"為"堞"。

　　　穴中與敵人遇，則皆圍(同"御")而母逐。

柱按，"母"當作"毌"，陳本亦誤。

　　　蓋("益"之誤，孫詒讓說)具藁(即"稿"，穀類植物的莖)枲(xǐ，麻，可作燃火之具)，財自足，以燭穴中。

案，藁枲可燃以為燭。

柱按，陳本亦作"燃"，孫氏《閒詁》引作"然"。蘇用俗字也。

備蛾傅弟六十三

　　　兩端接尺相覆，勿令魚鱗三。②

案，《雜守》云："柴勿積魚鱗簪。"

柱按，校語引《雜守》文，"柴"上當有"入"字。陳本亦挩。或蘇讀"入"字上屬為句，孫氏《閒詁》引蘇說增"入"字。

　　　樓必曲裡士③。

---

① "毌(guàn)"當爲"毌"，《國學月刊》不誤。
② 孫詒讓："言爲荅(dá，一種禦敵的器具)之法，以木兩端相銜接，以尺爲度，不可鱗次不相覆也。"
③ 裡：《閒詁》作"裏"。孫詒讓："'曲裏'即'再重'之譌。'土'當屬下讀。"

柱按,《墨子》本文作"裹土",陳本不誤。

迎敵祠弟六十八

巫卜以請守,守獨智巫卜望之氣請而已。①

案,《號令篇》"以請"下有"報"字,是也。"請"當讀如
"情",情,寔也。言以實報守也。
柱按,"寔"當作"實",作"寔"誤。陳本不誤。

旗幟弟六十九

夜以火句,如此數句,寇卻解句,輒部(通"踣",bó,仆也。
王引之說)幟如進數句,而無鼓。

案,言夜以火代幟,鼓數同。寇退則無鼓也。
柱按,陳本無"也",孫引有"也"字。

號令弟七十

案,墨子當春秋後,其時海內諸國,自楚越外無稱王者,故
《迎敵祠篇》言"公誓太廟",可証其為當時之言。
柱按,"証"當作"證"。陳本不誤。

---

① 王念孫:"此文當作'巫卜以請報守,守獨智巫卜望氣之請而已'。'智'與'知'
同。言巫卜以情報守,巫卜望氣之情唯守獨知之而已,勿令他人知也。"

　　　及離守絕巷救火（“言離所守之地域，越過他巷以救火也”，吳毓江說）者斬。

案，言守絕巷者毋得擅離，蓋防他變也。
柱按，“毋”陳本作“母”，誤。疑排印之誤。

　　　鋪食（鋪食，即餔食，早晚食也。岑仲勉《墨子城守各篇簡注》說）皆於四者①，不得外食。

柱按，“不得”陳本誤作“不能”。

　　　使令、言語之請（通“情”）。
　　　皆（“若”之誤，孫詒讓說）非請也，擊而請（問）故。
　　　及婦人待前者。

柱按，此條當在“使令言語之請”條下。陳本亦誤。

　　　城中戍卒，邑或以下冠（已被敵攻陷），謹備之，數錄其署（名冊檔案）。

柱按，“冠”當作“寇”。此書多作“冠”，誤。陳本不誤。

　　　諸城門吏各入請籥（yuè，同“鑰”，鎖鑰），開門已，輒復上籥。

———————————

① “四者”當為“署”，誤為兩個字。《國學月刊》本並誤。

柱按，"�"當作"輒"。

　　謹罪(對犯罪者從嚴定罪)。非其職分①而擅之耴。

柱按，"耴"當作"取"。陳本不誤。

　　民各自占(自己私下度量上交多少)，家五種(五穀)石升數。

案，"自占"謂隱度其辟以授人也。
柱按，"辟"陳本作"辭"。

　　期盡匿不占，占悉，令款得，皆斷。②

柱按，"款"陳本誤作"疑"。

　　侯(屬上讀)，反，相參(驗)審信。

柱按，"侯"當作"候(同候)"。陳本亦誤。

　　扞(hàn，同捍)士受賞賜者，大守必身自致之其親之其親之("其親之"三字誤重，蘇時學)所，見(疑當作"令"，蘇時學說)

---

① 《閒詁》"職分"作"分職"。
② 《閒詁》此句作"期盡匿不占，占不悉，令吏卒敫得，皆斷"，文義更完備。王引之云："言使民各自占其家穀而為之期，若期盡而匿不占，或占之不盡，令吏卒伺察而得者，皆斬也。"

其見守之在。①

案,扞士能却敵者。

柱按,本文"守"上衍"大"字。校語"却"當作"卻"。陳本均不誤。

　　　　為二曹(分成兩隊),夾門坐,鋪石更句,無空句。

案,更,代也。言餔食則遣其曹更代,勿令空也。

柱按,校語"餔食"陳本作"鋪食",孫引亦作"鋪食"。

　　　　令杼(shù,通"抒",除)廁利之。

案,"利"似謂除去不潔使之通利。

柱按,陳本"通利"作"通行",孫引亦作"通利"。

雜守弟七十一

　　　　繁下失、石、沙、炭以兩②之(大意為:頻繁射箭,拋下石、沙、炭,勢如雨下)。

案,"天③"誤為"失"。

柱按,今浙局刻本作"矢",明嘉靖本作"失"。

---

① 這段話大意為:"扞衛城池立功之人,所給賞賜,應由太守親自送往其父母之家以表示太守對彼之寵任。"(岑仲勉說)
② "兩"當作"雨",《國學月刊》本不誤。
③ "天"當作"矢",《國學月刊》本不誤。

矢長丈二尺。

案,《備城門篇》"矢"皆作"天"。
柱按,"天"當作"夫"。陳本亦誤作"天"。孫引作"夫",是也。

梯句,渠十丈一梯句,渠答大數句,里二百五十九句,渠答百二十九。

柱按,"里二百五十九"當作"里五百二十八"。陳本不誤。

高三丈以上,令侍殺。

案,"侍"當作"特"。殺,減也。
柱按,減①當從水。

侯(警戒兵)出置田表(田表,疆界上的報警標誌),斤坐郭內外,立旗幟。

柱按,各本"侯"均作"侯","斤"均作"斥(與上文'侯'同義)",此誤。陳本亦誤。

斤步鼓,整旗旗(蘇時學:"'旗'字衍")以備戰。

柱按,各本"斤"均作"斥",此誤。陳本亦誤。

_____

① "減"當爲"減",《國學月刊》本不誤。

守數令騎若(或)吏行旁視(四處巡視),有以知為("為"當作"其",蘇時學說)所為。

柱按,"守"字陳本誤作"字",疑排印之誤。

五石①,終歲十四石升。

案,當作"十四石四升"。據下"五食食二升",日再食則四升,以終歲計則十四石四升也。

柱按,當作"十四石四斗"。校語"斗"字誤作"升"。陳本亦誤。孫引俞說作"十四石四斗",又云:"蘇說同。"蓋孫氏據《刊誤》說改正,作"十四石四斗"也。

牆外水中為竹箭句,箭尺句,廣二步句,剪②於下水五寸句,雜長短句,前外廉(廉,邊)句,三行句,外外鄉句,內亦內鄉③。

案,上略"行"讀如"抗","鄉"讀如"向"。

柱按,"抗"孫引作"杭",是也。作"抗"誤。陳本亦誤。

---

① 《閒詁》"石"作"食",當據改。

② "剪"《閒詁》、《墨子校注》等作"箭"。吳毓江云:"此'箭'字舊本並作'剪'。"

③ 后四句的大意是:"竹箭分三行排插,外邊一行,其端外向,內邊一行,其端內向。"(岑仲勉說)

圖書在版編目(CIP)數據

墨學十論／陳柱著；張峰校注. --上海：華東師范大學出版社，2015.5
ISBN 978-7-5675-3198-7

I. 墨… II. ①陳…②張… III. ①墨家－研究 IV. ①B224.5

中國版本圖書館 CIP 資料核字(2015)第 045583 號

華東師範大學出版社六點分社

企劃人 倪為國

陳柱集

墨學十論

作　　者	陳　柱
校 注 者	張　峰
責任編輯	陳廷燁
封面設計	吳元瑛

出版發行　華東師範大學出版社
社　　址　上海市中山北路 3663 號　　郵編　200062
網　　址　www.ecnupress.com.cn
電　　話　021-60821666　行政傳真　021-62572105
客服電話　021-62865537　門市(郵購)電話　021-62869887
地　　址　上海市中山北路 3663 號華東師範大學校內先鋒路口
網　　店　http://hdsdcbs.tmall.com

印 刷 者　上海景条印刷有限公司
開　　本　890×1240　1/32
印　　張　8.5
字　　數　154 千字
版　　次　2015 年 5 月第 1 版
印　　次　2015 年 5 月第 1 次
書　　號　ISBN 978-7-5675-3198-7/B.918
定　　價　38.00 圓

出 版 人　王　焰

(如發現本版圖書有印訂品質問題，請寄回本社客服中心調換或電話 021-62865537 聯繫)